História do
Direito no Brasil

Gilberto Aparecido Angelozzi

Mestre em História Social pela Universidade Federal Fluminense
Professor Universitário de História do Direito no Brasil
Participante do World Public Forum Dialogue of Civilizations

História do Direito no Brasil

Freitas Bastos Editora

Direitos exclusivos da edição e distribuição em língua portuguesa:
Maria Augusta Delgado, Livraria, Distribuidora e Editora

Editor:	*Isaac D. Abulafia*
Capa:	*Leonardo Cabral da Silva*
Revisão de Texto:	*Hélio José da Silva*
Diagramação:	*Leonardo Cabral da Silva*

DADOS INTERNACIONAIS PARA CATALOGAÇÃO
NA PUBLICAÇÃO (CIP)

A593h

Angelozzi, Gilberto Aparecido.
 História do direito no Brasil / Gilberto Aparecido Angelozzi. -
Rio de Janeiro : Maria Augusta Delgado, 2009.
 354p. ; 21cm.

Inclui bibliografia.

 ISBN : 978-85-99960-74-5
1. Direito – História. 2. Direito – Brasil – História. I. Título.

CDD- 340.0981

Freitas Bastos Editora
Tel./Fax: (21) 2276-4500
freitasbastos@freitasbastos.com.br
vendas@freitasbastos.com.br
Rio de Janeiro – RJ

Agradecimentos

Agradeço a Deus, ao Senhor Iahweh, Senhor da minha existência e a sombra do qual eu me refugio (Sl. 90,1). Com justiça Ele ordena seus preceitos e por isso justiça eterna é sua aliança (Sl. 118, 137.144). A Ele a honra, o poder e a glória pelos séculos sem fim (Ap. 4,11).

Agradeço a Laura Maria Ferraz Alves e a Aurélio Mendes Barroso Rebello pela amizade, carinho e por todo o auxílio na revisão de meus textos. Vocês são muito importantes na minha caminhada.

Agradeço a minha irmã Angélica Aparecida Angelozzi, historiadora como eu e uma brava mulher que traz os amores no peito, vê as flores no chão, mas guarda a certeza na frente e a História na mão.

Agradeço a Fernando Bigi, que acompanhou todo o processo de elaboração da obra e incentivou o projeto.

Agradeço ao meu editor Isaac Delgado Abulafia e à Editora Freitas Bastos, que acreditaram no projeto desde o princípio e incentivaram a sua conclusão.

Agradeço aos meus alunos, eles sempre foram o motivo e alvo deste projeto e participaram indiretamente em minhas aulas, quando cada capítulo ia se consolidando.

A todos e especialmente a Deus, o meu muito obrigado!

Prefácio

Quando me predispus a escrever um livro sobre a História do Direito no Brasil eu sabia que teria pela frente uma tarefa árdua, isto porque, existem outras obras que tratam da História do Direito e cada uma delas tem as suas características e são valorosas para o estudo da disciplina. Entretanto, eu buscava uma obra que tratasse da disciplina História do Direito no Brasil em um contexto diferenciado. Na minha concepção, não basta compreendermos que uma lei foi adotada em um período, por um governante ou por um regime político, antes de tudo é necessário inseri-la no contexto em que foi produzida e que ela vigeu e teve validade.

Por isso, logo no início desta obra vamos discutir a questão-tema deste livro, ou seja, História do Direito no Brasil. Sabemos que a norma jurídica surge em um contexto cultural, social, econômico e político e que é legitimada por aqueles que viveram ou vivem este momento e que a validade de um contrato social depende de a quem ele se destina de da concessão ou não de legitimidade a este contrato social. Sei também eu a legitimação pode acontecer pela não manifestação em contrário, o que não quer dizer que isso seja sempre omissão. Assim, conhecer o contexto cultural, social e político do momento histórico estudado é fundamental para que se possa compreender a norma ou o conjunto de normas que ele produziu. Sem dúvida, a Teoria Tridimensional do Direito de Miguel Reale será importantíssima para isso. Também, por esses motivos, este livro faz uma opção por apresentar a história constitucional do Brasil, à qual se junta a legislação dos períodos estudados e

como foi exposto, apresentando de forma geral o contexto socioeconô-
mico, político e cultural de cada época.

Seguindo essa proposta, proponho que em uma introdução teóri-
ca seguida de doze capítulos possamos estabelecer uma análise da evolução do Direito no Brasil desde a chegada do colonizador português,
até os nossos dias. Nesta proposta outro desafio se avizinha. Estudar o
passado sem comprometimento – papel do historiador – torna-se mais
tranquilo quando se trata de um passado distante. A situação torna-se
mais completa quando este passado é recente e envolve momentos,
situações e fatos históricos vivenciados direta ou indiretamente pelo
historiador. Essa situação foi enfrentada por Eric Hobsbawn na obra *A
era dos extremos* e também em *Tempos interessantes*, esta última uma
autobiografia do historiador. Mesmo assim, faço minhas as palavras
de Hobsbawn: *Esse é o momento em que sai de cena o historiador e
entra em cena o jornalista.*

Para as partes finais da obra, especialmente os capítulos 9, 10, 11
e 12, recorri à imprensa e assim a arquivos da mídia escrita e televi-
siva. Por isso deixo o meu agradecimento a estes órgãos que possibi-
litam a pesquisa através de seus arquivos disponíveis na internet. São
eles: Globo News e Rede Globo (G1), *Folha de São Paulo*, Universo
On Line, Jornal *O Globo*, Jornal *O Estado de São Paulo*.

Esta obra não pretende ser uma obra pronta, completa, ela pretende ser um instrumento para professores, alunos e para todos que
queiram conhecer e estudar a História do Direito no Brasil e assim
como a História e o Direito estão em constante construção, também
esta obra estará sendo vista e revisada. Espero que ela possa contribuir para a pesquisa da História do Direito no Brasil e que o leitor
tenha tanto prazer em lê-la, quanto eu tive em escrevê-la.

Gilberto Aparecido Angelozzi

Sumário

História, Cultura e Direito

Uma Introdução

Diz um velho adágio popular que a justiça é cega porque não pode distinguir entre ricos e pobres e que por isso deve aplicar as leis de forma igualitária. Mas esse é o ponto. Para ser aplicada, a justiça depende das leis, e estas se originam na sociedade.

Todos sabem que a gênese e a evolução do Direito ocorrem no contexto social, na medida em que as transformações culturais se processam dentro da sociedade. A *teoria tridimensional do direito* estabelecida por Miguel Reale[1] demonstra que o fato incide sobre um valor ou um grupo de valores e estabelece um leque de possibilidades; dentre essas possibilidades o Estado escolhe aquela que melhor atenda às necessidades da sociedade e dos cidadãos, estabelecendo assim a norma.

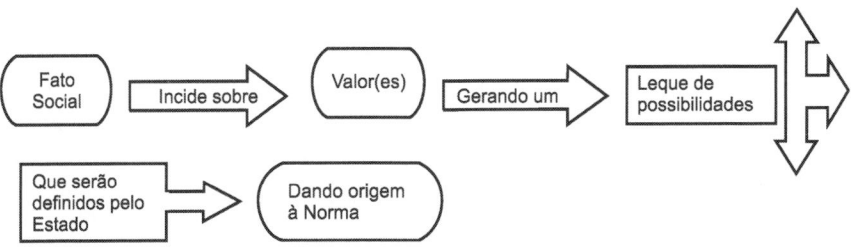

Diante do exposto, surgem questões fundamentais: o que é Estado? o que é sociedade? o que são culturas?

---

[1]   REALE, Miguel. *Lições preliminares de direito*. São Paulo: Saraiva, 2006, p. 64-68; idem. *Filosofia do direito*. São Paulo: Saraiva, 2002.

1

De acordo com Max Weber,

> *o Estado é aquela comunidade humana que, dentro de um determi-*
> *nado território – este, 'o território', faz parte da qualidade caracte-*
> *rística – reclama para si (com êxito) o monopólio da coação física*
> *legítima, pois o específico da atualidade é que a todas as demais*
> *associações ou pessoas individuais somente se atribui o direito de*
> *exercer coação física na medida em que o Estado o permita. Este é*
> *considerado a única fonte do 'direito' de exercer coerção.* [2]

Neste caso, o Estado corresponde ao ente, ao elemento jurídico que através do contrato social estabelecido representa todas as pessoas que vivem em um dado território e que se distinguem por uma identidade comum ou uma pertença de nacionalidade. Essas pessoas entregam ao Estado o direito de decidir em nome de todos, para que se estabeleça a paz e a ordem no contexto da sociedade. O Estado dita as normas e fixa os limites dos homens, visando pretender algo para o bem comum, de modo a atender a todos os cidadãos.[3]

Na medida em que concedemos ao Estado o direito de escolher em benefício do coletivo, fica claro que o conjunto da sociedade é o Estado. E é nas transformações culturais dessa sociedade que se estabelecem os valores, definidos de maneira sistemática ou segundo a sua coerência interna como o conjunto de traços culturais, ideológicos ou institucionais. Além dos valores há os costumes, as tradições, os elementos religiosos, enfim, todo um conjunto de elementos presentes nas culturas. Os elementos dão origem aos valores, estes às institui-ções sociais e estas, por sua vez, ao Direito. Então surge o Estado

---

[2]   WEBER, Max. *Economia e sociedade.* Volume Dois. Brasília: 2000, p. 525-526.

[3]   REALE, Miguel. *Lições preliminares de direito,* p. 63.

para proteger o Direito e consequentemente a sociedade da qual ele se originou. Podemos esquematizar assim:[4]

Há que se recordar ainda que a norma social tende a gerar coerção, porém o seu objetivo é educar. E a partir do momento da consolidação do processo educativo a coerção não mais é sentida e aquilo que fere a norma passa a ser considerado doloroso.

De acordo com Claude Levi-Strauss,

A originalidade das culturas reside antes na maneira particular como resolvem seus problemas e perspectivam valores que são aproximadamente os mesmos para todos os homens, porque todos os homens, sem exceção, possuem linguagem, técnicas, arte, conhecimentos do tipo científico, crenças religiosas, organização social, econômica e política. Ora, esta dosagem não é nunca exatamente a mesma em cada cultura, a etnologia moderna dedica-se

cada vez mais a desvendar as origens secretas dessas opções do
que a traçar um inventário de características diferentes.[5]

As culturas são diferentes umas das outras e assim os povos também resolvem de maneiras diferentes os seus problemas e, ao tentar resolvê-los, estabelecem mecanismos de dominação através dos quais alguns grupos sociais se sobrepõem a outros e, na maioria das vezes, acabam por dominar o Estado, fazendo com que este seja uma expressão dos interesses das camadas dominantes. Por isso, se o Direito é cego, não deveria expressar tais interesses dominantes. No entanto, isso nem sempre acontece. As sociedades são marcadas por diversos movimentos de caráter econômico, social, político, religioso e cultural, todos produzindo fatos e situações históricas e consequentemente sendo objeto de estudo da História. Esses movimentos influenciam a gênese e a evolução do Direito em uma cultura e por isso são objeto de estudo da História do Direito. Raymundo Faoro, no seu clássico *Os donos do poder*, mostra como o patrimonialismo presente na estrutura feudal de Portugal medieval foi transposto para o Brasil, onde se instalou, atravessando o Período Colonial, a Monarquia e a proclamação da República. E continua presente até os nossos dias, tendo perpassado os períodos de revolução e golpe, pois nem as leis trabalhistas da era Vargas nem a ditadura militar das décadas de 1960 a 80 impediram a sua perpetuidade.

Quando se estuda a cultura de um povo, de uma nação, é possível acompanhar as diversas mudanças nos valores e conceitos desse povo. Porém, cabe observar que só através desse processo de longa duração é que se pode perceber como se dão as trocas culturais entre a chamada cultura de elite (a produzida nos meios acadêmicos e pelos

5   LEVI-STRAUSS, Claude. *Raça e história*. Lisboa: Editorial Presença, 1980, p. 55-56.

intelectuais orgânicos) e a cultura popular. Nesse processo de circula-
ridade cultural vai ocorrendo a assimilação de valores e até mesmo a
transformação desses valores, favorecendo assim a gênese e a evolução do Direito na sociedade.

Fernand Braudel escreveu:

> *Para o historiador, tudo começa, tudo acaba pelo tempo, um
> tempo matemático e demiúrgico, do qual seria fácil sorrir, tempo
> como que exterior aos homens, 'exógeno', diriam os economis-
> tas, que os impele, os constrange, arrebata seus tempos particu-
> lares de cores diversas: sim, o tempo imperioso do mundo.*[6]

É no tempo que se estabelecem as mudanças sociais, sejam lentas
ou não. Porém, mesmo quando uma sociedade passa por mudanças
bruscas como golpes, revoluções ou contrarrevoluções, tais mudanças
não podem ser percebidas de imediato, ainda que isso represente a
instituição de regimes ditatoriais, o uso de instrumentos de repressão,
etc. Qualquer mudança na sociedade só será compreendida a longo
prazo. De imediato o que existe é o trabalho do jornalista relatando o
momento. Até porque as consequências do projeto político ou social e
suas implicações somente serão conhecidas a longo prazo, quando se
poderá constatar as permanências, as mudanças e as trocas culturais.
Só a longo prazo é possível estudar as representações construídas no
processo histórico.

Um exemplo do trabalho do historiador diante da história em construção e sobre a qual não se pode ainda inferir muito ou quase nada é a
afirmação feita por Eric Hobsbawm em *A era dos extremos*:

---

[6]   BRAUDEL, Fernand. *Escritos sobre a história*. São Paulo: Perspectiva, 2007, p. 72.

Trata-se de comentar, ampliar (e corrigir) nossas memórias. E
falamos como homens e mulheres de determinado tempo e lugar,
envolvidos de diversas maneiras em sua história como atores
de seus dramas – por mais insignificantes que sejam nossos pa-
péis –, como observadores de nossa época e, igualmente, como
pessoas cujas opiniões sobre o século foram formadas pelo que
viemos a considerar acontecimentos cruciais. Somos parte deste
século. Ele é parte de nós[7].

Não quer dizer que não se produza História na curta duração, mas
sim que a análise histórica pode ser prejudicada pela impossibilidade
de se compreender o conjunto de representações sociais produzidas em
dado período. Essas representações são fruto de acomodações, permanências e transformações sociais e culturais de determinada sociedade.
As representações podem evocar ao mesmo tempo ausência e presença, podem expressar a realidade representada, podem surgir como uma
realidade invertida ou um jogo de espelhos.[8] Para compreendê-las é
preciso desmontar as bases da ideologia, desvendar o que está oculto,
ou seja, desmontar a infraestrutura, o não visível, o conjunto das relações econômicas de produção que no decorrer da história humana tem
servido de base às diversas formas de pensar e sentir e à organização
jurídica, cultural ou política das sociedades (superestrutura).

Para lidar com tais questões é necessário não abandonar as memórias, pois elas são plenas pelas de representações. A memória é
um elemento essencial que se costuma chamar de *identidade, indi-*
vidual ou coletiva,[9] expressando as atividades fundamentais de uma

---

[7]   HOBSBAWM, Eric. *A era dos extremos.* São Paulo: Companhia das Letras, 2001, p. 13.
[8]   GINZBURG, Carlo. *Olhos de madeira.* São Paulo: Companhia das Letras, 2001, p. 85.
[9]   LE GOFF, Jacques. *História e memória.* Campinas: Editora da Unicamp, 1996, p. 476.

sociedade e de seus indivíduos. Na memória se manifestam angústias, alegrias, celebrações, etc. que se traduzem em arte, comportamentos, maneiras de ser e estar, moda, gastronomia, práticas religiosas, modelos de família, entre muitos outros elementos. Isso tudo nos permite concordar mais uma vez com Eric Hobsbawm: *A única generalização cem por cento segura sobre a História é aquela que diz que enquanto houver raça humana haverá História.* A História de que falamos é uma ciência em construção, construída pelos homens, agentes passivos ou ativos da História, que expressam no seu cotidiano, na sua cultura, as representações decorrentes do processo histórico. Neste contexto, o Direito é uma dessas formas de representação, uma expressão da cultura humana que mostra a necessidade dos homens de se protegerem e de protegerem o Estado. Através do Direito compreendem-se os conceitos de ordem, de bom e mau, de certo e errado. No Direito também está presente a ideologia e consequentemente a ação dos intelectuais orgânicos, tudo isso se desenvolvendo no contexto do processo histórico. Assim, faz-se necessária uma História do Direito que de fato leve em consideração os processos culturais; caso contrário, ela seria apenas um relato de leis que desconsidera a História e o mundo, propiciando uma visão limitada por ignorar a quase totalidade dos agentes dessa mesma História.

PRIMEIRA PARTE

Da formação de Portugal
à crise do antigo sistema colonial

Capítulo 1

A formação do reino português e as Ordenações Afonsinas

No ano de 1096, após as vitórias na Guerra de Reconquista da Península Ibérica, D. Afonso VI, rei de Castela, entregou o governo do Condado Portucalense a D. Henrique, conde de Borgonha, e ao primo deste, D. Raimundo, rei da Galícia. Assim, o Condado Portucalense deixava de depender do Reino da Galícia para prestar vassalagem ao Reino de Leão. Tal fato provocou grande descontentamento entre a nobreza galega.

A Guerra de Reconquista da Península Ibérica prosseguiu e em 1139 D. Afonso Henriques, filho de D. Henrique de Borgonha, tendo vencido os mouros na Batalha de Ourique, declarou-se Rei dos Portucalenses e nesse mesmo ano decretou a independência do Condado. Somente em 1143, através do Tratado de Zamora, D. Afonso VII, rei de Castela, reconheceu a independência do Condado Portucalense e estabeleceu a paz definitiva com Portugal.

A partir daí Portugal passou a se organizar como reino e nesse processo foi fundamental a Carta Foral, ou Carta de Foro. Tratava-se de um documento jurídico autêntico, outorgado por uma autoridade legítima, o rei, e destinado a regular a vida coletiva de uma povoação, nova ou já existente, formada por homens livres ou por aqueles que o documento revestisse dessa condição. Assim, a Carta Foral era uma lei escrita, orgânica, local e relativa. Estabelecia as regras para o povoamento e o desenvolvimento agrícola de uma região (Carta de Povoamento); normas morais e de conduta para melhorar o relacionamento e a vida coletiva da região a que se destinava (Foral Breve); garantia a propriedade da terra e o livre direito de aliená-la, em vida ou em caso de morte; determinava tributos e prestações devidos pelos vizinhos à entidade outorgante, visando evitar abusos e arbitrariedades (Foral Extenso).

No mesmo período vigoravam em Portugal o Direito Canônico (que orientava também os demais reinos da Europa), o Direito Romano e o Direito Visigótico. Todos colaboraram para a formação do Direito Português, mais tarde aplicado no Brasil.

A formação de Portugal fundamentou-se no patrimônio. À época o território era dominado por uma nobreza feudal, embora já surgisse uma burguesia ansiosa pelo desenvolvimento comercial daquela região próxima ao mar, local de passagem de muitos comerciantes, entre os quais judeus, que acabaram ali fixando residência.

Dois séculos depois da independência de Portugal, o reino continuava mantendo a sua estrutura feudal. A peste-negra assolara a região e outras partes da Europa. O anseio por mudanças tomava conta da burguesia. Com a morte do rei Fernando I, cognominado *o Formoso*, o conflito se avultou especialmente porque todos sabiam que D. Leonor Telles, a viúva do rei, desejava entregar Portugal ao Reino de Castela. Nesse momento eclodiu a Revolução de Avis (1383-1385), que levou ao trono D. João, filho bastardo de D. Fernando e chamado de *o mestre de Avis*. Iniciava-se assim uma nova fase na História de Portugal.

Com a ascensão de D. João I, o mestre de Avis, ao trono português, fazia-se necessário organizar o reino. Assim, a nobreza e a burguesia saíram favorecidas. Os nobres eram os *homens bons* que auxiliavam na administração e recebiam privilégios e benefícios e os burgueses se favoreceram com o desenvolvimento comercial e também ascenderam à condição de *homens bons*. Houve incentivo ao desenvolvimento naval e comercial e em pouco tempo Portugal realizava a sua primeira conquista, Ceuta, no norte da África, em 1415.

No campo jurídico, D. João I mandou reunir toda a legislação produzida em Portugal até aquela data e organizá-la em livros, por títulos e temas. Começava a organização das Ordenações. O texto não ficou pronto durante o governo de D. João I. Após a morte do rei, em 1423, os trabalhos de elaboração continuaram no governo de D. Duarte (1423-1438). Porém foi o sucessor deste, D. Afonso V, quem publicou em 1446 o 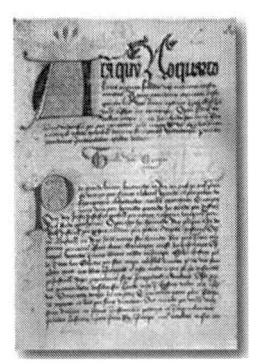 texto jurídico, com o nome de Ordenações Afonsinas. Nesse texto as ordenações tratavam de questões abrangendo todos os setores da vida econômica, social e política de Portugal. Mas a forte influência do Direito Canônico deixava transparecer nesse texto jurídico um forte componente cultural-religioso. O texto era assim dividido:

Livro I -- ocupava-se do direito hoje denominado administrativo e trazia os regimentos dos cargos públicos régios e municipais

Mandamos, que o que for Juiz dos Noffos feitos faça Audiencia, e ouça os feitos em cada hum dia, e defpois que forem conclufos, faça Rolaçom delles na Mêfa principal, onde eftever o regedor da Cafa, prefente elle, e os Doutores, e Defembarguadores do Paaço, os quaees todos deputamos pera a dita Mêfa, e feita a dita rolaçom, dará em elles Sentenças, e defembargos, fegundo que por todos os fobre ditos, ou maior parte delles for acordado, fem havendo hi

outro aggravo pera outra nenhuã parte; e effe Juiz conhecerá de
todos os feitos, e demandas, que pertencẽ a Nos, affi per razom de
Regueengos, como de Juguadas, vinhas, e figueiraaes, e olivaaes,
e cafas, e todos os outros direitos, que perteẽcem a Nos.[10]

Livro II -- referia-se à Igreja Católica Apostólica Romana, à jurisdição
das pessoas e aos bens eclesiásticos. Incluía ainda a definição dos direitos régios, a jurisdição dos donatários, o estatuto dos fidalgos e o estatuto dos judeus e dos mouros.[11] Esse livro tem elementos interessantes.
Preocupa-se, entre outras coisas, com a questão da propriedade e com
o uso da terra. Assim, o Título XIV não permitia que clérigos e ordens
religiosas comprassem terras sem a ordem do rei de Portugal. Não era
permitido que as igrejas e mosteiros herdassem bens com a morte de
seus professos. Lembremos que o rei era o grande dono de todas as
terras, o senhor absoluto. Mesmo assim, o Título X, ao referir-se a uma
antiga lei do rei D. Pedro I (1357-1367), apresentado como de famosa
memória, estabelecia que os clérigos deveriam agir como servidores do
rei e mandava atribuir terras àqueles que fossem lavradores. Seguindo
esta lógica de submissão da Igreja ao poder real, no Título XII encontramos a definição de *Beneplácito Régio*, que impedia a livre circulação
de documentos eclesiásticos em Portugal sem a autorização expressa
do rei, ordem que depois se fez presente na Constituição do Império, de
1824, e está na raiz dos conflitos entre a Igreja e o Estado no Brasil do
final do século XIX. Dizia o texto das ordenações:

---

[10]   *Ordenações Afonsinas, Livro I, Título VI, Do Juiz dos Noffos Feitos.* Em todas as citações das Ordenações Afonsinas foi mantida a ortografia original do texto . As diferenças são a influência do dialeto
galego no português falado e escrito naquele momento histórico. As citações foram extraídas de uma
biblioteca virtual portuguesa no sítio http://www1.ci.uc.pt/ihti/proj/afonsinas/ em 21.2.2008.

[11]   Apesar das perseguições sofridas pelos judeus em praticamente toda a Europa, a essa época
eles ainda eram protegidos em Portugal. Essa situação teve vida curta, já que em 1498 foram expulsos
de Portugal.

Per El Rey Dom Joham meu Avoo de famofa memória foi feita
Ley, e bem affy pelos outros Reyx, que ante elle forom, em que
confirando como continuadamente vêem a effes Regnos Leteras
do Padre Santo, e do Gram Meftre de Rhodes, e dos Defembar-
gadores do Santo Padre, e d'alguũs outros, a que perteence de
as dar razom de benefícios, e matrimônios, e d'outras coufas, fo-
bre que affy ufam dar femelhantes Cartas; e porque os Reyx, que
ante Nos forom, virom manifeftamente que algũas vezes eram
contra o ferviço de DEOS, e feu, e contra fua peffoa, e jurdiçom,
e contra o Regno, e proveito cũmunal dos feus fobditos, e nar-
turaaes, e ainda algũas vezes aconteciam feer forraticias, e fal-
fas: Porende hordenaarom, que nenhũas Leteras, nem Refcriptos
Apoftolicos, nem quaaefquer outras Leteras, ou Refcriptos, que
venham de fora dftes Regnos, nom fejam pruvicadas a menos
deffes impetrantes, ou aquelles, a que os negócios pertencerem,
gaancem, e ajam de Nos carta pêra as pobricar.

A partir daí o texto estabelece as condições para a não publicação do documento, que são: quando afeta o direito ou expressa falsidade (ou seja, contraria o direito do reino); quando está em oposição à jurisdição real e aos direitos naturais dos súditos portugueses; e ainda quando fere os benefícios e concessões reais. Para aqueles que ousassem publicar a Carta ou Reescrito sem autorização do rei, seria aplicada multa de cem coroas de ouro. Isso *"polo entendermos affy por muito ferviço de DEOS, e noffo, e bem do noffo povo"*. Por fim, o texto justifica a ação real definindo que de outra maneira -- ou seja, sem coibir a entrada de leis, cartas e reescritos externos no país -- não se poderia estabelecer a justiça e prover algum remédio de direito para a nação.

Como expus anteriormente, o livro contém ainda o estatuto dos judeus e dos mouros e é interessante observar que mesmo sob o pretexto de proteger os interesses dos judeus e dos mouros o documento cerceava-lhes a liberdade e incentivava a oposição entre judeus e cristãos e entre mouros e cristãos.

Quanto aos judeus, constata-se que o divórcio, apesar de proibido pela Igreja, recebeu desta algumas concessões, como no caso de Eleonor de Aquitânia que, alegando parentesco com o rei Luís VII, da França, conseguiu a separação para se casar com Henrique II, rei da Inglaterra. Situação semelhante pode ser encontrada nas Ordenações Afonsinas com relação aos judeus. No Título LXXII está definido que caso um judeu se converta ao cristianismo e a sua mulher se mantenha judia ele poderia, após um ano, dar-lhe *Carta de quitação,* ou seja, divórcio, para fazer um casamento cristão.

No Título LXXIV, se um judeu se convertesse ao cristianismo, teria o direito de herdar os bens dos pais, ainda que estes continuassem judeus; se tivesse irmãos, e se estes fossem também cristãos, estabelecia-se uma divisão favorecendo-os igualmente. Mas se houvesse cristãos e judeus, o texto favorecia os cristãos na partilha. Mesmo assim, estando os pais vivos, mandava destinar parte dos bens aos pais judeus, para a sua manutenção.

No Título LXXXII definia-se que os judeus não poderiam ser acusados de cunhar moeda falsa ou comprar ouro ou prata sem que houvesse testemunha. Acrescente-se ainda que as questões relativas aos judeus e aos mouros deviam ser julgadas por autoridade competente, o Juiz dos Judeus e dos Mouros.

A legislação também estabelecia tabelionatos para o registro de contratos de judeus e mouros e as condições em que tais contratos deviam ser firmados. Outro elemento importante é o estabelecimento das condições de negócios entre os diferentes grupos culturais, ou seja, cristãos, judeus e mouros.

Os judeus deveriam viver nas *judarias*[12] e trazer em suas roupas, no peito, acima do estômago, uma estrela de Davi vermelha;[13] não podiam entrar nas casas dos cristãos e vice-versa;[14] um judeu não podia ter mancebo ou soldado cristão.[15] O mais interessante é que apesar de tudo a legislação conservou a prática romana de permitir que os judeus guardassem o sábado, pois o Título XC[16] definia que o judeu não podia ser constrangido a responder em juízo no sábado. O tratamento dado aos mouros não era diferente. Também deveriam viver nas *mourarias*,[17] trajar capuzes e escapulários e portar a autorização para poderem circular. Também não lhes era permitido circular pela mesma calçada que os cristãos e ao divisarem um cristão deveriam sair do caminho.[18]

A obra de William Shakespeare *O mercador de Veneza* apresenta um bom retrato do tratamento recebido por judeus e mouros na Europa. Apesar de ter sido escrita entre 1594 e 1597 e retratar uma época em que os judeus já haviam sido expulsos da maior parte das nações européias, demonstra bem as relações entre judeus e cristãos na Europa do fim da Idade Média e início da Idade Moderna.

Livro III -- tratava da ordem judiciária, da regulamentação dos termos do processo, dos recursos, das seguranças reais e das cartas de segurança.

[12] Título LXXVI das Ordenações Afonsinas
[13] Título LXXXVI das Ordenações Afonsinas
[14] Título LXVII das Ordenações Afonsinas
[15] Título LXVI das Ordenações Afonsinas
[16] No original o número aparece grafado desta maneira: *LXXXX*.
[17] Título CII das Ordenações Afonsinas
[18] Título CIII das Ordenações Afonsinas

Composto por 128 títulos, este livro preocupa-se em estabelecer como deviam ser feitas as citações, além de definir quem pode ser citado e impedir a citação dos Conselhos ou Juízes sem a autorização do rei.[19] Ainda na tentativa de proteger a propriedade e os herdeiros, o Título XLVI[20] definia que caso o marido vendesse propriedades ou bens sem consultar a esposa ela poderia, se discordasse da venda, recorrer ao Juiz e, de posse de uma Carta do Rei, revogar o negócio efetuado. O comprador poderia reaver o que pagou pelo bem comprado.

No Título XXVIII destacava-se a possibilidade de o réu recusar o Juiz, se o considerasse suspeito. Neste caso, o réu deveria justificar a recusa. O mesmo aconteceria se a outra parte julgasse o Juiz suspeito, quando poderia apelar da sentença alegando suspeição. Um dos motivos alegados poderia ser a falta de jurisdição para o caso, especialmente em se tratando de Juiz Ordinário, que era um *Homem Bom* e não precisava ter formação em Direito.

Quanto ao exercício das funções públicas, o Título CXXV definia:

Mandamos, que em cada huum Luguar elejaõ Juizes e Alvazis de feu foro aquelles que entenderem que guardaraõ noffo serviço, e prol da noffa terra, fegundo He de feu foro e coftume, e facão Direito e Juftiça, de guifa que não ajamos razão de tornar ello pêra eftranhado [...] Mandamos, que daqui emdiante aquelle, que for Juiz, Vereador, ou Procurador, ou Tefoureiro dalgum Conselho huũ anno, que deffe dia, que fahir de cada huũ dos ditos Officios, a três annos, nom poffa aver em effe Concelho nenhuum dos ditos Officios, como dito He: e por effo nom feja porem emfamado.

---

[19] Títulos I a XV das Ordenações Afonsinas

[20] No original o número aparece grafado desta maneira: *XXXXVI*.

Tal definição visava permitir que outros fidalgos, *homens bons,* também exercessem as ditas funções.

Livro IV – regulava o Direito Civil em sentido amplo. Estabelecia determinações sobre contratos, sucessões, tutelas e incluía o Direito Comercial, definindo os fretamentos de navios, os contratos e as relações com mercadores estrangeiros, entre outros assuntos.

A partilha dos bens, ou seja, a questão das sucessões, já aparece no Título XII e, segundo este, com a morte do marido a mulher tornava-se a cabeça do casal e assumia a condição de meeira, ou seja, era a responsável pela partilha. Se acaso acontecesse de algum herdeiro tomar a sua parte sem a autorização da esposa, esta podia exigir legalmente que os bens fossem devolvidos. Vale ressaltar a força da tradição, porque o texto faz questão de definir que é costume *"que em caso de morte do marido e havendo herdeiros, a mulher se torne a cabeça do casal".*

O texto do Título XIII definia também que era costume, desde o tempo de D. Afonso III,[21] que o marido não podia dar bens à sua *barregã* (concubina) e caso o fizesse, em sendo casado, a esposa poderia exigir judicialmente a devolução dos bens.

Os contratos de prestação de serviços aparecem nos Títulos XXXVIII e XXXIX[22] e neles está definido que, acertado um preço por um serviço ou um período de serviços entre um mancebo, homem ou mulher, e o seu senhor, não caberia reclamação. E se acaso o mancebo ou serviçal quisesse fazê-la, esta não seria recebida em juízo. Definia ainda que os senhores podiam constranger os serviçais ao trabalho, porém não podiam separar os filhos de seus pais e mães. Estabelecia ainda as condições de pagamento dos serviços. Tais medidas visavam evitar a fuga de servidores e consequente diminuição da mão-de-obra.

---

21 Quinto rei de Portugal. Reinou entre 1248 e 1279.
22 No original o número aparece grafado desta maneira: *XXXVIIII.*

Os Títulos LXXIII a LXXV tratavam dos contratos de aluguel e definiam como deveriam ser realizados. O Título LXXIV estabelecia os casos em que o dono da terra ou da casa poderia pedir a saída do inquilino (alugador), ou despejá-lo: o não pagamento do valor contratado; se o alugador não cuidou ou dilapidou o bem; se o proprietário (senhor) quisesse realizar reparos e melhorias na propriedade ou no bem; ou se o proprietário por qualquer motivo quisesse ceder o bem a um parente ou herdeiro. Nestes casos a lei permitia que o proprietário rompesse o contrato e exigisse a saída do inquilino (alugador). Bem semelhante aos nossos dias e à nossa legislação.

O Título LXXXI tratava das sesmarias e atribuía aos *homens bons* o direito de doá-las com o objetivo de garantir a ocupação das terras e a produção agrícola, situação essa depois transferida para o Brasil Colonial.

A questão das heranças, dos testamentos, dos curadores e dos tutores abrange toda a parte final do Livro IV das Ordenações Afonsinas. Os Títulos LXXXII a CXII trataram dessas questões com detalhes, estabelecendo inclusive situações de compra e venda de bens.

Livro V -- estabelecia os crimes e as penas e incluía a investigação dos crimes, a prisão de delinquentes ou acusados e o emprego da tortura nos processos.

Já na abertura deste livro podemos observar a forte ligação entre o Estado e a Igreja se refletindo na legislação. A união entre o Direito Canônico e o Direito Civil era uma realidade em toda a Europa e ao encerrar o Título I do Livro V as Ordenações Afonsinas confirmaram isso ao propor: *"porque ouvermos certa enformaçom por leterados da noffa Corte, que affy He eftabelicido per Direito Canonico, e Civil, e de longamente affy foy ufado, e praticado em eftes Regnos em tempo dos Reyx, que ante nós forom ataa o prefente".*

No século XII houve rápida propagação de uma pregação anti-clerical na Europa, fruto da expansão da heresia cátara. A Igreja tomou severas medidas e assim em 1184 a bula *Ab Abolendum*, de Inocêncio III, visou impor a ortodoxia católica e ordenou aos bispos que fizessem uma investigação anual (*inquisitio*) em suas dioceses e excomungassem não somente os hereges, mas também as autoridades que não agissem contra eles.[23] Após o IV Concílio de Latrão (1213-1215), tais medidas foram incorporadas à legislação secular, o que justifica a abertura do Livro V das Ordenações Afonsinas.

Assim, não é de estranhar que logo de imediato o livro se preocupasse com a questão das heresias. O texto assim definia:

Porquanto dês algũs tempos a ca por feus peccados alguũas peffoas cairom, e caem em mui garve peccado de herefia, dizendo, e creendo, e affirmando coufas, que fom contra Noffo Senhor DEOS, e a Santa Madre Igreja, nom temendo as grandes penas eternaes, e temporaes, que pollos Direitos Comuũs, e noffas leyx fom poftas: porem hordenamos, e eftabelecemos que taaes como eftes. Aalem das penas, que em direito Cumuum, e noffas Leyx lhe fom poftas, de feus beẽs Fe faça como mandarmos, e noffa mercee for...[24]

Nesse período preponderou o processo inquisitorial, secreto e sem apelo, concedendo aos inquisidores o poder praticamente absoluto e arbitrário de condenar ou absolver. O próprio Tribunal do Santo Ofício vivia dos bens confiscados aos réus. Os inquisidores, homens sujeitos a enganos e paixões, participavam das lutas entre *cliques* (pequenos grupos de pessoas estruturadas em um grupo maior com base

---

23   LOYN, H.R. (Org.) *Dicionário da idade média*. Rio de Janeiro: Jorge Zahar Editor, 1997, p.191 (verbete heresia).
24   Título I das Ordenações Afonsinas.

em simpatias e interesses comuns). As regras do processo inquisitorial eram incompatíveis com uma verdadeira imparcialidade de juízo e levavam automaticamente à condenação de inocentes.

Distinguem-se duas fases nesse processo:

1ª – o réu era submetido a interrogatórios que pretendiam levá-lo a confessar as acusações que lhe tinham sido feitas;
2ª – era apresentado o libelo de acusação, com base nas denúncias e no depoimento do réu.

Ambas as fases eram secretas. A sentença final era votada por maioria, na mesa da Inquisição[25]. Os três principais tribunais inquisitoriais portugueses foram os de Lisboa, Coimbra e Évora.

Entre os crimes definidos e punidos pelas Ordenações Afonsinas estão: a alcovitagem, ou seja, falar da vida alheia denegrindo a imagem de outrem; o adultério, a vida em concubinato para os clérigos; a bigamia, dormir com mulher virgem ou viúva sem ser casado com ela; a sodomia; a feitiçaria; o roubo de aves ou de gado; manter alguém em cárcere privado; renegar a Deus ou aos seus santos. Enfim, os crimes incluíam as ações da vida religiosa e civil. As penas podiam ir da multa ao degredo, chegando à forca, à morte pela espada e ou na fogueira.

É importante observar que a Igreja não podia condenar e por isso o Santo Ofício conduzia o processo, porém era necessário que uma autoridade real, um Juiz, estabelecesse a sentença e a mandasse cumprir. Assim, com a cooperação entre o Estado e a Igreja eram

---

[25] Convém diferenciar o *processo inquisitorial* do *processo adversarial*, a que chamamos de litigioso. Neste segundo, cada lado emprega um advogado. Cada advogado, com a ajuda do cliente, cria a "teoria do caso", isto é, a teoria apresentada à corte. É típico de Estados que adotam a *common law*, segundo a qual o processo se trava entre as partes, somente sendo aceitável a interferência do juiz para garantir as regras do jogo.

realizados os autos de fé, assunto a ser tratado quando examinarmos as Ordenações Filipinas.

Considerando o fato de as Ordenações Afonsinas terem sido pouco divulgadas, D. Manuel, o Venturoso (1495-1521), ao ascender ao trono português, mandou reescrevê-las. Em 1521, pouco antes da sua morte, o texto foi totalmente publicado com o nome de Ordenações Manuelinas. O novo texto trazia algumas alterações, dentre as quais destaco o desaparecimento do *estatuto dos judeus e dos mouros* e uma atenção especial à questão do comércio e da expansão marítima.

Foram as Ordenações Manuelinas que chegaram ao Brasil com os navegadores portugueses que a partir de 1530 vieram para cá implantar o Sistema de Capitanias Hereditárias.

Capítulo 2

O período colonial brasileiro: a Terra de Santa Cruz nos séculos XVI e XVII

D. Afonso V, chamado *o Africano* em função das suas conquistas no norte da África, autorizou a publicação das Ordenações. Falecido em 1481, foi substituído por D. João II, que governou até 1495, e por sua vez foi substituído por D. Manuel, também chamado de *o Venturoso, o Bem-Aventurado* e *o Afortunado*. O governo de D. Manuel se estendeu até 1521, quando foi substituído por D. João III (1521-1557). Com a morte deste subiu ao trono português D. Sebastião I (1557-1579).

Conforme exposto no capítulo anterior, as Ordenações Afonsinas tiveram vida curta. Ao ascender ao trono português, D. Manuel mandou reelaborar o texto das ordenações. As mudanças impostas pelo avanço português no processo de expansão marítima também favoreceram isso.

Sabe-se que a chegada de Colombo a Santo Domingo e a descoberta oficial do Novo Continente levaram Portugal a reivindicar junto à Espanha territórios nas novas terras, exigência que se transformou em uma questão internacional.

As notícias da chegada de Colombo às novas terras, confirmadas pelo próprio navegador genovês ao passar por Portugal para se avistar com o rei D. João II, preocupavam o monarca, que chegou a pensar em enviar naus seguindo Colombo, mas não o fez. Logo depois, em 1493, *três Bulas do Papa Alexandre VI concediam à Espanha direitos sobre as terras achadas pelos seus navegadores a ocidente do meridiano traçado cem léguas a oeste da Ilha dos Açores e de Cabo Verde.*[26]

Alexandre, Bispo, Servo dos Servos de Deus, aos ilustres filhos caríssimos em Cristo, o Rei Fernando e caríssima filha em Cristo, Isabel Rainha de Castela, Leão, Aragão, Sicilia e Granada, - saúde e bênção Apostólica.

Entre as outras obras bem aceitas à divina Majestade. [...] - reconhecendo que vós, como verdadeiros Reis e Príncipes Católicos, - [...] inspirado pelo Deus Imortal, cada dia com ânimo mais fervoroso para honra do mesmo Deus e propagação do império cristão.

1º - Efetivamente soubemos que vós há muito tínheis determinado procurar e achar algumas ilhas e terras firmes remotas e desconhecidas, e não encontradas por outros até hoje, afim de que levásseis os povoadores e habitantes delas a venerarem o nosso Redentor e professarem a Fé Católica, ... expedistes com navios e homens preparados para semelhantes coisas, não sem enormes trabalhos, perigos e despesas, o dileto filho Cristovam Colombo,...

2º - Os quais, navegando pelo mar Oceano,... acharam certas ilhas remotíssimas e mesmo terras firmes que por outrem até hoje não tinham sido encontradas, . . .

3º - E nessas ilhas e terras já achadas, é encontrado ouro, aromas e outras muitas coisas preciosas...

4º - Por onde, considerado diligentemente tudo e sobretudo a exaltação e dilatação da Fé Católica . . .

---

[26]   HOLANDA, Sérgio Buarque de. *História geral da civilização brasileira.* Rio de Janeiro: Difel, 2005, p. 33.

5º - Por isso, nós, elogiando muito no Senhor esse vosso santo e louvável propósito...

6º - E para que, presenteados pela largueza da graça Apostólica,... motu proprio, não de acôrdo com instância vossa de petição a nós apresentada a respeito disto, ou de outrem a favor de vós, mas por nossa mera liberalidade, e de ciência certa e em razão da plenitude do poder Apostólico, tôdas ilhas e terras firmes achadas e por achar, descobertas ou por descobrir, para o Ocidente e o Meio Dia, fazendo e construindo uma linha desde o Polo Ártico, a saber do Setentrião, até ao Polo Antártico, a saber Meio Dia, quer sejam terras firmes e ilhas encontradas e por encontrar em direção à Índia, ou em direção a qualquer outra parte, a qual linha diste de qualquer das ilhas que vulgarmente são chamadas dos Açores e Cabo Verde 100 léguas para o Ocidente e o Meio Dia, de tal modo que tôdas as ilhas e terras firmes achadas e por achar, descobertas ou por descobrir desde a sobredita linha para o Ocidente e o Meio Dia não tenham sido possuidas atualmente por outro Rei ou Príncipe Cristão até ao dia da Natividade de nosso Jesus Cristo, próximo pretérito, a partir do qual começa o presente ano de 1493, ... a Vós e a vossos herdeiros e sucessores, pela autoridade de Deus onipotente a nós concedida em S. Pedro, ... vo-las doamos, concedemos e entregamos com todos os seus Domínios, Cidades, Fortalezas, Lugares, Vilas, direitos, jurisdições e tôdas as pertenças. E a vós e aos sobreditos herdeiros e sucessores, vos fazemos constituímos e deputamos por senhores das mesmas....

7º - Decidindo contudo, por esta nossa doação, ... alegar-se ter sido abolido direito adquirido, a nenhum Príncipe Cristão, que praticamente tiver possuido as citadas ilhas e terras firmes até o dito dia da Natividade de Nosso Senhor Jesus Cristo...

8° - E a quaisquer pessoas, de qualquer dignidade, - mesmo Real e Imperial, ... proibimos, sob pena de excomunhão ... se se opuserem, ... não presumam aproximar-se das ilhas e terras firmes, achadas e por achar, descobertas ou por descobrir na direção do Ocidente e Meio Dia, fabricando e construindo uma linha desde o Polo Ártico ao Polo Antárcito, quer as terras firmes ou as ilhas achadas e por achar estejam para o lado da Índia ou para qualquer outro lado, a qual linha diste 100 léguas de qualquer das ilhas que vulgarmente são chamadas dos Açores e Cabo Verde, para o Ocidente...

9° - Não obstante as constituições e ordenações Apostólicas...

10° - Porém, como seria difícil expor as presentes letras em cada um dos lugares em que era conveniente, queremos, e com semelhante sentimento e ciência decretamos que...

11° - Portanto a nenhum homem absolutamente seja lícito infringir esta página da nossa recomendação...

Dado em Roma junto a S. Pedro, no Ano da Encarnação do Senhor, 1493, no dia 4 de maio, no ano primeiro do nosso Pontificado[27]

O rei de Portugal não aceitou a Bula Papal, pois os portugueses eram favoráveis a uma demarcação segundo o paralelo traçado à altura das Canárias, devendo o norte ficar com a Espanha e o sul com Portugal. Essas novas negociações resultaram no Tratado de Tordesilhas, assinado no dia 7 de junho de 1494 e ratificado por D. João II em fevereiro de 1495. Foram estabelecidos dois meridianos. O primeiro

---

[27]   Texto da *Bula Inter Coetera*. Extraído de http://www.centrodirittiumani.unipd.it/ em 7.1.2008.

passava a 250 léguas a oeste das Ilhas de Cabo Verde e o segundo a 370 léguas a oeste de Cabo Verde, tendo sido este o meridiano válido para garantir que as terras a ocidente pertenceriam à Espanha e as que ficassem a oriente pertenceriam a Portugal. [28]

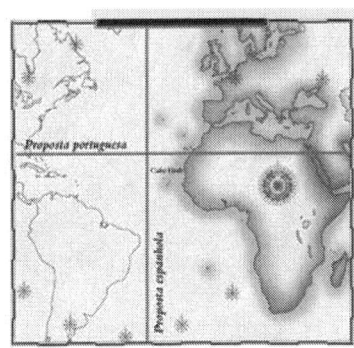 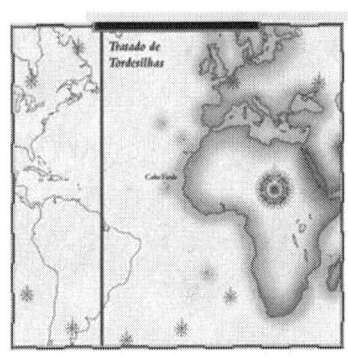

Fonte: veja.abril.com.br/idade/descobrimento/p_046.html, em 7.1.2008

Pouco tempo depois, os portugueses, tendo conseguido superar o Cabo das Tormentas, chegaram a Calicute, na Índia, onde fundaram o Império Português do Oriente, que prosperou até entrar em decadência, especialmente a partir de 1525, quando Portugal começava a procurar novas soluções para a sua economia. A partir de 1528 e 1529 se aproximava a falência desse Império do Oriente e Portugal começou a se voltar para as terras do novo continente, das quais Cabral se apossara para o rei de Portugal desde 1500.

Se o ano de 1498 foi bom para os portugueses, para os judeus de Portugal significou o início do sofrimento, com o processo que se desencadeou a partir da ascensão de D. Manuel ao trono.

Os judeus haviam chegado muito cedo a Portugal, desde a época da emancipação do reino, e lá se fixaram. Novas levas vieram depois,

---

[28]   HOLANDA, Sérgio Buarque de. *História geral da civilização brasileira*. Rio de Janeiro: Difel, 2005, p. 33.

especialmente a partir da ascensão de D. João I ao trono, logo após a Revolução de Avis. Porém a presença dos judeus em Portugal não agradava aos setores da Igreja Católica, aos reis católicos da Espanha e a muitos cristãos que viam nos judeus os responsáveis pela morte de Cristo.

De acordo com as Ordenações Afonsinas, os judeus estavam condicionados a viver nas judiarias, espécie de vilas ou guetos judaicos em Portugal. Naquele momento já tinham sido expulsos de praticamente toda a Europa e restava-lhes permanecer em Portugal, onde tinham negócios e bem ou mal dispunham do Estatuto dos Judeus, que lhes garantia os negócios e a vida. Isso, entretanto, não durou muito. Logo após as disputas entre Portugal e Espanha pelas novas terras e a assinatura do Tratado de Tordesilhas, os judeus foram expulsos de Portugal. Corria o ano de 1495 e D. Manuel ascendeu ao trono português. Logo depois, o rei anunciou o seu casamento com D. Isabel, princesa de Castela, porém uma das cláusulas condicionais para o casamento era a expulsão de hereges, judeus e mouros de Portugal. Foi assim, que aos 5 de dezembro de 1496 D. Manuel expulsou os hereges de Portugal e estabeleceu um prazo até 31 de outubro de 1497 para que deixassem Portugal. Quanto aos judeus, o rei deu-lhes a opção de se converterem ou serem desterrados.

Em abril de 1497, quando aproximadamente 20.000 judeus esperavam para embarcar deixando Portugal, o rei mandou sequestrar as crianças com idade inferior a 14 anos para serem criadas por famílias cristãs de Portugal. A violência contra os judeus foi além.

Entre os judeus, muitos preferiram uma pseudoconversão e a manutenção dos seus bens, a deixar Portugal. Surgiram assim os cristãos novos que, mesmo depois de batizados, eram constantemente inspecionados por seus padrinhos e madrinhas, para garantir que haviam de fato se convertido. No ano de 1499 os cristãos novos foram proibidos de deixar Portugal.

Em 1506, fome, pobreza e uma peste assolaram Portugal como fruto da irregularidade das estações e consequentemente das más colheitas. Segundo Alexandre Herculano, [...] *chegavam a morrer mais de cento e trinta indivíduos em um dia.*[29] Faziam-se preces públicas e organizou-se uma procissão de penitência. Um suposto milagre foi aproveitado pelos dominicanos, mas a descrença crescia e um cristão novo -- marrano --[30] foi acusado de heresia. O populacho assassinou o homem e queimou o seu cadáver. Não bastasse isso, através do fanatismo de frades que gritavam heresia, o povo não tardou a buscar outras vítimas entre os judeus. Mais uma vez, como acontecera antes, durante a peste-negra de 1348 e outros momentos, os judeus foram os bodes expiatórios da massa ensandecida. Mais de 4 mil pessoas foram mortas.[31]

Voltando às Ordenações Manuelinas, veremos que foram redigidas em forma de decreto e por isso ganharam o aspecto de novas leis. Porém eram as antigas leis com nova redação. Publicadas na to-

[29] HERCULANO, Alexandre. *História da origem e estabelecimento da Inquisição em Portugal.* Porto Alegre: Pradense, 2002.

[30] Para o historiador Cecil Roth (1967), marrano, velho termo espanhol que data do início da Idade Média e significa porco -- aplicado aos recém-convertidos (a princípio ironicamente devido à aversão judaica à carne de porco) -- tornou-se um termo geral de repúdio que no século XVI se estendeu e passou a todas as línguas da Europa ocidental. Porém a designação expressa antes a profundidade do ódio que o espanhol comum sentia pelos conversos com quem conviviam. Seu uso constante e cotidiano carregado de preconceito turvou o significado original do vocábulo. Em *Santa inquisição: terror e linguagem*, Lipiner (1977) apresenta as definições: "Marranos: As derivações mais remotas e mais aceitáveis sugerem a origem hebraica ou aramaica do termo. Mumar: converso, apóstata. Da raiz hebraica mumar, acrescida do sufixo castelhano ano derivou a forma composta mumarrano, abreviado: Marrano. Tratar-se-ia, pois, de um vocábulo hebraico acomodado às línguas ibéricas. Marit-áyin: aparência, ou seja, cristão apenas na aparência. Mar-anús: homem batizado à força. Mumar-anus: convertido à força. Contração dos dois termos hebraicos, mediante a eliminação da primeira sílaba". Anus, em hebraico, significa forçado, violentado. (Jane Bichmacher de Glasman)

[31] BETHENCOURT, Francisco. *História das inquisições.* São Paulo: Companhia das Letras, 2000.

talidade em 1521, quando Portugal já realizara as grandes conquistas e o Império Português do Oriente prosperava, o estatuto jurídico deu atenção ao comércio e à administração. Assim, quando os portugueses iniciaram a colonização brasileira, trouxeram as Ordenações Manuelinas com elas toda uma estrutura social, econômica e política voltada ao patrimonialismo e ao favorecimento dos interesses comerciais da coroa portuguesa. Não se tratava de uma exclusividade dos portugueses, pois afinal toda a Europa vivia sob o mercantilismo, fundamentado na necessidade de obter metais preciosos para movimentar as economias europeias. Uma das formas de se obter esses metais preciosos era o comércio e por isso Portugal resolveu investir na produção de açúcar na nova colônia e assim atingir múltiplos objetivos, ou seja, colonizar, defender o litoral e desenvolver a economia portuguesa. Para tanto foi adotado o Sistema de Capitanias Hereditárias, segundo o qual a costa brasileira foi dividida em 15 lotes atribuídos a 12 donatários.[32] Os donatários recebiam dois documentos comumente denominados de Carta de Doação e Carta Foral ou Carta de Foro, como defini anteriormente. Cabe aqui frisar que ambas são cartas de foro, com a diferença que a chamada Carta de Doação estabelece a propriedade da capitania, o seu caráter hereditário e os direitos do rei de Portugal. Já a Carta Foral estabelece a obrigação do donatário de povoar a capitania, criar vilas, o seu direito de doar sesmarias (latifúndios incultos ou abandonados) a quem tivesse escravos e capital para cultivá-las, exceto judeus e estrangeiros; a obrigação de usar

---

[32] Maranhão (1º lote): Aires da Cunha que se associou a João de Barros; Maranhão (2º lote): Fernando Álvares de Andrade; Ceará: Antônio Cardoso de Barros; Rio Grande do Norte: João de Barros, sócio de Aires da Cunha; Itamaracá: Pero Lopes de Sousa; Pernambuco ou Nova Lusitânia: Duarte Coelho; Bahia de Todos os Santos: Francisco Pereira Coutinho; Ilhéus: Jorge de Figueiredo Correia; Porto Seguro: Pero do Campo Tourinho; Espírito Santo: Vasco Fernandes Coutinho; São Tomé: Pero de Góis; São Vicente (dividida em dois lotes: São Vicente e Rio de Janeiro): Martim Afonso de Sousa.

mão-de-obra escrava,[33] o direito de escravizar a população nativa e de enviar anualmente 39 escravos indígenas para Lisboa. O donatário podia vender aos colonos licença para construir e explorar engenhos, plantar cana-de-açúcar e produzir açúcar, cuja comercialização era limitada pela coroa portuguesa. Assim, o donatário e os colonos só podiam vender para Portugal, que comercializava o açúcar na Europa. Também só podiam comprar de Portugal. Impunha-se, portanto, o que se convencionou chamar de Exclusivo Colonial. Todas as salinas da capitania pertenciam ao donatário e a vigésima parte da renda auferida com a exploração do pau-brasil deveria ser enviada para Portugal.

Tudo isso dificultava de tal maneira a vida de donatários e colonos que apenas duas capitanias se desenvolveram -- São Vicente e Pernambuco -- sendo que da capitania de São Vicente o primeiro lote (São Vicente) faliu e o segundo (Rio de Janeiro) foi invadido pelos franceses, que ali permaneceram entre 1555 e 1567. Após a expulsão dos franceses, tornou-se Capitania de São Sebastião do Rio de Janeiro, sob o comando de Salvador Correia de Sá.

Nessa época surgiram em São Paulo diversas vilas, destacando-se Santos, Santo André da Borda do Campo e São Paulo dos Campos de Piratininga. Mais tarde, a 3 de novembro de 1709, com o fim da Guerra dos Emboabas (1707-1709), as Capitanias de São Paulo, Rio de Janeiro e as Minas de Ouro foram unificadas sob o nome de Capitania de São Paulo e Minas de Ouro.

Antes da descoberta do ouro nas "Geraes", o Brasil conheceu ainda as Ordenações Filipinas, texto jurídico que se perpetuou no Brasil para além da proclamação da nossa independência.

[33] Monopólio do Rei de Portugal que, como em outros monopólios, podia conceder o direito de exploração a terceiros, que se comprometiam a pagar parte dos lucros à coroa portuguesa.

Em 1578 D. Sebastião morreu em Alcácer-Quibir,[34] em batalha contra os mouros de Marrocos. O trono português ficou vazio e o herdeiro mais próximo era Filipe II, rei da Espanha, sobrinho-neto de D. Manuel, o Venturoso. Com o apoio da nobreza portuguesa, que mantinha estreitas relações com a Espanha, e também da burguesia portuguesa, ansiosa por se infiltrar no México e no Peru, regiões produtoras de metais preciosos, Filipe II superou a resistência da pequena burguesia e dos cristãos-novos, que não viam com bons olhos o fanatismo religioso do monarca espanhol e suas ligações com o Tribunal do Santo Ofício da Inquisição, e tornou-se rei de Portugal a partir de 1580, com o título de Filipe I de Portugal.[35] Começava a União das Coroas Ibéricas, que se prolongou até 1640. Teve inicio a Dinastia Filipina.[36]

---

[34]   Cidade situada no Marrocos Setentrional, a sudoeste de Arzila e de Larache.

[35]   Iniciou o seu reinado em 1581. Aos 9 de dezembro de 1580 atravessou a fronteira, entrou em Elvas, onde se demorou dois meses recebendo os cumprimentos dos novos súditos. Entre os primeiros a saudá-lo estava o Duque de Bragança. A 23 de fevereiro de 1581, Filipe II saiu de Elvas, atravessou triunfante e demoradamente o país, e a 16 de março de 1581 entrou em Tomar, para onde convocara as cortes. Distribuiu recompensas, ordenou suplícios e confiscos e recebeu a noticia de que todas as colônias haviam reconhecido a sua soberania, exceto a Ilha Terceira, onde se erguera a bandeira do Prior do Crato, ali jurado rei de Portugal a 16 de abril de 1581. Perante as cortes, Filipe prometeu respeitar os foros e as isenções e só nomear para governador um português ou um membro da família real. Expediu de Lisboa tropas que subjugaram a ilha Terceira, onde D. António fora auxiliado pela França e partiu para a Espanha, depois da vitória naval de Vila Franca, em que o Marquês de Santa Cruz destroçou a esquadra francesa e obteve a submissão da ilha, em 26 de julho de 1582. Nomeou para vice-rei de Portugal o Cardeal-Arquiduque Alberto, seu sobrinho. Para auxiliá-lo criou um Conselho de governo e nomeou os membros do Conselho de Portugal. Finalmente partiu a 11 de fevereiro de 1583. A Europa começou a temer Filipe I de Portugal e II de Espanha.

[36]   A Dinastia Filipina (igualmente conhecida por Terceira Dinastia, Dinastia de Habsburgo, Dinastia de Áustria ou Dinastia de Espanha) foi a dinastia real que reinou Portugal durante o período de união pessoal entre este país e a Espanha, isto é, em que o Rei de Portugal era simultaneamente o Rei de Espanha. Os três reis da dinastia filipina governaram em Portugal entre 1580 e 1 de dezembro de 1640 e foram:

•   Filipe I de Portugal e II de Espanha: reinou entre 1580-1598;

•   Filipe II de Portugal e III de Espanha reinou entre 1598-1621;

•   Filipe III de Portugal e IV de Espanha reinou entre 1621-1640.

O período da União Ibérica em que reinou a Dinastia Filipina foi bastante conturbado, isto porque foi marcado por invasões estrangeiras ao território brasileiro. Tais invasões representaram a presença de franceses, ingleses e holandeses no território brasileiro e cooperaram para a fundação de fortes, fortificações e cidades. Foram elas:

a. 1555-1567 – Franceses no Rio de Janeiro (França Antártica): Esta antecedeu um pouco a União Ibérica e representou a presença de huguenotes franceses (calvinistas radicais) que buscavam fundar aqui uma colônia, po-

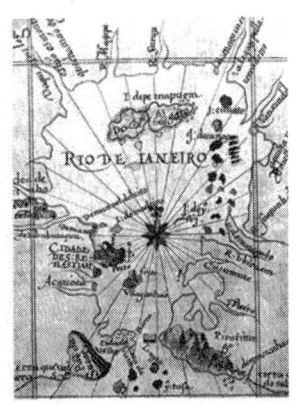

rém, o projeto começou a fracassar já de início dados os conflitos dos calvinistas com os costumes dos indígenas e naufragou quando Estácio com o apoio dos habitantes da capitania de São Vicente, dos índios Tememinós, do Espírito Santo e dos Tamoios de Ubatuba (Iperoig) expulsou os franceses e fundou a Cidade do Rio de Janeiro.

Fonte: http://www.almacarioca.com.br/hist10.htm

Antes da expulsão dos franceses, conflitos internos entre os invasores franceses levou o Capitão Nicolas Durant de Villegagnon a expulsar um grupo de franceses para o continente e estes fundaram uma pequena povoação no Rio de Janeiro.

Vasco Mariz e Lucien Provençal, afirmam que a Henriville (vila em homenagem ao rei de França Henrique II, protetor e amigo de Villegagnon) situava-se nas proximidades da praia do Flamengo e atual bairro da Glória. Lá viviam cerca de 60 franceses, tendo sido destruída por Mem de Sá em 1560.[37]

---

[37]   Vasco Mariz, Lucien Provençal. *VILLEGAGNON E A FRANÇA ANTÁRTICA: UMA REAVALIAÇÃO.* Rio de Janeiro: Nova Fronteira, 2005.

Ataques Corsários Ingleses

O objetivo destes ataques era o saque de escravos, açúcar, ouro, prata, etc. Estes corsários se estabeleciam nas Antilhas onde eles atacavam os galeões espanhóis que se dirigiam para da Europa para a América espanhola. Quando da União Ibérica, os ingleses, então inimigos dos espanhóis atacaram as cidades brasileiras de Santos, Vitória e Recife, conforme a cronologia abaixo indicada:.

* 1583 – Edward Fenton – Santos – Chegou a Santos com a desculpa de fazer a manutenção das embarcações, foi acolhido e logo em seguida iniciou a operação corsária. Falha estratégica da administração local.

* 1587 – Robert Withrington – Santos – Tendo realizado uma bem-sucedida incursão no rio Prata, Withrington atacou Salvador e se apoderou das embarcações ali fundeadas. A população entrou em pânico começou a fugir, foi quando o Bispo Dom Antônio Barreiros e o Visitador Jesuíta Cristóvão de Gouveia reuniram os colonos e alguns indígenas ligados aos jesuítas iniciaram a reação ao invasor. Ele então resolveu saquear o Recôncavo e depois Santos. Sem sucesso retornou para a Europa.

* 1591 – Thomas Cavendish – Santos - saqueou e queimou todos os navios que se encontravam no porto, e seguindo por terra até São Vicente, direcionou-se aos engenhos, aos quais ele com seus corsários saqueou e queimou, pilhando e incendiando igualmente o vizinho povoado, deixando atrás de si um rastro de ódio e pavor.

• 1592 – Thomas Cavendish – Vitória – Neste ataque o corsário inglês foi fortemente repelido pelos mazombos.[38]

• 1595 – James Lancaster – Recife. Nesta última estada o inglês invasor levou consigo 15 navios carregados de riquezas e entre elas as alfaias da Igreja de Corpo Santo.

Franceses – Fundação do Forte São Luís

• 1612-1615 – Franceses no Maranhão (França Equinocial – em latim com noites iguais, isto é, no Equador)

Como se pode observar, em função dos diversos ataques corsários ao Brasil, a presença estrangeira não se extinguiu com a expulsão dos franceses da Baía de Guanabara. Assim também, os contatos dos estrangeiros, especialmente dos franceses, com a população nativa, não tiveram fim coma expulsão de 1560, isto porque, desde 1504 existem registros da presença francesa na região norte do País, do contrabando de madeira e alguns registros de época aludiam à existência de *madeira de tinta* nas terras que vão desde a Paraíba até Sergipe. Também em 1597 o Capitão francês Jean Guerrard havia explorado a costa norte do Brasil com dois navios.

O litoral brasileiro desde a Paraíba ao Norte até São Vicente ao sul era povoado pelos povos indígenas das tribos Tupiniquim e Tupinambá, que apesar de terem a mesma origem e costumes eram inimigos e assim estavam divididos. Assim, os Tupinambás se aliaram aos

---

[38] Antes de Guararapes os nascidos no Brasil, mesmo quando filhos de portugueses, eram simplesmente chamados de mazombos.

franceses, chamados por eles de *Mair* e os Tupiniquins aos portugueses, chamados de Peró.[39]

Os contatos com os indígenas locais, especialmente nas terras do Maranhão, o apoio francês a esses indígenas no combate a outras tribos e a coleta de madeira no litoral e o comércio de produtos que circulavam livremente sem o pagamento de impostos a Portugal.

Um pouco depois de 1594, Charles dês Vaux assumiu o comando dos expedicionários franceses ao norte do Brasil. Este nobre francês tratou de acomodar-se aos usos, costumes e à língua dos amigos indígenas não se eximindo de levá-los à vitória nos combates contra as tribos inimigas. Os índios deram-lhe a alcunha de *Itagiba*, que significa braço de ferro.[40] Tal estratégia fê-lo ter esperanças em uma colonização regular, o que levou-o a apresentar seus planos a Henrique IV de França. Animado, o rei da França e depois a regente Catarina de Médicis incumbiram Daniel de La Touche da empreitada de fundar uma colônia francesa no Maranhão.

A conquista do Maranhão pelos franceses envolveu questões de ordem política e religiosa. Isto porque eram diversas as divergências entre os franceses, tanto no que tange ao comando da nova colônia, quanto de caráter religioso, já que se encontravam divididos entre católicos e protestantes.

"A preocupação de conquista não era apenas temporal, mas sobretudo espiritual, daquelas terras, dominara, aliás, desde o primeiro momento o ânimo do Senhor François Rasilly. Era certamente inevitável que a aparente paz religiosa e a liberdade

[39] ABREU, Capistrano. *Capítulos da história colonial.* São Paulo: Publifolha, 2000, p. 59-60.
[40] HOLANDA, Sérgio Buarque. *História geral da civilização brasileira*, vol. I. Rio de Janeiro: Difel, 2004, p. 204-205.

de culto que o Edito de Nantes pretendera impor em sua pátria devesse também prevalecer para a França Equinocial. Católico militante, não se descuida, entretanto, de abrir caminho para o predomínio, ali, da Igreja de Roma, tratando de reclamar, dos próprios huguenotes que o acompanham, o maior respeito aos religiosos missionários à sua escolha".[41]

Logo de início os conflitos entre La Ravardière e Rasilly dificultaram a fundação da colônia francesa, já que estes dividiam o comando da expedição colonizadora. Em seguida La Ravardière é chamado à França e em consequência disso consentiu que o comando da expedição deveria ficar com Rasilly. O próprio Daniel de La Touche haveria também declarado que isso era o melhor a fazer, justificando que era o desejo dos naturais da terra que a expedição tivesse um único comando.

Já no ano de 1612 estabeleceram-se as primeiras posturas para o governo civil e religioso da colonização francesa no Maranhão. Tais leis eram inspiradas nos dez mandamentos e ordenavam:

1. O temor e o serviço de Deus com estrita observância dos mandamentos sagrados;
2. Proibição de juramentos pelo nome do Senhor Deus. Pena: indenização pecuniária, com o valor determinado pelo Conselho. Eram admitidas até três reincidências. A ocorrência de uma quarta infração implicaria em punição corporal de acordo com a gravidade da blasfêmia;
3. Respeitar e honrar os padres capuchinos enviados pos sua Majestade de França para implantar a fé católica entre os índios;

41 HOLANDA, Sérgio Buarque. *História geral da civilização brasileira*, vol. I. Rio de Janeiro: Difel, 2004, p. 211.

4. Não perturbar ou embaraçar os religiosos no exercício de sua missão. Pena aos que desobedecessem a 3ª. e 4ª. norma: Morte;

5. Praticar crime homicídio a não ser que em legítima defesa, ou seja, não matar. Pena: Morte exemplar;

6. Não roubar. A prática do latrocínio é proibida. Pena: Se réu primário: será açoitado ao pé da forca e submetido a trabalhos forçados durante um ano em obras públicas, com consequente perda de salários, dignidades e proventos de qualquer espécie. Se reincidente: será mandado para a forca ou estrangulado. Se criado doméstico será mandado para a forca ou estrangulado, independente de ser réu primário.

7. Não insultar, injuriar, ultrajar ou matar os índios. Pena: Será punido com o mesmo grau da infração, ou seja, se ultrajou, será ultrajado, se injuriou, será injuriado, se matar, será morto.

8. Não cometer adultério com as mulheres indígenas, nem por amor e nem pela força. Pena: Morte do pecador em função do mal que causava a sua alma, a dos indígenas e à comunidade do Maranhão. A mesma pena era aplicada aos estupradores de donzelas;

9. Estava proibida a prática de atos desonestos com as filhas solteiras dos indígenas, mesmo que por amor. Pena: Quando réu primário deveria trabalhar graciosamente por trinta dias nas obras públicas. Se reincidente teria os pés agrilhoados por dois meses e se mesmo assim reincidisse no erro seria entregue às autoridades da colônia que tomariam as providências que julgassem justas e razoáveis para o caso;

10. Proibição de atos de latrocínio dos europeus para com os indígenas. Pena: observava-se as prescrições da nona norma.[42]

"Se a lei aqui (norma 10[43]) se mostrava mais moderada, sendo, no entanto, de notável truculência quando fossem franceses a vítima e o infrator, não se há de atribuir necessariamente, a aparente discriminação, a um zelo maior pela propriedades dos colonos, senão, talvez, à pouca ou nenhuma importância que os próprios índios, comparados aos europeus, costumavam dar ao sentimento de propriedade privada".[44]

A presença francesa no Maranhão foi curta, mas marcada por muitos eventos, dentre eles os sete indígenas foram levados á corte francesa por Rasilly entre os quis três morreram e quatro receberam o batismo na corte, diante o Rei Luis XIII de França. Mesmo assim o governo luso-espanhol se preocupava com a presença francesa e com as intenções dos franceses de avançar para o Peru e consequentemente para as Minas de Potosi, descobertas ocasionalmente em 1545. Por isso, impunha-se a necessidade de expulsar os franceses do norte do País. Assim, em 1615, uma expedição comandada por Jerônimo de Albuquerque conseguiu expulsar os franceses do Maranhão e pôs fim aos sonhos da França Equinocial.

Os franceses fundaram o Forte São Luís, em homenagem ao Rei de França e depois de sua retirada o mesmo forte foi mantido como forma de garantir os interesses protecionistas luso-espanhóis e depois

---

[42] Elaborado a partir de HOLANDA, Sérgio Buarque. *História geral da civilização brasileira*, vol. I. Rio de Janeiro: Difel, 2004, p. 217-218.

[43] O grifo é meu.

[44] HOLANDA, Sérgio Buarque. *História geral da civilização brasileira*, vol. I. Rio de Janeiro: Difel, 2004, p. 219.

de 1640 apenas lusos na região e com vistas a favorecer o acesso ao Peru para aqueles que ambicionavam os metais preciosos.

Na luta para expulsar os estrangeiros do Nordeste e em especial os franceses, foram fundados vários fortes que depois se transformaram em cidades, são eles:

* 1584 – Filipeia de Nossa Senhora das Neves – João Pessoa;
* 1599 – Forte dos Reis Magos – Natal;
* 1613 – Forte Nossa Senhora do Amparo – Fortaleza;
* 1616 – Forte do Presépio – Belém

Permitiu a exploração do Rio Amazonas e favoreceu a descoberta de um caminho alternativo para o Peru, partindo do Maranhão e do Grão-Pará. Belém tornou-se passagem obrigatória para entrada na região peruana

Todo esse processo implicava na necessidade de uma legislação que atendesse tanto a Portugal, quanto sua colônia na América, o Brasil. No ano de 1589, por ordem do rei Filipe I de Portugal e II de Espanha, um grupo de juristas portugueses -- do qual fizeram parte os desembargadores Jorge de Cabedo e Afonso Vaz Tenreiro, além de Duarte Nunes do Leão, procurador das Casas de Suplicação – começou a elaborar um novo texto jurídico. Em 1595 estavam prontas as Ordenações Filipinas, aprovadas pelo próprio rei, que morreu em 1598 coberto de vermes e úlceras, depois de doloroso e demorado sofrimento. Mesmo tendo sido sancionadas por Filipe I de Portugal e II de Espanha, as Ordenações Filipinas só entraram em vigor a partir de 1603, já no reinado do sucessor, Filipe II de Portugal e III da Espanha.

O texto das Ordenações Filipinas conservou a estrutura tradicional de cinco livros, subdivididos em títulos e parágrafos, como as suas antecessoras, as Ordenações Afonsinas e as Ordenações Manuelinas.

Manteve também o conteúdo dos livros, à exceção das matérias relativas ao direito subsidiário, que foram transferidas do Livro II para o Livro III, dando a entender uma nova filosofia de enquadramento das questões inerentes ao problema da integração das lacunas, sem que tal ocorrência tenha significado qualquer modificação intrínseca nos respectivos critérios de preenchimento. Foram reunidos em um corpo legislativo único os dispositivos manuelinos e os muitos preceitos subsequentes que se mantinham em vigor; foram introduzidas algumas poucas normas de inspiração castelhana, de modo que se manteve o caráter predominantemente português. O texto incluiu ainda um conjunto de preceitos sobre o direito de nacionalidade (segundo esses novos preceitos, os naturais do Reino não são definidos exclusivamente a partir dos conhecidos critérios do princípio do território -- *ius soli* -- e do princípio do sangue -- *ius sanguinis* --, mas também pela conjugação de ambos, com predomínio do primeiro).

No que tange à aplicação da justiça, observamos que o número de juízes singulares aumentou e que as suas funções específicas foram ampliadas. Eram eles: Juiz das Casas da Índia, Mina, Guiné, Brasil e Armazéns; Ouvidor da Alfândega da Cidade de Lisboa; Chanceler de Sentenças; Corregedor da Comarca; Ouvidor da Comarca; Juiz Ordinário (eleito entre os "homens bons"); Juiz de Fora; Juiz de Vintena; Almotacé; Juiz de Órfãos; e Juiz de Sesmarias. O segundo grau de jurisdição era responsabilidade da Casa de Suplicação e do Tribunal de Relação e o terceiro grau era exercido pela Casa de Suplicação presidida pelo Regedor e composta pelo Chanceler-mor e pelos desembargadores da Casa de Suplicação.[45]

---

45 LAGES, Flávia. *História do direito geral e do Brasil*. Rio de Janeiro: Lumen Juris, 2006, p. 283-284.

As Ordenações Filipinas mantiveram a pureza de sangue, favorecendo a nobreza com cargos honoríficos, benefícios e privilégios.
Mantinha assim o patrimonialismo. Apesar de proibir a venda de cargos, como se pode ler no Livro I, Título 96, na prática o rei dava aos
donatários e aos oficiais o direito de vender, renunciar em favor de
outrem nomear sucessor. Algumas vezes foi possível arrendar o ofício
dando-o em serventia e houve também o costume de aceitar a transmissão *mortis causa*.[46]

Destaco ainda o Livro V das Ordenações Filipinas, que contém
a lei penal dividida em 143 Títulos. Essa lei incluía os crimes contra
a religião, o patrimônio e a vida social e civil. Iniciava tratando de
hereges e apóstatas e, em seguida, de blasfemos e feiticeiros (Títulos
I, II e III); de relações sexuais entre infiéis e cristãos, defloramento de freiras, adultério, incesto, sodomia e outras questões relativas
à família (Títulos XIV a XXXVIII); falso juízo, falsificação; falso
testemunho, furtos e vadiagem (Títulos LI a LXVIII); mexeriqueiros
(Título LXXXV); tormentos (Título CXXXIII); e, por último, definia
quem não cumpre o degredo (Título CXLIII). De acordo com o Livro
V, eram admitidas as seguintes penas: enforcamento, morte na fogueira
ra (ser feito pó), decapitação, esquartejamento, mutilação, marca de
ferro, açoitamento (menos para os nobres) e degredo. Incluía ainda a
pena infamante, ou seja, a pena que se estendia para além do réu, aos
seus familiares, sendo permitido o confisco dos bens.

As Ordenações Filipinas vigoraram em Portugal e no Brasil até
depois de 1640, ano em que a burguesia e a aristocracia, descontentes
com o domínio espanhol e com o reinado de Filipe III de Portugal e IV
de Espanha quiseram restaurar a independência e escolheram D. João,

---

[46] LOPES, José Reinaldo de Lima. *O direito na história*. Lições introdutórias. São Paulo: Max Lemonad, 2002, p. 238-239.

filho de Teodósio II, sétimo Duque da Casa de Bragança, que assumiu o trono português como D. João IV, o Restaurador. O novo rei renovou a vigência das Ordenações Filipinas em Portugal e nas suas colônias. Durante a União das Coroas Ibéricas o Brasil sofreu diversas invasões estrangeiras,[47] das quais a mais prolongada foi a dos holandeses em Pernambuco. Ali instalaram a Nova Amsterdam, dinamizaram a indústria do açúcar e o tráfico de escravos, e sob o comando de Maurício de Nassau, mudaram o aspecto de Olinda e Recife. Nesta última instalou-se a primeira sinagoga da América.[48]

A presença holandesa

Os holandeses se fizeram presentes por duas vezes no litoral nordestino. Primeiramente, entre 1624 e 1625, quando invadiram Salvador e depois de 1630 a 1654, quando se instalaram em Pernambuco.

A presença holandesa se liga a fatores políticos que envolveram a corte espanhola de Felipe II e os Países-Baixos do Norte, dos quais faz parte a Holanda. Tais tiveram uma trégua entre 1609-1621 quando Felipe II de Portugal e III de Espanha,[49] assinou a Trégua dos Doze Anos, dada a sua impossibilidade de continuar o confronto. Porém seu sucessor, logo após o encerramento da trégua, reiniciou os ataques aos Países-Baixos do Norte e tal ação favoreceu que os holandeses invadissem a Bahia em 1624.

---

[47] Franceses no Maranhão (1612-1615), sob o comando de Daniel de La Touche; ataques de corsários ingleses: 1583, Edward Fenton; 1587, Robert Withrington; 1591, Thomas Cavendish (Santos-SP); 1595, Lancaster (Recife-PE); Holandeses na Bahia (1624-1625) e Pernambuco (1630-1654).

[48] http://www.reuters.com/article/worldNews/idUSN2520146120071112, 11.11.2007.

[49] A Dinastia Filipina foi assim composta: Felipe I de Portugal e II de Espanha (1580-1598)): realizou a União Ibérica; Felipe II de Portugal e III de Espanha (1598-1621): assinou a Trégua dos 12 Anos; e Felipe III de Portugal e IV de Espanha (1621-1640): reiniciou os confrontos com os Países-Baixos do Norte.

A Bahia era um importante centro produtor de açúcar e para os holandeses era o lugar ideal para conhecer melhor a região e planejar um posterior ataque a Pernambuco, onde se concentravam os seus interesses. Por outro lado, a Bahia era a sede do governo colonial e assim não demorou para que as forças luso-espanholas reagissem à invasão, fazendo com que os holandeses de lá saíssem em 1625.

Os holandeses, que tinham fundado a Companhia das Índias Ocidentais em 1621 com o objetivo de explorar a América planejaram detalhadamente a campanha e em 1630 aportaram em Pernambuco.

Durante a invasão destaca-se a figura de Domingos Fernandes Calabar, um mulato que estudara entre os jesuítas e enriquecera com o contrabando, chegando a tornar-se senhor de terras e de engenho. Calabar, como passou para a História era um profundo conhecedor da região e auxiliou os portugueses no combate ao invasor holandês, porém, em 1632, mudou de lado e passou a lutar ao lado dos holandeses, talvez por acreditar que o destino da região estaria melhor nas mãos dos invasores.

Calabar foi sempre uma figura controversa de nossa história. No século XIX foi tratado como um vil homem que favoreceu a queda das terras de Pernambuco nas mãos holandesas. Isto pois, com o auxílio deste mulato brasileiro, os holandeses chegaram até o forte dos Três Reis Magos, no Rio Grande do Norte, caiu sob domínio dos invasores e ainda com sua participação direta destruíram o engenho do Ferreiro Torto. Seu domínio estendia-se, então, do Rio Grande até o Recife. Junto com Calabar, aderiram à proposta cristãos-novos, negros, índios e mulatos.

Entre 1972-1973, Chico Buarque de Holanda escreveu *Calabar, elogio da traição*. Naquele momento o Brasil vivia o auge da ditadura militar, os anos de chumbo e em Portugal ocorria o *abril florido* da

Revolução Portuguesa. Neste momento Calabar é tratado não como vilão ou traidor, mas como um herói. No conjunto da obra destaca-se entre outros poemas-canções a letra de Fado Tropical, que traz trechos cantados e declamados, entre os quais se destacam:

"Sabe, no fundo eu sou um sentimental
Todos nós herdamos no sangue lusitano uma boa dosagem de
lirismo (além da sífilis, é claro)
Mesmo quando as minhas mãos estão ocupadas em torturar, es-
ganar, trucidar
Meu coração fecha os olhos e sinceramente chora (...)
Ai, esta terra ainda vai cumprir seu ideal
Ainda vai tornar-se um império colonial".

Calabar foi capturado pelos portugueses e tratado como o mais vil traidor no ano de 1635, quando foi garroteado[50] e depois esquartejado, suas partes foram expostas em uma paliçada da fortaleza para que servisse de exemplo

O caso de Calabar não foi único, destaca-se também a figura do padre Manoel de Moraes que tendo nascido em São Paulo, filho de um mameluco com uma portuguesa, tornou-se jesuíta e missionário em Pernambuco. Ele também viveu intensamente os conflitos entre portugueses e holandeses. Este padre trocou o catolicismo pelo calvinismo, casou-se, teve filhos e acabou preso pelo Santo Ofício da Inquisição ao que resistiu tenazmente e foi conduzido juntamente com os judeus (cristãos-novos) condenados por heresia judaizante na procissão dos penitenciados que seguiram para o auto-de-fé no dia 15 de dezembro de 1647, depois de haver suportado interrogatórios,

---

50 Seu pescoço foi envolvido por um garrote e estrangulado.

tortura e humilhação. Penalizado como herege e não propriamente como traidor político. Foi condenado ao confinamento por cinco anos em Lisboa (este é o sentido do cárcere perpétuo), de onde só poderia ausentar-se com a permissão do Tribunal. Deveria ainda fazer a abjuração pública dos seus erros *em forma*, reservada aos hereges formais que confessavam plenamente a sua heresia ou apostasia, prometendo não repetir o erro. E assim foi. Depois de ouvir a sentença abjurou todos os seus erros, anatematizou e prometeu afastar-se de toda espécie de heresia, jurou guardar a fé católica e nunca mais se unir aos hereges. Prometeu denunciar todos os hereges que viesse a conhecer e não reincidir no erro sob pena de ser sancionado com os piores castigos. Além da sua humilhação e redução ao estado leigo, padre Manoel de Moraes teve os seus bens confiscados, teve que arcar com as custas do processo no valor de 9.052 réis, a maior parte devida a procuradores.

Depois de tudo Manoel ainda conseguiu reerguer-se e reagiu contra os holandeses no processo que acabou conduzindo à expulsão destes do Brasil. Existe notícia de que morreu em Portugal no ano de 1651, outra notícia diz que morreu no Brasil, talvez em São Paulo, porém nada se sabe desta figura controversa no processo de dominação holandesa.[51]

A trajetória do padre Manoel de Moraes se insere no contexto do governo de Maurício de Nassau (1637-1644) que reformou a administração do Brasil holandês permitindo que os nascidos no Brasil ocupassem cargos administrativos e tivessem o direito de levar reivindicações á assembleias locais. O administrador Nassau ainda vendeu engenhos a crédito os engenhos abonados pelos proprietários que haviam se retirado para a Bahia e emprestou dinheiro aos proprietários

---

[51]   VAINFAS, Ronaldo. *Traição*. São Paulo: Companhia das Letras, 2008. Trata-se de um excelente trabalho de pesquisa sobre este jesuíta processado pelo Santo Ofício da Inquisição.

locais para reformarem seus engenhos e comprarem novos escravos.

Durante sua administração instaurou a liberdade religiosa, trouxe para o Brasil cientistas, literatos, teólogos e artistas que dinamizaram e incrementaram a vida cultural e intelectual do Brasil holandês. Data deste período a reurbanização do Recife com a construção de pontes e drenagem de pântanos.[52]

A implantação da liberdade religiosa em Pernambuco permitiu que no Recife fosse construída a primeira sinagoga da América, no ano de 1637. Frequentada especialmente por judeus portugueses e cristãos novos que diante da predominância católica no reino de Portugal e sua colônias não tinham liberdade de exercer seus cultos considerados heresia judaizante.

Após a restauração portuguesa, com as mudanças no cenário político, Nassau voltou para a Holanda. Suas medidas desagradavam a Companhia das Índias Ocidentais e ele demitiu-se. A nova administração foi rápida em iniciar a cobrança dos débitos, o que favoreceu os ideais insurreicionais que se mantinham nos portugueses. Este processo agravou-se após 1651, quando Oliver Cromwell promulgou os Atos de Navegação na Inglaterra, através dos quais as mercadorias inglesas só poderiam ser transportadas por navios ingleses. Tais medidas prejudicaram o comércio holandês que exercia o controle dos mares.

Enfraquecidos e depois de longa batalha os holandeses foram expulsos do Brasil em 1654, junto com eles saíram do Brasil muitos judeus que temiam as perseguições do Santo Ofício da Inquisição. Estes judeus foram para Nova Amsterdã, na América do Norte. A ilha tinha sido comprada pelos holandeses da Companhia das Índias Ocidentais em 1626 por 60 guilders (moeda holandesa da época), o equivalente a 24 mil centavos ingleses e lá se estabeleceram. No ano de 1664 chegaram os ingleses e a ilha passou a chamar-se New York, a antiga Manhattan dos indígenas é a Manhattan dos nossos dias.

---

[52] Ibid.

Os holandeses em sua maioria dirigiram-se do Brasil para as Antilhas, onde deram início à produção açucareira. Foram seguidos por
ingleses e franceses que também passaram a produzir açúcar na região, isto porque o frete entre as Antilhas e a Europa era mais barato.
Com isso, em pouco tempo o açúcar brasileiro não resistindo a con-
corrência do açúcar das Antilhas, entrou em decadência.

No que tange à aplicação do Direito no Brasil holandês, verificou-se a implantação de uma legislação tão rígida quanto as Ordenações Filipinas, isto, pois, restringiu as liberdades e o direito de ir e
vir, com o objetivo de conter a espionagem e as tentativas de revoltas
incentivadas pelos portugueses, especialmente depois de 1640. Como
nas Ordenações Filipinas, a pena de morte era executada por enforcamento, decapitação, fogueira e esquartejamento, mas o condenado
podia ser entregue a índios antropófagos. Foram proibidos os jogos
de azar, o adultério e o incesto, a matança e a comercialização da
carne de gado bovino sem licença. Também foi proibido se amigar
com os índios, isto porque à época da ocupação muitos portugueses
se casaram com índias a fim de manter a descendência.[53] Deportações
e multas também faziam parte das penas aplicadas pelos holandeses
em Pernambuco. Havia ainda a preocupação com a monocultura na
região, que obrigava a comprar no estrangeiro tudo o que não se pro-
duzia, inclusive coisas corriqueiras necessárias à alimentação. Por
isso Maurício de Nassau adotou medidas enérgicas para obrigar os
senhores de engenho a plantarem mandioca e hortaliças.[54]

---

[53]   VILLALTA, Luiz Carlos. O que se fala e o que se lê: língua, instrução e leitura. *In*: MELLO E SOU-
ZA, Laura (organizadora). *História da vida privada no Brasil*. São Paulo: Companhia das Letras, 2005,
p. 344.

[54]   ALGRANTI, Leila Mezan. Famílias e vida doméstica. *In*: MELLO E SOUZA, Laura (organizadora).
História da vida privada no Brasil. São Paulo: Companhia das Letras, 2005, p. 125.

As Ordenações Filipinas continuaram em vigor no Brasil e se o regime pombalino representou a centralização do poder e o ápice do absolutismo em Portugal e no Brasil, representou também um período de grande rigidez na administração. No ano de 1758 o rei D. José I sofreu um atentado e o seu ministro Sebastião José de Carvalho e Melo acusou os jesuítas, ocasionando a expulsão dos mesmos de Portugal e de suas colônias em 1759. O título de Marquês de Pombal foi concedido a Sebastião José em 1770. Sete anos depois o rei D. José I morreu e o então Marquês de Pombal, condenado por abuso de poder, foi expulso da corte, falecendo em 1782 na sua propriedade, em Pombal.

Capítulo 3

O período colonial brasileiro: transformações e conflitos do século XVIII e início do século XIX

Pouco antes da administração pombalina o Brasil começara a viver nova fase econômica, marcada pela descoberta do ouro nas Minas Gerais entre 1694 e 1698. Fazia-se necessária uma legislação que atendesse às exigências do novo cenário econômico. Por isso em 19 de abril de 1702 foi publicado o Regimento do Superintendente, Guardas-Mores e Oficiais para as Minas de Ouro, estabelecendo a autoridade real na administração da atividade mineradora. Daí em diante a legislação visava garantir a exploração do ouro e o envio desse ouro para Portugal. Por isso ocorreu um gradativo aumento do fiscalismo português e consequentemente a taxação dos colonos, das atividades coloniais, na região e fora dela, além do controle sobre o escoamento do ouro e sobre os escravos.

Em 1720 o governo português criou as Casas de Fundição, para garantir a cobrança do quinto e dos impostos decorrentes do seu uso. Como reação, ocorreu em Vila Rica a Revolta Filipe dos Santos, cujo líder foi preso, sumariamente julgado e sentenciado ao esquartejamento vivo pelo crime de lesa-majestade, como previa a legislação em vigor (Ordenações Filipinas). Em 1735, Portugal instituiu a captação: o minerador pagava 17 gramas de ouro por escravo que possuísse. Nos anos de 1750 e 1760 foram instituídos mais dois impostos: as 100 arrobas e a derrama, que deram motivo à Inconfidência Mineira, cujo líder, Joaquim José da Silva Xavier, alcunhado Tiradentes, foi igualmente condenado pelo crime de lesa-majestade, conforme previsto no Livro V das Ordenações Filipinas. Na sentença que condenou Tiradentes é claro o trecho que trata da infâmia e do confisco dos bens:

> *Portanto condenam ao Réu Joaquim José da Silva Xavier, por alcunha o Tiradentes, Alferes que foi da tropa paga da Capitania de Minas, a que com baraço e pregão seja conduzido pelas ruas publicas ao lugar da forca e nella morra morte natural para sempre, e que depois de morto lhe seja cortada a cabeça e levada a Villa Rica aonde em lugar mais publico della será pregada, em um poste alto até que o tempo a consuma, e o seu corpo será dividido em quatro quartos, e pregados em postes pelo caminho de Minas no sitio da Varginha e das Sebolas aonde o Réu teve as suas infames práticas e os mais nos sitios (sic) de maiores povoações até que o tempo também os consuma; declaram o Réu infame, e seus filhos e netos tendo-os, e os seus bens applicam para o Fisco e Câmara Real, e a casa em que vivia em Villa Rica será arrasada e salgada, para que nunca mais no chão se edifique e não sendo própria será avaliada e paga a seu dono pelos bens confiscados e no mesmo chão se levantará um padrão pelo qual se conserve em memória a infamia deste abominavel Réu...* [55]

As invasões estrangeiras, as bandeiras, as entradas, a mineração, a pecuária e a ação dos missionários (especialmente dos jesuítas) através da construção de missões também foram importantes porque implicaram na realização de tratados para definir limites do território brasileiro e questões de Direito Internacional. Dentre os Tratados de

---

[55] Citado por TRISTÃO, Adalto Dias. *Sentença criminal*. Belo Horizonte: Del Rey, 2004.

Limites podemos destacar o Tratado de Utrecht, de 1715, e o Tratado de Madri, de 1750, no qual Alexandre de Gusmão propôs o direito do *uti possidetis*, um princípio jurídico do Direito Romano que considera possuidor da terra aquele que efetivamente a ocupa. Assim, a Espanha aceitou as condições do Tratado de Madri e reconheceu as pretensões portuguesas sobre a Bacia Amazônica; em troca obteve a Colônia de Sacramento, no Sul do Brasil. Os portugueses receberam ainda os Sete Povos das Missões, também no Sul, região rica em erva-mate e gado. Depois do Tratado de Madri, o Brasil adquiriu praticamente a sua constituição geográfica atual. [56]

As mudanças ocorridas no cenário europeu no fim do século XVIII e no início do século XIX fizeram com que a família real portuguesa deixasse Portugal rumo ao Brasil, onde novas mudanças se estabeleceram.

No ano de 1807 a corte portuguesa, sob a regência do príncipe D. João, encontrava-se entre a cruz e a espada. Napoleão decretara o Bloqueio Continental para impedir o comércio das nações do continente com a Inglaterra. Portugal, que tinha acordos comerciais com a Inglaterra, viu-se entre a França de Napoleão e as suas relações políticas e comerciais com a Inglaterra. Por outro lado, eram amplamente conhecidas as intenções de Napoleão de ocupar Portugal. Diante das dificuldades e da iminente possibilidade de invasão, D. João firmou com a Inglaterra uma Convenção para transferir a família real portuguesa para o Brasil. Logo no início do documento são apresentadas as causas dessa convenção:

---

[56] Em 1903, com a assinatura do Tratado de Petrópolis entre Brasil, Bolívia e Peru, o Brasil comprou dos bolivianos e dos peruanos a região do Estado do Acre, por 2 milhões de libras esterlinas, e se comprometeu a construir a ferrovia Madeira-Mamoré, ligando as cidades de Guajará-Mirim e Porto Velho, hoje desativada.

Em Nome da Santíssima e Indivisível Trindade

Sua Alteza Real o Príncipe Regente de Portugal, tendo mandado
comunicar a Sua Majestade Britânica as dificuldades em que se
encontra em consequência das exigências injustas do Governo
francês, e a Sua decisão de transferir para o Brasil a sede e o
tesouro da Monarquia Portuguesa para não ceder à totalida-
de dessas exigências, e em especial à insistência do Governo
francês para que sejam presos todos os súditos de Sua Majes-
tade Britânica residentes em Portugal e confiscadas todas as
propriedades inglesas ali localizadas, bem como para que Sua
Alteza Real o Príncipe Regente declare guerra contra a Grande
Bretanha; porém tendo sido proposto a Sua Alteza Real, a fim de
evitar (se possível) a guerra com a França, a consentir em fechar
os portos de Portugal à bandeira inglesa; e considerando que tal
ato de hostilidade de Sua parte poderia justificar o uso de re-
presálias por parte de Sua Majestade Britânica, seja através da
ocupação militar da Ilha da Madeira ou de qualquer outra Coló-
nia da Coroa de Portugal, ou então forçando a entrada no porto
de Lisboa, e empregar os meios de hostilidade os mais eficazes
contra a marinha militar e mercante de Portugal; considerando
igualmente que o simples receio bem fundado do fechamento dos
Portos de Portugal poderia provocar a ocupação provisória das
Colônias Portuguesas pelos exércitos de Sua Majestade Britâ-
nica, e que uma atitude ou uma declaração hostil da parte da
França contra Portugal não deixaria de produzir esse mesmo
efeito; Sua Majestade Britânica, por Sua vez, fazendo justiça aos
sentimentos de amizade e de boa-fé que têm caracterizado as
recentes comunicações de Sua Alteza Real o Príncipe Regente,
e determinada a ajudar por todos os meios que estejam à Sua

disposição a nobre resolução que Sua Alteza Real o Príncipe
Regente acaba de anunciar, de transferir a sede da Monarquia
Portuguesa para o Brasil para não ceder às exigências da Fran-
ça em toda a extensão; e ao mesmo tempo, ainda que Sua Alteza
Real venha a consentir em fechar os seus portos à Grã-Bretanha
(atitude que Sua Majestade Britânica lamentaria, e para a qual
jamais poderia dar o Seu consentimento), desejando poupar o
melhor possível os sentimentos e as intenções de um antigo e fiel
aliado e agir em relação a Portugal com toda a moderação com-
patível com o que é devido à sua honra e aos interesses dos Seus
súditos, e com o objetivo essencial que Sua Majestade não pode
perder de vista, a saber, impedir que as Colônias e as marinhas
militar ou mercante de Portugal, no todo ou em parte, caiam nas
mãos da França; consequentemente, as duas Eminentes Partes
Contratantes decidiram adotar de comum acordo as medidas e
os compromissos recíprocos que seriam julgados os mais conve-
nientes para conciliar Seus respectivos interesses e a manter em
todo caso a amizade e o bom entendimento que têm subsistido
durante tantos séculos entre as duas Coroas.[57]

A mesma convenção estabeleceu ainda:

Art. 1 – Em caso de ocupação francesa em Portugal o governo da
Ilha da Madeira receberia ordens para não resistir a uma expedição de
ocupação inglesa;

---

[57] Convenção entre Portugal e Grã-Bretanha sobre a transferência para o Brasil da sede da monarquia portuguesa (22 de outubro de 1807). Fonte: Extraído do Arquivo da Secretaria de Estado dos Negócios Estrangeiros. Citado por Paulo Bonavides e Roberto Amaral, *in*: *Textos políticos da história do
Brasil*. Brasília: Senado Federal, 2002, Edição Eletrônica, p. 386-387. Texto em francês, com tradução
para este livro feita por Aurélio Rebello.

Art. 2 – A Inglaterra se comprometia a enviar uma frota de seis navios para garantir a transferência da família real portuguesa para o Brasil e o embarque de cinco mil homens do exército português para a Ilha da Madeira;

Art. 3 – Em caso de fechamento dos portos portugueses para a Inglaterra, o príncipe regente de Portugal autorizaria a ocupação da Ilha da Madeira por uma expedição inglesa, sob as ordens o príncipe regente de Portugal;

Art. 4 – Portugal se comprometia a jamais unir a sua Marinha Militar ou Mercante às da França ou da Espanha e também a transferir toda a sua Marinha Militar para o Brasil;[58]

Art. 5 – Caso os portos portugueses fossem fechados para a Inglaterra, Portugal se comprometia a enviar metade da sua Marinha ao Brasil e manter a outra metade, cerca de cinco a oito navios de guerra e oito ou dez fragatas armadas à metade (pelo menos), para se unirem às forças da Marinha inglesa, em caso de hostilidades espanholas ou francesas;

Art. 6 – Estando estabelecida no Brasil a monarquia portuguesa, os ingleses se comprometiam a jamais reconhecer como rei de Portugal qualquer príncipe que não fosse herdeiro e representante legítimo da Família Real de Bragança;

Art. 7 – Após o estabelecimento da Família Real Portuguesa no Brasil seria realizado um tratado de ajuda e comércio entre Portugal e a Inglaterra;

Art. 8 – Estabelecia o segredo da convenção entre as partes contratantes;

Art. 9 – A convenção deveria ser ratificada por ambas as partes no prazo de seis semanas, na cidade de Londres, na Inglaterra;

---

[58] Graças a esse artigo em 1808 instalou-se no Brasil o Corpo de Fuzileiros Navais.

Artigo Adicional I – Em caso de fechamento dos portos portugueses à Inglaterra, Portugal se comprometia a estabelecer um porto na ilha de Santa Catarina, ou qualquer outro local do litoral do Brasil, onde as mercadorias inglesas seriam importadas livremente e transportadas por embarcações inglesas;

Artigo Adicional II e Artigo Secreto – Em caso de fechamento dos portos portugueses à Inglaterra, ficavam suspensos os acordos entre Portugal e Inglaterra, assim como os benefícios, privilégios e isenções concedidos à nação portuguesa. Estabelecia ainda as regras para a retomada da Ilha da Madeira e dos territórios portugueses após a ocupação inglesa, impedindo que os ingleses viessem a reivindicar tais direitos.

Como se pode observar, D. João agiu com grande tino administrativo e político, bastante diferente da imagem que por muito tempo se propagou e que em grande parte é fruto da ação de ingleses como John Luccock, um comerciante que permaneceu no Brasil por mais de dez anos e escreveu *Notas sobre o Rio de Janeiro e as partes meridionais do Brasil*. Luccock limitou-se a expressar a sua visão de inglês diante do diferente, ou seja, seguiu quase o modelo de Heródoto e dos gregos aos relatarem as civilizações bárbaras.

D. João foi astuto e precavido. Se permanecesse em Portugal, sabia que a ocupação francesa era iminente e a resistência difícil. Na condição de príncipe regente, com a mãe enferma e um reino a conduzir, sabia que em caso de ocupação, espanhola ou francesa, os primeiros sentenciados seriam os membros da família real. Toda a dinastia corria perigo.

Pela convenção firmada com a Inglaterra, D. João não apenas garantia a manutenção de todo o reino português, como também as relações comerciais com a Inglaterra e, o mais importante, conservaria a Casa de Bragança no trono de Portugal. Assim, após uma reação portuguesa aos invasores – posterior às ações da Santa Aliança –, ele receberia de volta o trono português. Por isso também não titubeou diante das Cortes Portuguesas que se estabeleceram depois da Revolução do Porto, em 1820. Estas tinham o apoio da Inglaterra para garantir a volta da família real e a devolução do trono a D. João, conforme previa a Convenção Secreta firmada entre Portugal e a Inglaterra. D. João também não titubeou em deixar D. Pedro no Brasil, pois, mesmo que a independência se consolidasse, o trono estaria nas mãos de um membro da Casa de Bragança e o acordo com a Inglaterra beneficiaria Portugal e a Casa de Bragança.

Em 1808, com a chegada da família real ao Brasil e com as medidas adotadas para favorecer o comércio e modernizar a colônia, o *status* econômico e jurídico do Brasil se transformou. Acabou o Pacto Colonial: o Brasil poderia comerciar diretamente com outras nações estrangeiras, pois, com a presença da família real, se colocava na condição de sede do governo.

A abertura dos portos às nações amigas permitiu que o Brasil comerciasse com as outras nações sem passar pela metrópole portuguesa. Agora a família real estava no Brasil, a terra de Santa Cruz era então a sede do governo metropolitano e assim estavam rompidos os laços que nos prendiam ao Pacto Colonial e que impunham que só pudéssemos comprar e vender de Portugal e para Portugal. O documento expedido pelo príncipe regente D. João, de início apresentado por ele como *"interino e provisório, enquanto não consolido um sistema geral que efetivamente regule semelhante matéria"*,[59] na verdade era uma medida de urgência para favorecer a presença da família real no Brasil e também aguardar a sequência dos movimentos da política eu-

---

[59]   Abertura dos portos (Primeiro Ato) – Carta do Príncipe Regente D. João de 28 de janeiro de 1808. Fonte: Extraído da Biblioteca Nacional do Rio de Janeiro, Divisão de Manuscritos Ind. Cat . 46, 20, 4. Citado por Paulo Bonavides e Roberto Amaral, *in*: *Textos políticos da história do Brasil*. Brasília: Senado Federal, 2002, Edição Eletrônica, pp. 410-411.

ropeia. Esse documento, que estabelecia as taxas alfandegárias a serem pagas pelos produtos nos portos do Brasil, foi seguido por outro, de 11 de junho de 1808, no qual o Príncipe Regente reduzia as tarifas alfandegárias nos portos brasileiros com o objetivo de favorecer o livre comércio no Brasil, com o desenvolvimento da Marinha Mercante e de Guerra, e favorecia os portos da Bahia, Pernambuco, Maranhão e Pará no que tange à reexportação de produtos estrangeiros. Ao entrarem no Brasil, os produtos pagavam uma taxa alfandegária de 16% e para reexportação mais 4%, conforme pode ser observado abaixo:

E querendo outrossim aumentar a navegação, para que prospere a marinha mercantil e com ela a de guerra necessária para a defesa de meus estados e domínios. Sou servido ordenar, que todas as fazendas e mercadorias, que forem próprias de meus vassalos e por sua conta carregadas, em embarcações nacionais, e entrarem nas alfândegas do Brasil paguem de direito, por entrada, 16 por cento somente, e os gêneros, que se denominam molhados, derrogada, nesta parte, a disposição da Carta Régia de 28 de janeiro passado, ficando em seu vigor em tudo o mais. E que todas as mercadorias, que os meus vassalos assim importarem, para as reexportar para reinos estrangeiros, declarando-o por esta maneira nas alfândegas, paguem 4 por cento somente debalde ação, passando-as depois para embarcações nacionais ou estrangeiras, que se destinarem a Portos Estrangeiros, o que tudo só terá lugar nas alfândegas desta Corte, Bahia, Pernambuco, Maranhão e Pará, e nelas haverá a maior fiscalização. E acontecendo fazer-se alguma tomadia de fazendas desviadas daquele destino serão apreendidas e julgadas com outro tanto do seu valor a bem do denunciante e dos que as apreenderem na forma do Alvará de 5 de janeiro de 1785. O presidente do meu Real Erário

o tenha assim entendido, e mande expedir as ordens necessárias.
Palácio do Rio de Janeiro, em 11 de junho de 1808 .[60]

Não demorou muito tempo para que as pressões inglesas cobrassem a conta da transferência da família real para o Brasil e assim, a 19 de fevereiro de 1810, foi firmado com a Grã-Bretanha o Tratado de Aliança e Amizade que reduzia as tarifas alfandegárias inglesas no Brasil. Em primeiro lugar o Tratado reconhece as relações entre Portugal e Grã-Bretanha:

Em nome da Santíssima e Indivisível Trindade. Sua Alteza Real
o Príncipe Regente de Portugal e Sua Majestade El-Rei do Rei-
no Unido da Grã-Bretanha e Irlanda, estando convencidos das
vantagens que as duas Coroas têm tirado da perfeita harmonia
e amizade, que entre elas subsiste há quatro séculos, de uma
maneira igualmente honrosa à boa-fé, moderação e Justiça de
ambas as partes; e reconhecendo os importantes e felizes efeitos
que a sua mútua aliança tem produzido na presente crise, duran-
te a qual Sua Alteza Real o Príncipe Regente de Portugal (firme-
mente unido à causa da Grã-Bretanha, tanto pelos seus próprios
princípios, como pelo exemplo de seus augustos antepassados)
tem constantemente recebido de Sua Majestade britânica o mais
generoso e desinteressado socorro e ajuda, tanto em Portugal
como nos seus outros domínios, determinaram, em benefício de

---

[60] Antologia do Correio Brasiliense. Organização Barbosa Lima Sobrinho. Rio de Janeiro: Cátedra; Brasília: INL/MEC, 1977, p. 24-25. Citado por Paulo Bonavides e Roberto Amaral, *in*: *Textos políticos da história do Brasil*. Brasília: Senado Federal, 2002, Edição Eletrônica, p. 423-424.

seus respectivos Estados e vassalos, fazer um solene Tratado de
Amizade e Aliança...[61]

De acordo com o Tratado de Aliança e Amizade e a Convenção de Comércio e Navegação, ambos de 19 de fevereiro de 1810, a Inglaterra obteve tarifas alfandegárias preferenciais nos portos brasileiros, passando a pagar tarifas de 15%, enquanto os produtos portugueses pagavam 16% e os de outras nações 24%. O tratado e a convenção provocaram o adiamento do processo de industrialização do Brasil porque, apesar da existência do Alvará para Liberdade de Indústrias no Brasil e da Autorização para se estabelecer qualquer gênero de manufaturas, ambos de 1º de abril de 1808. A partir do Tratado e Convenção de 1810, tudo isso se tornou um verdadeiro 1º de abril, já que o produto estrangeiro inglês chegava muito mais barato no Brasil. Ainda de acordo com o Tratado de Aliança e Amizade, artigo IV, a Inglaterra ganha o direito de cortar e transportar madeira do Brasil; no artigo IX, D. João se compromete a não estabelecer o Tribunal do Santo Ofício da Inquisição no Brasil; e no artigo X, D. João, *"estando plenamente convencido da injustiça e má política do comércio de escravos"*, se compromete a abolir o tráfico negreiro, guardando para os vassalos de Portugal o comércio dos escravos nos domínios africanos de Portugal. O Tratado e a Convenção de 1810 continham outros artigos visando a manutenção dos direitos da Casa de Bragança sobre o trono português, conforme o que havia sido acordado na convenção de 1807.

Devo destacar aqui a criação da Casa de Suplicação do Brasil, com sede no Rio de Janeiro, através do Alvará do Príncipe D. João, de 10 de maio de 1808. Nesse documento o regente enfatiza a neces-

---

61 BONAVIDES,Paulo et AMARAL, Roberto. *Textos políticos da história do Brasil*. Brasília: Senado Federal, 2002, Edição Eletrônica.

sidade da administração da justiça sem embaraços e com prontidão, além da necessidade de garantir a segurança dos cidadãos e o sagrado direito da propriedade privada.

De acordo com o alvará de 1808, a Casa de Suplicação deveria funcionar como Supremo Tribunal de Justiça do Brasil, substituindo a Casa de Suplicação de Lisboa. Todos os agravos ordinários e apelações do Pará, Maranhão, Ilhas dos Açores e Madeira e Relação da Bahia passariam a ser encaminhados à Casa de Suplicação do Brasil.

A Casa de Suplicação do Brasil, de acordo com o item IV do seu Alvará de Criação, era assim composta: regedor (nomeado pelo Príncipe Regente); chanceler da Casa de Suplicação; oito desembargadores dos agravos; um corregedor do crime da corte e da Casa; um juiz dos feitos da Coroa e Fazenda; um procurador dos feitos da Coroa e Fazenda; um corregedor do Cível da Corte; um juiz da Chancelaria; um ouvidor do crime; um promotor de justiça; e seis extravagantes. Ainda definia a necessidade de todo um corpo de funcionários para a execução dos serviços e deixava claro que não poderia haver um único escrivão para atender as questões cíveis e criminais.

O item VII determinava que todos os Ministros da Casa de Suplicação servissem de Adjuntos uns dos outros, como fosse necessário nos despachos dos expedientes. O item XI definia os proventos do chanceler, dos ministros e de todos os demais membros da Casa de Suplicação do Brasil.

A implantação da Casa de Suplicação do Brasil representou um marco no processo jurídico brasileiro. Mesmo levando-se em consideração que era regida por leis portuguesas e pelo Regimento de 13 de outubro de 1751, dado para a Relação da cidade do Rio de Janeiro, já foi semente do Superior Tribunal de Justiça e abriu espaço para o desenvolvimento de uma cultura jurídica que culminaria nos avanços verificados no período imperial brasileiro.

Outras medidas adotadas por D. João:

• Criação da Imprensa Régia – 13 de maio de 1808;
• Criação da Escola de Cirurgia (Medicina) da Bahia, a 18 de fevereiro de 1808, e da Escola de Anatomia, Cirurgia e Medicina do Rio de Janeiro, a 5 de novembro do mesmo ano;
• Fundação do Correio Brasiliense – 1º de junho de 1808;
• Criação do Banco do Brasil – 12 de junho de 1808;
• Criação do Jardim Botânico do Rio de Janeiro – 13 de junho de 1808;
• Criação da Escola Real de Ciências, Artes e Ofícios, a 12 de agosto de 1816. Depois, para organizar a Escola de Belas-Artes, veio ao Brasil uma missão chefiada pelo francês Jacques Lebreton e composta de pintores, entre os quais Nicolau Antonio Taunay, Grandjean de Montigny e Jean-Baptiste Debret;
• Criação do Arsenal de Marinha e incentivo à produção de ferro e à construção de manufaturas em Minas Gerais, em 1809, e em Iperó (SP), em 1818;
• Criação da Biblioteca Real com mais de 60 mil volumes (1814) e da Escola Nacional de Belas-Artes (1816);

Em 1815, após o exílio definitivo de Napoleão em Santa Helena e a tentativa do Congresso de Viena de restaurar o absolutismo na Europa e de reconduzir o mapa europeu a uma situação pelo menos próxima à de antes da Revolução Francesa, o Brasil foi elevado à categoria de Reino Unido a Portugal. Em Carta-Lei de 16 de dezembro de 1815, D. João estabelecia:

Eu, D. João, por graça de Deus príncipe regente de Portugal e dos Algarves,[...] e outrossim reconhecendo quanto seja vantajosa aos meus fiéis vassalos em geral uma perfeita união e identi-

*dade entre os meus reinos de Portugal e dos Algarves e os meus
domínios do Brasil [...], sou, portanto, servido e me apraz ordenar o seguinte:*

*1. Que desde a publicação desta carta de lei o estado do Brasil
seja elevado à dignidade, preeminência e denominação de reino
do Brasil;*

*2. Que os meus reinos de Portugal, Algarves e Brasil formem
dora em diante um só e único reino debaixo do título: Reino Unido de Portugal e do Brasil e Algarves...*

Em 1817 eclodiu no Brasil a Revolução Pernambucana, movimento que, apesar de reprimido por D. João, ainda teve prolongamentos na
Confederação do Equador, de 1824, e na Revolução Praieira, de 1842.

Em 1820 Portugal assistiu à eclosão da Revolução Liberal do Porto,
que desejava a recolonização do Brasil e acabou acelerando o processo
de separação dos dois reinos -- o Reino do Brasil e o Reino de Portugal
--, concretizada em 7 de setembro de 1822. Já vimos que o processo de
independência começara bem antes, desde a chegada da família real
portuguesa em 1808, e se consolidou primeiro no plano econômico e
depois no político, em 1815, com a elevação do Brasil à categoria de
reino unido e depois em 1822, com a separação de Portugal.

A independência não mudou a situação do País, que manteve a
sua estrutura fundamentada no tripé economia agroexportadora, latifúndio e mão-de-obra escrava. As antigas estruturas patrimonialistas
foram reproduzidas no Império e aos poucos se instalou o bacharelis-
mo no Brasil.

SEGUNDA PARTE

O Brasil Monárquico (1822-1889)

Capítulo 4

A fundação do Império do Brasil e a Constituição outorgada de 1824

As primeiras mudanças

Após o 7 de setembro de 1822 foram necessárias medidas para adequar o País à nova condição de reino independente. Em primeiro lugar era preciso garantir o reconhecimento da independência pelas nações estrangeiras. A primeira nação a reconhecer a nossa independência foi os Estados Unidos da América do Norte, com base na doutrina do presidente Monroe, que defendia "a América para os americanos". Portugal ainda insistiu em retomar o Brasil e por isso ocorreram as guerras de independência.[62]

Diante da ação portuguesa e dos conflitos, D. Pedro mandou sequestrar os bens de todos os portugueses que não tivessem aderido à independência e suspendeu o comércio com Portugal. D. João VI cedeu, mas em troca do reconhecimento da nossa independência exigiu o pagamento de dois milhões de libras esterlinas, valor equivalente à dívida que Portugal contraíra com a Inglaterra desde a chegada da família real ao Brasil. D. Pedro aceitou e a Inglaterra emprestou o dinheiro para o pagamento da indenização, ou melhor, da dívida portuguesa.

---

[62] A nossa independência não ocorreu de forma pacífica, como alegou por muito tempo a historiografia brasileira. As guerras de independência envolveram mercenários contratados pelo Império e geraram fatos como a invasão do convento de Madre Joana Angélica, na Bahia.

No ano de 1826 a Inglaterra exigiu a renovação dos tratados as-
sinados por D. João em 1810, que reduziam para 15% as tarifas alfandegárias pagas pelos produtos ingleses no Brasil. Assim, o Tratado de
Aliança e Amizade e o de Comércio e Navegação foram renovados por
mais quinze anos e vigoraram no Brasil até 1841. Segundo esses tratados, o tráfico negreiro deveria ser extinto em 1830. O governo austríaco,
ao qual estava ligada a Casa de Bragança, exigiu as mesmas condições
e o governo brasileiro, sentindo-se pressionado, fixou em 15% as tarifas
alfandegárias incidentes sobre os produtos austríacos, prejudicando o
tesouro nacional e desfavorecendo a industrialização do País.

Foram realizadas as eleições para a Assembleia Constituinte e depois de intensa ação José Bonifácio conseguiu afastar o partido português e os liberais radicais,[63] garantindo a vitória do partido brasileiro.

Nesse ambiente conflituoso e complexo, D. Pedro foi coroado
imperador do Brasil com o título de D. Pedro I e a Assembleia Constituinte foi formada por 90 membros eleitos por 14 províncias, onde se
destacavam proprietários rurais e bacharéis em leis, além de militares,
médicos e funcionários públicos. A Constituinte reuniu-se a 3 de maio
de 1823 para iniciar a elaboração da nossa primeira constituição.

O projeto proposto pela Constituinte de 1823 se compunha de
272 artigos, era elitista e favorecia os interesses dos latifundiários
brasileiros; estabelecia o voto censitário e não reconhecia a participação popular na vida política do País. Para D. Pedro I, o principal
empecilho era o texto que se desejava promulgar, que lhe restringia

---

63   O Partido Liberal Radical, representado pelo grupo de Gonçalves Ledo, defendia a monarquia
constitucional representativa. Pela proposta desse grupo, o Parlamento seria o poder mais importante,
afirmaria a liberdade de expressão e iniciativa, a descentralização administrativa e ampla autonomia
das províncias. Gonçalves Ledo perdeu a disputa para José Bonifácio que, na função de Ministro do
Reino e dos Negócios Estrangeiros desde janeiro de 1822, mandou fechar a Maçonaria e prender
todos os maçons. Líder maçônico, Gonçalves Ledo foi obrigado a fugir para Buenos Aires.

os poderes. Por isso, a 12 de novembro de 1823, apoiado pelo Partido Português e pelos militares, D. Pedro mandou cercar a Assembleia Constituinte -- que insistiu em se manter reunida na noite inteira que viria a ser conhecida como "a noite da agonia" -- e dissolveu-a, para em 1824 outorgar nova constituição.

Além de ter se encarregado do projeto falido da Constituição, a Assembleia Nacional, através da Lei de 20 de outubro de 1823, prorrogou a vigência da parte civil e da parte penal das Ordenações Filipinas até que ficasse pronto o Código Criminal do Império e o Código Civil. A parte civil das Ordenações Filipinas ainda teve vida longa no Brasil, diferentemente do que se esperava.

A Constituição do Império do Brasil (1824)

Depois de dissolver a Assembleia Constituinte, D. Pedro I nomeou um Conselho de Estado de dez membros, que redigiu a Constituição utilizando vários artigos do anteprojeto de Antônio Carlos. Após ser apreciada pelas Câmaras Municipais, foi outorgada (imposta) em 25 de março de 1824, estabelecendo os seguintes pontos:

- Art. 3: Definia o governo como sendo monárquico, constitucional, hereditário e representativo. Mas D. Pedro entendia essa representatividade como representação das elites. Assim, a população em geral, a gente miúda, estava excluída da participação na vida política brasileira.
- Art. 90: As eleições eram indiretas, o voto censitário e descoberto. Os eleitores de paróquia elegiam os eleitores da província e estes elegiam os deputados e senadores. Esses eleitores eram escolhidos entre quem possuísse ganhos su-

periores a 100 e 200 mil-réis, respectivamente. Os eleitores de paróquia eram indicados pelos párocos responsáveis pelas paróquias porque, como o Brasil não dispunha de cartórios, todos os nascimentos, casamentos, mortes, contratos de compra e de venda etc., eram registrados na sacristia das igrejas e assim os párocos detinham informações suficientes para indicar quem podia ou não ser eleitor de paróquia.

- Art. 95: Estava excluído de votar e ser eleito deputado quem não professasse a religião do Estado.

- Art. 5: O catolicismo era apresentado como religião oficial. Garantia-se a liberdade de convicção religiosa e de culto privado, contanto que fosse respeitada a religião do Estado (lembrando que só a Igreja Católica poderia ter templos).

- Art. 103: O Imperador, ao ser aclamado, deveria jurar manter a religião Católica Apostólica Romana.

- Art. 102, itens II e XIV: O Imperador tinha o direito de nomear bispos, prover benefícios eclesiásticos e conceder o beneplácito aos decretos dos concílios, letras apostólicas, etc.[64]

- Art. 10: Eram definidos quatro poderes: o Executivo, o Legislativo, o Judicial e o Moderador.

- Arts. 102-104: O poder Executivo competia ao Imperador e ao conjunto de ministros por ele nomeados.

- Arts. 105-144: Tratam da família real, da sucessão do trono, da regência, do ministério e do conselho de Estado.

- Arts. 13-34: Tratam do Legislativo, representado pela Assembleia-Geral formada pela Câmara de Deputados (eleita por quatro anos) e pelo Senado (nomeado e vitalício). Os

---

[64] O item XIV acabou se tornando o fundamento do conflito que levou à separação entre a Igreja e o Império entre 1873-1875, após a prisão dos bispos de Olinda e Belém do Pará pelo Imperador Pedro II.

membros de cada câmara eram invioláveis pelas opiniões que proferissem no exercício de suas funções (art. 26); estabeleceu-se a imunidade parlamentar, definindo que nenhum deputado ou senador podia ser preso por autoridade alguma, salvo por ordem da sua respectiva Câmara, menos em flagrante delito de pena capital (art. 27).

- Arts. 151-164: Tratam do Poder Judicial, formado pelo Supremo Tribunal de Justiça, com magistrados escolhidos pelo Imperador.
- Arts. 98-101: Tratam do Poder Moderador, pessoal e exclusivo do próprio Imperador, assessorado pelo Conselho de Estado, também vitalício e nomeado pelo Imperador.

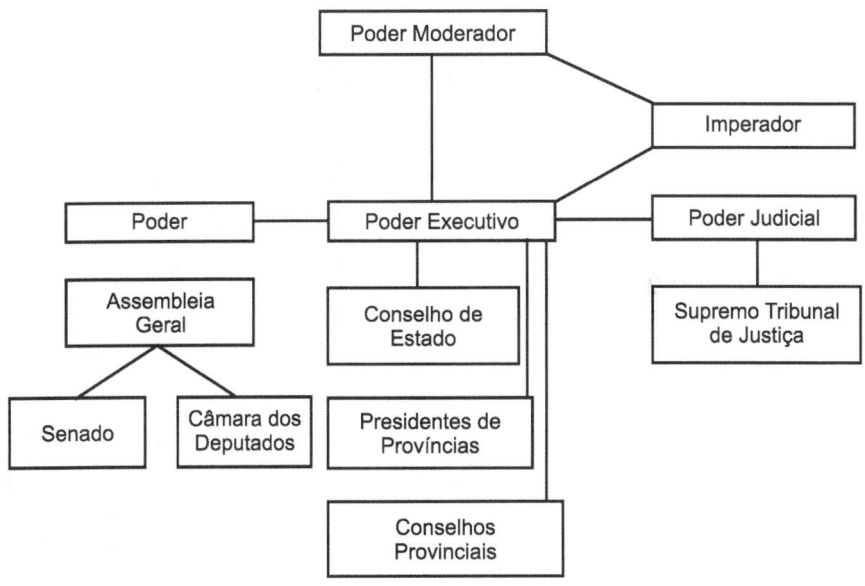

Características do Poder Moderador na Constituição de 1824

O poder moderador, da maneira como o definia a Constituição de 1824, se opunha tanto à doutrina de Montesquieu, da separação dos três poderes, quanto à de Benjamin Constant, doutrina do poder neutro ou do poder judiciário dos demais poderes. Na Carta Imperial, o poder moderador representou literalmente a constitucionalização do poder absoluto do monarca. Mesmo assim, não se tratava do absolutismo nos moldes dos Estados Absolutos da Idade Moderna. Essa forma de absolutismo equiparava-se à implantada nos impérios industriais do século XIX.

Acrescente-se o fato de a Constituição de 1824 definir a pessoa do Imperador como inviolável e sagrada (art. 99) e lhe atribuir os títulos de Imperador Constitucional e Defensor Perpétuo do Brasil, além do tratamento de Majestade Imperial (art. 100). Tamanho poder se completava com a definição de poder moderador, contida no art. 98:

O Poder Moderador é a chave de toda a organização política, e é delegado privativamente ao Imperador, como Chefe Supremo da Nação, e seu Primeiro Representante, para que incessantemente vele sobre a manutenção da independência, do equilíbrio e da harmonia dos mais Poderes Políticos.

Além desse poder extremado, cabia ao Imperador exercer o Poder Executivo, através do qual podia prover cargos, declarar guerra, conceder Títulos, Honras e Ordens Militares, bem como nomear Bispos e conceder ou negar o Beneplácito aos decretos de Concílios, Constituições Eclesiásticas e Letras Apostólicas, entre outras atribuições.

Direitos civis e sociedade escravista

A Constituição do Império assegurou a inviolabilidade dos direitos civis em uma sociedade escravista e em um texto constitucional que, apesar de ter abolido os açoites, a tortura, a marca de ferro quente e demais penas cruéis, as mesmas continuavam a ser aplicadas aos escravos. Segundo alguns constitucionalistas, essa Constituição humanizou o cumprimento da pena de morte.

O art. 179 aboliu a tortura, a transmissão da infâmia e o confisco dos bens do criminoso, porém manteve o ritual da condução do réu e da leitura pública da sentença. A humanização é entendida pela extinção das penas de esquartejamento vivo, esquartejamento depois da morte, exposição pública do corpo e fogueira.

Ainda no que se refere ao Direito Penal, a Constituição de 1824 proibiu a prisão sem culpa formada e estabeleceu a exigência de lei anterior e autoridade competente para sentenciar alguém (*nullum crimen, nulla poena sine lege*).

No que se refere à liberdade de pensamento e expressão, a constituição garantiu a liberdade religiosa, desde que não ofendesse a moral pública, o que de certa maneira limitava os rituais africanos, em especial. Mesmo assim, o texto garantia que ninguém poderia ser perseguido por motivo religioso.

A constituição ampliou a cidadania aos filhos de ingênuos (índios) e libertos, mesmo que nascidos fora do País (art. 6°). Contudo excluía o negro, ainda visto como mercadoria, objeto de troca, necessário à manutenção da economia agroexportadora brasileira e, como Aristóteles já propunha no Livro VIII de *Política*, "um instrumento que tem vida".

O art. 179, item XXII, garantiu o direito de propriedade em toda a sua plenitude e definiu que, em caso de requisição de uso da propriedade do cidadão pelo Estado ou de desapropriação, o cidadão devia ser indenizado. Definiu ainda a necessidade de lei que regulasse o processo e a indenização.

Por fim, apesar da presença do poder moderador, a constituição garantiu a independência do poder judicial.

O Poder Judicial

O Tribunal do Júri teve a sua criação associada às medidas de modernização do Brasil na época da criação do Império do Brasil, através da Lei de 18 de junho de 1822. Naquele primeiro momento, tinha como finalidade específica atender aos casos de crimes de imprensa e era formado por Juízes de Fato, num total de vinte e quatro cidadãos bons, honrados, patriotas e inteligentes, que deveriam ser nomeados pelo Corregedor e pelos Ouvidores do crime e a requerimento do Procurador da Coroa e Fazenda, que atuava como Promotor e Fiscal dos delitos. Os réus podiam recusar dezesseis dos vinte e quatro nomeados e só podiam apelar para a clemência real, pois só ao Príncipe cabia alterar a sentença proferida pelo Júri. [65]

A convocação do Júri dependia do Juiz de Direito e poderia ser feita por qualquer um deles. Estava mantida a apelação de Direito, mesmo depois da Lei 261, de 3.12.1841, quando ficou definido que se o juiz julgasse que a decisão do júri contrariava a evidência das provas poderia convocar novo júri, sem repetir o juiz nem os jurados.

A pena de morte foi aplicada pela última vez no Brasil, antes de ser extinta em 1890, no caso de Manoel da Motta Coqueiro, um fazendeiro da região de Macaé, norte do Estado do Rio de Janeiro, vítima de uma armação de inimigos que o acusaram de matar uma família inteira a golpes de facão, foice e borduna. Depois de mais de dois anos de processo jurídico, D. Pedro II mandou executar o fazendeiro, cumprindo o que prescrevia a lei. Pouco depois a armação foi descoberta e comprovada a inocência de Coqueiro. Devido a esse erro, o Imperador passou a comutar as penas em prisão perpétua, inclusive as dos escravos. [66]

---

[65] NOGUEIRA, Paulo Lúcio. *Questões processuais penais controvertidas.* São Paulo: Universitária de Direito, 1995. p. 293.

[66] MARCHI, Carlos. *A fera de Macabu.* Rio de Janeiro: Record, 1998.

O organograma a seguir demonstra a organização do Poder Judicial no Império:

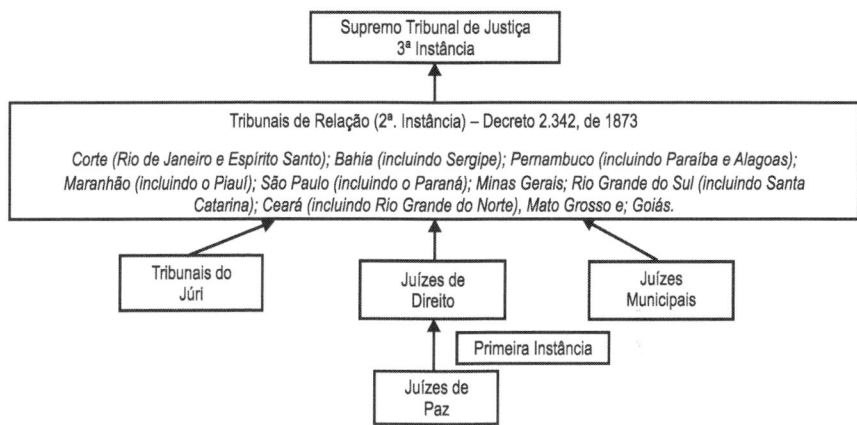

Em 1871 ocorreu a reforma processual, que extinguiu novamente os cargos de chefe de polícia, delegado e subdelegado para a formação de culpa e pronúncia nos crimes comuns. Permaneceu apenas o chefe de polícia, nos casos de crime extremamente grave, ou quando no crime estivesse envolvido alguém influente, que pudesse prejudicar a ação da Justiça. As pronúncias passaram então para a competência dos juízes de direito, nas comarcas especiais, e para a dos juízes municipais, nas comarcas gerais.

A partir do Decreto nº 4.992, de 3 de janeiro de 1872, cada sessão do Júri passou a ser presidida pelo desembargador da Relação do distrito, designado pelo presidente segundo a ordem de antiguidade.[67]

---

[67]   MARQUES, José Frederico. *A instituição do júri*. Campinas: Bookseller, 1997, p. 38-45.

Capítulo 5

Legislação penal e civil do Período Monárquico, questões internacionais e o fim do Império do Brasil

O Código Criminal do Império (1830)

O projeto do Código Criminal do Império, elaborado por Bernardo Pereira de Vasconcelos, representou uma novidade e precedeu códigos europeus em algumas das suas disposições. O texto foi considerado conciso e elogiado por isso, tendo sido traduzido para o francês, o que demonstrava a sua importância para inúmeros juristas da época. De acordo com o historiador Américo Jacobina Lacombe, "foi o primeiro código penal autônomo na América Latina e a sua influência sobre os que lhe seguiram é incontestável".

No Código Criminal de 1830 estão ausentes as partes geral e especial. Os 313 artigos são distribuídos do seguinte modo: I – dos crimes e das penas, arts. 1º a 67; II – dos crimes públicos, arts. 68 a 178; III – dos crimes particulares, arts. 179 a 275; IV – dos crimes policiais, art. 276 a 313.[68]

A concepção de punição adotada pelo Código Criminal de 1830 revela o ideário da Escola Clássica de Beccaria e Bentham. Assim, as ideias de correção, exemplaridade, utilidade e prevenção são alardeadas como o fim das penas, ou seja, da pena como um mal que produz uma positividade para a sociedade. [69]

---

[68] LAGES, Flávia. *Op. cit.*, p. 372-380.

[69] DA SILVA, Mozart Linhares. *O império dos bacharéis.* Curitiba: Juruá, 2004.

79

Entre os avanços do Código Criminal de 1830 podemos destacar, comparando-o à Constituição de 1824 (art. 179, números I e XI):[70]

- assegurou cidadania ao *nullum crimen, nulla poena sine lege* (arts. 1º e 33),[71] com os atributos prospectivos e irretroativos da *lex poenalis* para os crimes e para as penas;[72]
- definiu o crime doloso (art. 2º, parágrafos 1º e 3º) e passou a considerar a motivação determinante do crime (art. 192, para o homicídio, complementado pelo art. 16 e §§ 2º, 7º, 10, 11, 12, 13, 14 e 17);
- tratou dos crimes omissivos, no art. 2º, § 1º.
- a Constituição de 1824 afirmava haver igualdade jurídica entre os homens (art. 179, XIII).[73] Também impunha a personalidade das penas, com abolição expressa do confisco e da infâmia (art. 179, XX) e exigia dignidade no cumprimento da pena de prisão (art. 179, XXI;[74] CCI, art. 48 e 49), permitindo a sua substitui-

---

[70]   Número I: "Nenhum cidadão pode ser obrigado a fazer ou deixar de fazer alguma coisa senão em virtude de lei"; Número XI: "Ninguém será sentenciado, senão pela autoridade competente, por virtude de lei anterior, e na forma por ela prescrita".

[71]   Artigo 1º: "Não haverá crime ou delicto (palavras synonimas neste Código) sem uma lei anterior que o qualifique"; Artigo 33: "Nenhum crime será punido com penas que não estejão estabelecidas nas leis, nem com mais ou menos daquellas que estiverem decretadas para punir o crime no grao maximo, médio ou mínimo, salvo o caso em que aos juizes se permitir arbítrio".

[72]   Essa igualdade jurídica deve ainda ser compreendida no contexto de um país escravocrata porque, como regra geral, a legislação imperial não abandonou a crueldade para a pena e sua execução, pois permitia prisão perpétua (arts. 68, 71, 85), açoutes (art. 60), galés (arts. 44 e 45, parágrafos 1º e 2º), galés perpétuas (arts. 34, 2ª parte, 62) e ser trazido o escravo, em ferro, para frente do juiz (art. 60). Da desumanidade ia-se para a indignidade e, ainda, para o abuso no exercício do princípio de utilidade da pena capital. Quando condenado à morte, exigia-se, legalmente, ridicularizar o sujeito (exposição). A lei mandava observar o ritual descrito nas regras dos arts. 39 a 41. Havendo a morte pela forca (art. 38), os parentes e amigos não podiam enterrar com pompa o corpo do enforcado, sob pena de crime (art. 42). Só com a abolição da escravatura (Lei Áurea, 13 de maio de 1888), conformou-se a lei penal do Império ao novo *status quo*. Antes, sob a Lei de 20 de junho de 1835, punia-se, pelo júri, com morte, o escravo que matasse ao seu senhor, "à sua mulher, a descendentes e ascendentes".

[73]   "A lei será igual para todos, quer proteja, quer castigue...".

[74]   "As cadeias serão seguras, limpas, e bem arejadas...".

ção por um regime menos gravoso (prisão simples, CCI, art. 49) e sempre em encarceramento individual (art. 179, XXI);[75]

* humanizou a execução da morte do condenado e suprimiu as penas infamantes;

* relativamente à pena pecuniária, introduziu o princípio do dia-multa (art. 55);[76]

* no âmbito da responsabilidade, o legislador imperial criou (e antes da lei belga) a responsabilidade sucessiva para os crimes de imprensa (art. 7º);

* considerou a codelinquência como causa de agravação da pena (art. 16, parágrafo 17). Pela menoridade, tivesse o sujeito idade inferior a catorze anos, não era considerado criminoso (art. 10, parágrafo 1º). Com a mesma idade, se houvesse obrado com discernimento, era internado para correção (art. 13). Quando menor de 21 anos, o delinquente teria a pena atenuada (art. 18, parágrafo 10);

* para os loucos de todo gênero havia, na lei sob comento, causa de isenção de responsabilidade (art. 10, § 2º);

* assim também era o tratamento para a coação irresistível (art. 10, § 3º) e o fortuito (art. 10, § 4º). Nessas hipóteses não se punia, mas a lei mandava satisfazer o mal causado (art. 11);

* estabeleceu a reparação civil do dano (arts. 18 a 21), hoje ainda uma grande e apaixonante tese criminológica, lamentavelmente maltratada pelo egoísmo e pelo elitismo do moderno legislador brasileiro.

---

[75] "[...] havendo diversas casas para separação dos réus, conforme suas circunstâncias, e natureza de seus crimes".

[76] "A pena de multa obrigará os réos ao pagamento de uma quantia pecuniária que será sempre regulada pelo que os condemnados puderem haver em cada um dia pelos seus bens, empregos ou industria, quando a Lei especificamente a não designar de outro modo".

O Código de Processo Criminal (1832)

Logo depois de entrar em vigor o Código Criminal ocorreu a abdicação do Imperador D. Pedro I. O Brasil ingressou em nova fase política, o Período Regencial. No ano seguinte à abdicação foi publicado o Código de Processo Criminal, estabelecendo as competências de juízes de paz, juízes municipais e juízes de Direito. Neste sentido, habilitou os municípios a exercerem atribuições judiciárias e policiais.

Um destaque especial para o Código de Processo Criminal de 1832 foi a definição do *habeas corpus*, nos arts. 340-355.

O *habeas corpus*, enquanto instituição, ainda não fora definido. Os seus princípios eram contemplados pela Constituição de 1824, especialmente no art. 179, que garantia aos cidadãos brasileiros a inviolabilidade dos direitos civis e políticos, o que se repetiu no Código Criminal do Império. O Projeto de Resolução (aprovado) da Assembleia-Geral Legislativa de 1833, apresentado pelo Marquês de Inhambuque, membro da comissão mista encarregada de examinar o código de processo, incluiu os arts. 340-355.

Na instituição do *habeas corpus* no Período Regencial salta aos olhos que, pela definição desse instituto, também o escravo teria acesso a esse direito que protegia o indivíduo.[77] Ou seja, mesmo considerado um direito do cidadão, e não se considerando o escravo como cidadão, o instituto do *habeas corpus* referia-se à pessoa humana. Neste caso, cabe ainda observar que a lei faz referência ao indivíduo e o beneficiário do direito é o pedinte, do qual o escravo é subproduto.

A instituição do *habeas corpus* seria assimilada pela Constituição Republicana de 1891.

---

[77]   DA SILVA, Mozart Linhares. *O império dos bacharéis*. Curitiba: Juruá, 2004, p. 260.

No Brasil o instituto do *habeas corpus* foi suspenso por duas ve- zes: a primeira durante a ditadura do Estado Novo de Vargas (1937-45) e a segunda pelo Ato Institucional n° 5 e pela Emenda Constitucional n° 1, de 1969, que favoreceram o advento dos "anos de chumbo".

Ato Adicional à Constituição de 1824 (1834) e Lei de Interpretação ao Ato Adicional (1840)

Os arts. 121-130 da Constituição de 1824 estabeleciam que em caso de vacância do trono e sendo o sucessor menor de 18 anos (art. 121), uma regência deveria governar o País até que o jovem imperador atingisse a maioridade. Primeiramente haveria uma regência provisória e depois outra, permanente. Todavia, além de obrigar o regente a fazer o mesmo juramento do Imperador (art. 103), ou seja, manter a religião Católica Apostólica Romana e a indivisibilidade da Nação,[78] nada mais estava definido. A Assembleia-Geral passou três anos discutindo até que os representantes da nação estabelecessem as regras do Período Regencial.

Na sessão de 8 de outubro de 1831 a aristocracia rural brasileira, espelhando-se no modelo norte-americano, chegou a propor através de Miranda Ribeiro a extinção do Poder Moderador e a adoção de uma monarquia federativa. Porém, foram necessários mais três anos para a conclusão dos trabalhos, o que se deu a 12 de agosto de 1834.

Principais medidas adotadas pelo Ato Adicional à Constituição de 1824:

- As províncias ganharam maior autonomia: foram criadas Assembleias Legislativas Provinciais eleitas e definidas as

---

[78] Grande preocupação da aristocracia rural, que desde antes da independência temia que o Brasil viesse a se fracionar em pequenas repúblicas, como ocorreu na América Espanhola. A nossa aristocracia rural fundamentava-se no modelo norte-americano de unidade do território e do federalismo.

rendas que cabiam às províncias. Essas Assembleias tinham autonomia administrativa, mas os seus presidentes continuavam sendo escolhidos pelo Governo central, que garantia assim o seu controle (art. 2°, que modificou os arts. 71 a 78 da Constituição de 1824);

• O Poder Moderador foi mantido como privativo do Imperador, confirmando o que previa o art. 98 da Constituição de 1824;

• Foi extinto o Conselho de Estado (art. 32) que, segundo o art. 137 da Constituição de 1824, era composto por membros vitalícios nomeados pelo Imperador. Mas, apesar da extinção do Conselho de Estado, a vitaliciedade do Senado foi mantida;

• Foi criado o Município Neutro da Corte, formado pela cidade do Rio de Janeiro e o seu termo, independente da Província do Rio de Janeiro, cuja capital seria Niterói (conforme o art. 1°, onde se lia: "A autoridade da Assembleia Legislativa da Província em que estiver a corte não compreenderá a mesma corte, nem o seu município");

• A Regência tornou-se una, com regente eleito por quatro anos (art. 26, que complementou o art. 122 da Constituição de 1824).

O Ato Adicional foi um instrumento de conciliação entre as diferentes forças políticas, espécie de compromisso político que logo começou a receber críticas, especialmente na própria Câmara, já então dividida entre liberais e conservadores. E apesar de todos pertencerem à aristocracia rural, dividiam-se entre os que defendiam a centralização do poder e os que propunham a descentralização desse mesmo poder.

Os políticos do período se dividiam em Liberais Moderados, ou Chimangos,[79] defensores do federativismo e de maior autonomia das províncias, cujos dirigentes eram adeptos de um regime monárquico liberal; Liberais Exaltados, conhecidos como Farroupilhas ou Jurujubas,[80] que defendiam a deposição da monarquia e a implantação de uma república federativa;[81] e por fim os Restauradores, ou Caramurus,[82] grupo formado por grandes comerciantes portugueses natos e naturalizados, militares de alta patente, senadores vitalícios e burocratas do Estado, além de alguns aristocratas conservadores, entre os quais os irmãos Andrada e Silva, todos favoráveis à centralização do poder. José Bonifácio de Andrada e Silva era o tutor do Imperador Pedro II. As disputas duraram todo o período regencial, marcado por diversas revoltas que eclodiram de norte a sul do País. A Cabanagem (1831-1840 – Belém do Grão-Pará), a Farroupilha (1835-1845 – Rio Grande do Sul e Santa Catarina), a Sabinada (1837-1838 – Bahia) e a Balaiada (1838-1841 – Maranhão) foram frutos de conflitos não resolvidos entre os membros do governo central, que relegaram ao descaso as províncias do Norte, do Nordeste e do Sul do País.

A proposta descentralizadora encontrava defesa na figura de homens como o Padre Diogo Antônio de Feijó, que em pleno século

---

[79] O nome Chimango foi dado ao partido do Rio Grande do Sul, que não tinha grande expressão. O significado deste nome era: "caça com a qual não vale a pena gastar chumbo". Depois o nome foi adotado em todo o País.

[80] O nome Farroupilha se referia ao chapéu de palha que essas pessoas usavam e Jurujuba era o nome da Rua da Praia, no Rio de Janeiro, de onde saíram os populares que forçaram a abdicação de D. Pedro.

[81] Ideal que se fortaleceu e se fez presente já a partir de 1870, quando se iniciou a derrocada do Império no Brasil, com a fundação do Partido Republicano e depois com a organização da República e a elaboração da Constituição de 1891.

[82] Restauradores porque defendiam a volta de D. Pedro I e Caramurus em função do nome de um dos seus jornais, O Caramuru.

XIX, quando regente do Brasil (1831-1835 – Regência Trina Permanente e 1835-1837 – Regência Una) defendia, entre outras coisas, o fim do celibato clerical, a divisão das Dioceses em Províncias e a eleição dos Bispos pelos padres, além da possibilidade de a Diocese definir, em Assembleia de Padres, a permanência ou não do celibato clerical. Assim como as suas ideias eram progressistas no campo da religião, também na política não eram diferentes, o que o colocou em conflito com a sociedade e o governo, especialmente por não ter conseguido conter as revoltas regenciais que intrinsecamente expressavam o perigo da descentralização.

Se a proposta de reformar a Igreja não chegou a ser implantada, Feijó foi também responsável pela criação da Guarda Nacional, força paramilitar composta por cidadãos armados, recrutados entre os eleitores com renda mínima de 200 mil-réis nas grandes cidades e 100 mil-réis em outras regiões. Essa Guarda tinha *status* de polícia (para conter a anarquia, manter a ordem e a tranquilidade públicas) e de força armada (para defender a integridade do Império, a independência, a Constituição e a liberdade). Os oficiais eram eleitos por voto secreto e individual e poderiam ser de qualquer cor ou classe, guardadas as condições para ser eleito.

Como consequência, houve redução do efetivo das forças armadas e os oficiais do Exército e da Marinha foram agrupados aos oficiais da Guarda Nacional, formando o Batalhão dos Voluntários da Pátria para garantir a ordem, a tranquilidade e o cumprimento da lei na cidade do Rio de Janeiro. Se antes Feijó tinha a oposição da aristocracia rural e da Igreja, agora conquistara também a antipatia dos militares.[83]

---

[83] Mesmo assim a Guarda Nacional permaneceu por muito tempo no cenário nacional. Em 1864 consistia em 212 comandantes superiores e um grande quadro de oficiais. Contava com 595.454 praças distribuídos em artilharia, cavalaria, infantaria e infantaria da reserva. Em contraposição, o exército regular da época contava com 1.550 oficiais e 16.000 praças.

Pressionado e só, sem o apoio da Câmara, renunciou em 1837, sendo substituído pelo conservador Araújo Lima (1837-1840), que conduziu o período conhecido como Regresso Conservador, concluído com a publicação da Lei de Interpretação do Ato Adicional, de 1840.

A Lei de Interpretação do Ato Adicional visou a centralização do poder. Para tanto retirou das Assembleias provinciais o poder de definir as funções dos agentes judiciais e policiais e subordinou a polícia e o sistema judicial ao governo central. Tais mudanças se concretizaram através de alterações nos arts. 10, §§ 4, 7, e 11 do Ato Adicional à Constituição de 1824.

Ao controlarem a Câmara dos Deputados, os regressistas reformularam o Código de Processo Criminal e retiraram dos juízes de paz as atribuições criminais, transferindo-as para os juízes municipais.

Com o golpe da maioridade e a volta do Imperador ao poder, voltou também o Conselho de Estado. E o novo chefe da Nação, jovem de quinze anos, teve de enfrentar os conflitos entre liberais e conservadores, resolver questões como a farroupilha e a economia do País. Não há dúvida de que fez uso do poder moderador. Porém, para resolver as questões policiais nas províncias, precisou da aristocracia rural. Com base na Lei de Interpretação ao Ato Adicional, que entendia que a palavra polícia compreende apenas as polícias municipal e administrativa (art. 1º.), permitiu que os capangas dos fazendeiros ganhassem *status* de polícia e abriu espaço para o surgimento do movimento social conhecido como coronelismo.

A Lei de Terras de 1850

A Lei 601, de 18 de setembro de 1850, conhecida como Lei de Terras, foi uma forma encontrada pelos latifundiários brasileiros para proteger a grande propriedade e o patrimônio. A proposta era funda-mentada na Doutrina de Wakefield, que definia a necessidade de difi-cultar o acesso à terra aos escravos e imigrantes, assim obrigando-os a trabalhar nas fazendas. [84]

No Brasil, a situação fundiária era complexa e em alguns casos até indefinida: no período colonial algumas terras haviam sido doa-das pelo rei, constituíam benefícios e privilégios concedidos, porém não tinham sido demarcadas satisfatoriamente e às vezes os registros paroquiais eram insuficientes. Por isso a lei garantiu o direito à terra que estivesse sendo cultivada, usada para moradia ou para a criação de gado – mesmo que a sua concessão fosse uma doação de sesmaria e desde que essa sesmaria não fosse terra devoluta, hipótese em que só poderia ser vendida –, ou em caso de permanência na terra por dez anos (art. 5°). Proibiu a ocupação de terras devolutas ao Estado. Pelo art. 1°, essas terras só poderiam ser vendidas pelo governo e os artigos 7° e 9° obrigavam a demarcação das terras. Por isso, o artigo 6° esta-beleceu a revalidação das sesmarias.

O artigo 1° criou a Repartição de Terras Públicas, à qual cabia (art. 4°) medir e dividir as terras, descrever as terras devolutas, propor a porção de terras que deveriam ser vendidas anualmente, promover a colonização nacional e estrangeira, promover os registros das terras possuídas e propor ao Governo a fórmula que deveriam ter os títulos de revalidação e de legitimação de terras.

O que mais chama a atenção na Lei de Terras é o reconhecimento do território indígena (arts. 72 e 73). Essas terras eram *destinadas ao seu usufruto e não podiam ser alienadas enquanto o Governo Impe-rial, por ato especial, não lhes concedesse o pleno gozo delas, por assim o permitir o seu estado de civilização* (art. 75).

---

[84] LOPES, José Reinaldo de Lima *et alii. Curso de história do direito.* São Paulo: FGV/Método, 2006, p. 341.

Com a instituição do padroado no Brasil (união entre a Igreja e o Estado, artigos 5º e 102, itens II e XIV), a Igreja Católica Apostólica Romana, instituição presente em todas as freguesias, realizava todos os registros (nascimento, morte, casamento, compra, venda, testamentos, heranças, etc.). E assim os artigos 97 a 99 estabeleciam que os vigários das paróquias de cada freguesia eram responsáveis pelo recebimento e pelo registro das declarações.

A definição da Lei de Terras serviu para organizar o Brasil e prepará-lo para o período das fortes transformações que se avizinhavam. Pois desde 1830 a Inglaterra vinha pressionando o País a abolir o tráfico negreiro, de acordo com o estabelecido nos Tratados de Aliança e Amizade e Comércio e Navegação, renovados em 1826 por quinze anos. Em 1841, como o fim desses tratados, o Brasil atravessava uma crise econômica e a nossa dívida se avolumava. Assim, em 1844 criou-se a Tarifa Alves Branco, que modificava as tarifas alfandegárias referentes a quase três mil produtos importados, com taxas variando entre 20 e 60%. Isso elevou o preço dos produtos importados e desestimulou a sua compra, prejudicando a Inglaterra. A retaliação veio com o *Slave Trade Act* de agosto de 1845, conhecido no Brasil como *Bill Aberdeen*, que permitia aos navios ingleses atacar navios negreiros que trouxessem escravos para a América. Muitos se perguntam que direito teria a Inglaterra de aprovar tal lei e a resposta é: o direito do liberalismo econômico e do neocolonialismo, porque a Inglaterra já despontava como grande império econômico que junto com a França dominava a África e a Ásia. O Brasil cedeu às pressões e cinco anos depois, a 4 de agosto de 1850, aprovou a Lei Eusébio de Queirós. Diante de tal cenário, os aristocratas rurais perceberam que enfrentariam redução da mão-de-obra escrava. Uma opção seria a mão-de-obra estrangeira, de imigrantes. Nesse contexto, um mês e meio depois da publicação da

Lei Eusébio de Queirós, que punha fim ao tráfico negreiro, a aristocracia rural se apressou em promulgar a Lei de Terras, que vinha sendo discutida desde 1842, e assim garantia as propriedades e o patrimônio e ainda obrigava os escravos (e talvez depois também os libertos e os imigrantes) a trabalhar nas fazendas. [85]

A vinda dos imigrantes foi definida pelo artigo 18, que permitia ao governo trazer para o Brasil anualmente, a expensas do Tesouro, certo número de colonos livres, para o trabalho nas fazendas. Sem dispensar o capital estrangeiro, o artigo 17 permitia a naturalização opcional, ao cabo de dois anos, aos estrangeiros que para cá viessem fixar residência e constituir indústria. Seriam isentos do serviço militar, mas não do serviço da Guarda Nacional no município.

Leis Abolicionistas

A partir de 1850, com a abolição do tráfico negreiro, a campanha abolicionista ganhou força. As cidades começaram a ser o refúgio de negros fugidos, que viviam de biscates, convivendo entre os libertos e os brancos pobres. Surgiram ainda os quilombos urbanos e os abolicionistas passaram a se identificar pelo uso de uma camélia, ou por plantarem camélias nos seus jardins. O crescimento do movimento abolicionista, somado às fugas constantes de escravos, cada vez mais difíceis de conseguir, aumentou o medo de rebeliões e favoreceu a adoção de medidas visando adiar a proposta abolicionista.

Em 1871 foi publicada a Lei Rio Branco, conhecida como Lei do Ventre Livre. Essa lei considerava livres os filhos de escravos nascidos a partir da data da publicação, porém deveriam permanecer sob a tutela do proprietário até completarem 8 anos, quando então seriam apre-

---

85 COSTA, Emília Viotti da. Da monarquia à república. Momentos decisivos. São Paulo: UNESP, 2007.

sentados ao Império, que indenizaria o fazendeiro por aquele escravo. Posteriormente, a criança era enviada a um asilo, onde ficaria até os 21 anos. Caso contrário, o fazendeiro poderia optar por manter a criança (trabalhando) até a idade adulta. Ao completar 21 anos esse indivíduo alcançaria a liberdade. A Lei do Ventre Livre foi um engodo.

Em 1885 publicou-se a Lei Saraiva Cotegipe, ou Lei dos Sexagenários, segundo a qual o escravo que completasse 60 anos deveria permanecer mais cinco anos com o fazendeiro e depois seria considerado livre. Assim o Estado permitia que os fazendeiros se livrassem do peso de um escravo velho, entregando-o à caridade popular, sem se sentirem culpados. O engodo era maior se levarmos em conta que poucos escravos chegavam aos 60 anos.

Somente a 13 de maio de 1888 foi assinada a Lei Áurea, que libertou os escravos sem indenizar os fazendeiros, o que motivou a separação definitiva entre o Império e a aristocracia rural, que passou a adotar o republicanismo. Daí em diante o movimento republicano cresceu e se fortaleceu a tal ponto que pouco mais de um ano após a abolição da escravatura deu-se a derrocada do Império e a proclamação da República.

Questões internacionais

No plano internacional o Brasil enfrentou alguns conflitos que geraram guerras e rompimentos. Destaco a chamada Questão Christie, assim denominada por estar relacionada às posturas adotadas pelo embaixador inglês William Doug Christie. Esse conflito teve origem no desconforto criado entre a Inglaterra e o Brasil após a adoção da Tarifa Alves Branco (1844) e do *Slave Trade Act* (ou *Bill Aberdeen*), de 1845. Somou-se a isso o saque da carga do navio inglês *Prince of Wales* que, em 1861, rumo à Argentina, encalhou a 87 km do Arroio

Chuí, no sul do País, próximo ao Rio Grande. Pouco depois houve um conflito entre os marinheiros ingleses da fragata *Emerald* e marinheiros brasileiros, ambos os grupos embriagados. O evento gerou a prisão dos marinheiros ingleses e desencadeou um problema diplomático que provocou o rompimento das relações diplomáticas entre o Brasil e a Inglaterra em 1863, só restabelecidas em 1865, pouco antes da Guerra do Paraguai.

Em 1850 o Brasil se envolvera na guerra contra Oribe, do Uruguai, e Manuel Rosas, da Argentina, pela livre navegação no rio da Prata. Apesar de o Brasil ter vencido o combate em 1852, outro surgiu contra Aguirre em 1864, também vencido pelos brasileiros, desta vez com a ajuda dos colorados. Entre 1865 e 1870 desenrolou-se a Guerra do Paraguai, contra o ditador Solano López, da qual o Brasil saiu endividado perante a Inglaterra, mas teve o seu território ampliado, pois anexou metade dos atuais Estados do Mato Grosso e do Mato Grosso do Sul. O Paraguai foi destruído e o exército brasileiro ganhou uma formação disciplinada e profissional.

Passagem da Monarquia para a República

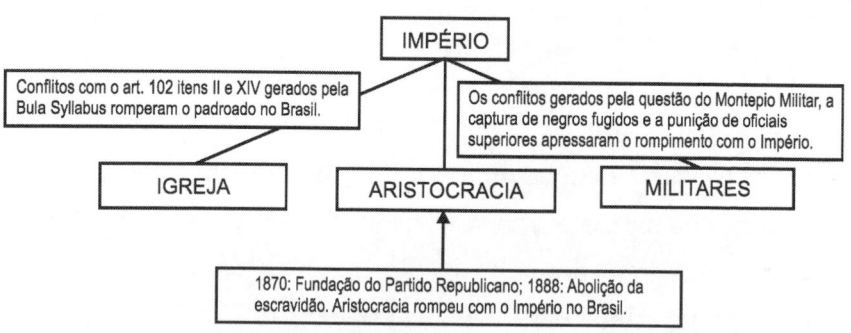

Podemos dizer que três pilares sustentavam o Império no Brasil: a Igreja Católica Apostólica Romana, apontada pela Constituição de

1824 como a religião oficial (art. 5), aquela que o imperador, antes de ser aclamado, deveria jurar manter (art. 103) e também o regente deveria prestar idêntico juramento (art. 127); aquela que garantia a sacralidade do imperador (art. 99), que dele recebia benefícios (art. 102 item II) e realizava todos os registros civis da época. Os militares tinham apoiado D. Pedro I para fechar a Assembleia Constituinte e outorgar a Constituição de 1824; o emprego das forças armadas de mar e terra estava submetido ao executivo (art. 148). A aristocracia rural garantia a estrutura da economia agroexportadora e formava a Câmara dos Deputados (cidadãos com renda líquida anual de quatrocentos mil-réis, art. 95, item I), o Senado Vitalício (cidadãos com renda líquida anual de oitocentos mil-réis, art. 45, item IV), o Conselho do Imperador, o poder judicial e seus agregados, aqueles que tinham renda líquida anual de duzentos mil-réis e votavam nas eleições (art. 94, item I).

Com o fim do tráfico negreiro (1850), com o crescimento do movimento abolicionista e as dificuldades da aristocracia rural, os ventos republicanos vindos da Europa voltaram a soprar no Brasil e começaram a ganhar adeptos.

Em 1864, na Itália, o Papa Pio IX, sentindo-se ameaçado pelos italianos no auge da guerra civil que levou à unificação da Itália, publicou a bula *Syllabus*, através da qual proibia a participação dos católicos em sociedades secretas como a maçonaria.

No Brasil, o bispo de Olinda, D. Vital Maria de Oliveira, e o bispo de Belém do Pará, D. Antônio de Macedo Costa, resolveram fazer cumprir a bula *Syllabus*, contrariando o artigo 102, item XIV, da Constituição de 1824 e por isso foram presos a mando do Imperador D. Pedro II, gerando uma celeuma entre a Igreja e o Estado. Naquele momento o Império não imaginava que o conflito com os padres pudesse contribuir para o fim do regime.[86] O rompimento da Igreja com o Estado gerou um rombo insuperável na Constituição de 1824, dada a importância daquela instituição para o Império, como vimos anteriormente.

Em 1870 foi fundado o Partido Republicano no Rio de Janeiro e em 1873 surgiu o Partido Republicano Paulista.

Com o fim da Guerra do Paraguai, os militares, o tempo todo defensores do Império, sentiam-se desprestigiados. Era necessário reformar o montepio militar, apoiar os que haviam voltado estropiados da guerra, seus familiares e as famílias que perderam parentes na guerra. Porém, o projeto do governo não atendia às necessidades dos militares e dos seus parentes. O Instituto Militar declarou que os oficiais não eram capitães-do-mato, para saírem à caça de escravos fugitivos. Os militares faziam pesadas críticas ao império por se sentirem relegados. As punições ao Tenente-Coronel Sena Madureira e ao Coronel Cunha Matos abalaram ainda mais as relações entre os militares e o Império.

Na Academia Militar da Praia Vermelha, o Tenente-Coronel Benjamim Constant Botelho de Magalhães divulgava as ideias positivistas de Augusto Comte. Já então se enraizava no Exército o pensamento de que a Monarquia era o Estado Metafísico que precisava ser superado a fim de se atingir o Estado Positivo, a República (coisa pública, *res publica*). Portanto, os militares seriam aqueles que poderiam salvar a Nação. O positivismo foi adaptado à proposta brasileira de superar a monarquia e o parlamentarismo; e os militares seriam aqueles capazes de manter a ordem e garantir o progresso da Nação.[87]

---

[86] HOLANDA, Sérgio Buarque de. *História geral da civilização brasileira*. Rio de Janeiro: Bertrand Brasil, p. 334.

[87] HOLANDA, Sérgio Buarque de. *Op. cit.* p. 350-353 e 361.

Após a Abolição, a 13 de maio de 1888, nada mais sustentava o império no Brasil. Conta-se que ao assinar a Lei Áurea, a Princesa Isabel teria indagado ao Barão de Cotegipe se ele julgava acertada a sua decisão de assinar essa lei, ao que ele teria respondido: "*Redimistes, sim, Alteza, uma raça, mas perdestes o vosso trono*". De fato, foi o que aconteceu. A 15 de novembro de 1889 ocorreu o golpe que proclamou a República e no dia seguinte à proclamação foi entregue ao Imperador Pedro II a ordem de banimento do Brasil. A família real foi embarcada à força, do Paço para o exílio, no vapor *Alagoas*. Começava a República.

O regime mudou, mas os que controlavam o poder eram os mesmos. Mudaram os nomes, mas a democracia continuou limitada aos interesses da aristocracia rural. Dizia-se que embora República, o Brasil tinha um novo rei: o café.

TERCEIRA PARTE

O Brasil Republicano (1889 aos dias atuais)

Capítulo 6

A República e as medidas para a modernização do Brasil

A República no Brasil nasceu sob a égide do pensamento positivista. Foi o pensamento de Augusto Comte, adaptado ao modelo brasileiro, que norteou o movimento republicano e a organização do sistema político e jurídico implantado no Brasil. A visão de Comte, expressa na *Lei dos três estados*, pode ser assim definida:

> *De acordo com esta doutrina fundamental, todas as nossas especulações estão inevitavelmente sujeitas, assim no indivíduo como na espécie, a passar por estados teóricos diferentes e sucessivos, que podem ser qualificados pelas denominações habituais de teológico e positivo, pelo menos para aqueles que tiverem compreendido bem o seu verdadeiro sentido geral. O primeiro estado, embora seja, a princípio, a todos os respeitos indispensável, deve ser conhecido sempre, de ora em diante, como puramente provisório e preparatório; o segundo, que é, na realidade, apenas a modificação dissolvente do anterior, não comporta mais que um simples destino transitório, para conduzir gradualmente ao terceiro.*[88]

Ainda de acordo com Augusto Comte, a *Lei dos três estados* pode ser assim caracterizada:

---

[88] COMTE, Augusto. *Discurso sobre o espírito positivo.* Edição eletrônica: Ed. Ridendo Castigat Mores, www.jahr.org., em 6.1.2005.

O ESTADO TEOLÓGICO:

• Diante da diversidade da Natureza, o homem consegue explicá-la apenas mediante a crença na intervenção dos seres pessoais e sobrenaturais.

• O mundo torna-se compreensível apenas através da ideia de deuses e espíritos.

Divide-se em três períodos:

– Fetichismo: Uma vida espiritual semelhante à do homem é atribuída aos seres naturais. Esta fase corresponde à etapa em que o homem estabelece totens, cultua a Lua, o Sol, as estrelas, as árvores, os seres da natureza em geral.

– Politeísmo: Esvazia os seres naturais de suas vidas anímicas e atribui a animação desses seres a outros seres, invisíveis e habitantes de um mundo superior. Neste estado o Deus Sol – por exemplo – ganha personalidade distinta, como no Egito, e se torna Amon-Rá, Aton, etc.

Para Auguste Comte existem o Politeísmo Conservador ou Sacerdotal, de característica intelectual, que se manifestou principalmente na elaboração grega entre os séculos XIII a.c. e I d.C., e o Politeísmo Progressivo ou Militar, de característica social, que se apresentou na Civilização Romana entre os séculos VIII a.C. e III d.C.

Comte acreditava que "a maioria da nossa espécie não saiu ainda de semelhante estado, que persiste hoje na mais numerosa das três raças humanas, no escol da raça negra e na parte menos avançada da branca".

Monoteísmo: A distância entre os seres e os seus princípios explicativos diminui ainda mais; o homem reúne todas as divindades em uma só.

• Surge um deus apresentado acima de todos os deuses, e criador de todas as coisas, porém distante no homem, no mais alto dos céus.

Segundo Auguste Comte, a etapa Monoteísta corresponde à civilização católica feudal, situada entre os séculos V e XIII d.c., quando se dá a transição para o Pensamento Metafísico.

Pode-se assim, desde logo, demonstrar em toda a sua plenitude como o espírito teológico foi por muito tempo indispensável à constante combinação das ideias morais e políticas, ainda mais especialmente do que a de todas as outras, não só em virtude de sua complicação superior, mas também porque os fenômenos correspondentes, primitivamente muito pouco pronunciados, só podiam adquirir um desenvolvimento característico após o avanço muito prolongado da civilização humana.[89]

O ESTADO METAFÍSICO:

• Caracteriza-se pela dissolução do Estado Teológico.

• Nele a argumentação, penetrando nos domínios das ideias teológicas, traz à luz as suas contradições inerentes;

• Substitui a vontade divina por ideias ou forças;

• Destrói a ideia de subordinação do homem e da natureza ao sobrenatural.

Para Auguste Comte, esta é a fase da transição ocidental, estendendo-se desde o século XIV, ou seja, da fase de transição feudo--capitalista, e passando pelos Descobrimentos e pela Revolução Científica dos séculos XVII e XVIII. Por isso, na esfera política, o espírito metafísico é paralelo à substituição dos reis pelos juristas; supondo-se

---

[89]   COMTE, Augusto. *Discurso sobre o espírito positivo*. Edição eletrônica: Ed. Ridendo Castigat Mores, www.jahr.org., em 6.1.2005.

a sociedade como originária de um contrato, a tendência é basear o Estado na soberania do povo.

O ESTADO POSITIVO:

- Caracteriza-se pela subordinação da imaginação e da argumentação à observação.

- Cada proposição enunciada de maneira positiva deve corresponder a um fato, seja particular ou universal.

- A visão positiva dos fatos abandona a consideração das causas dos fenômenos (procedimento teológico ou metafísico) e torna-se pesquisa de suas leis, entendidas como relações constantes entre fenômenos observáveis.

- A Filosofia positiva considera impossível a redução dos fenômenos naturais a um só princípio (Deus, Natureza ou outro equivalente).

- Ao buscar compreender os fenômenos psicológicos, o espírito positivo deve visar relações imutáveis neles presentes, como quando trata de fenômenos físicos (por exemplo, movimento ou massa), que só assim podem ser explicados.

- O espírito positivo instaura as ciências como investigação do real, do certo e indubitável, do precisamente determinado e do útil.

- O conhecimento positivo caracteriza-se pela previsibilidade. "Ver para Prever" é o lema da Ciência Positiva.

Tal previsão, consequência necessária das relações constantes descobertas entre os fenômenos, não permitirá nunca que se confunda a ciência real com essa vã erudição que acumula maquinalmente fatos sem aspirar deduzi-los uns dos outros. Esse grande atributo de todas as nossas sãs especulações importa

tanto à sua utilidade efetiva, quanto á sua própria dignidade;
pois a exploração direta dos fenômenos realizados não poderia
bastar para nos permitir modificar a sua realização, se não nos
levasse a podê-lo convenientemente. Assim, o verdadeiro espíri-
to positivo consiste, sobretudo, em ver para prever, a estudar o
que é, a fim de concluir daí o que será, segundo o dogma geral
da invariabilidade das leis naturais.[90]

De acordo com esta visão, a monarquia no Brasil estava clas-
sificada no Estado Metafísico, especialmente por alguns elementos
presentes na Constituição de 1824, como o fato de o imperador ser
uma figura considerada sagrada, a união entre a Igreja e o Estado e o
próprio exercício do poder moderador pela figura sagrada do imperador, entre outras questões. Tal situação era incompatível com o novo
momento da vida política brasileira. A República representava a in-
serção do Brasil no *estado positivo,* e tudo que representasse os estados teológico e metafísico deveria ser superado. Assim, era necessária
e urgente a adoção de medidas para a modernização do Brasil.

No plano jurídico destacaram-se: a convocação da Assembleia
Nacional Constituinte para elaborar nova carta constitucional, a primeira da República, e a promulgação do Código Penal de 1890, mandado executar pelo Decreto nº 847, de 11 de outubro de 1890.

Esse código penal era composto de 412 artigos, divididos em
quatro livros, a saber: Livro I, tratando dos crimes e das penas; Livro
II, dos crimes em espécie; Livro III, das contravenções em espécie; e
Livro IV, disposições gerais.

---

[90] COMTE, Augusto. *Discurso sobre o espírito positivo.* Extraído de *A ciência social.* Paris: Galli-
mard, 1972. p. 237. Citado por LALLEMENT, Michel. *História das ideias sociológicas. Das origens a*
Max Weber. Petrópolis: Vozes, 2003. p. 74.

Apesar das medidas inovadoras, o primeiro código penal republicano bebeu na fonte do seu antecessor, o código criminal do Império. Deste último foram excluídas: a pena de morte, as penas relativas aos escravos, a pena nas galés; reduzidas a trinta anos as penas perpétuas, computando a prisão preventiva (Decreto n° 774, de 20 de setembro de 1890).[91] Mas foi mantida boa parte do antigo código criminal. Portanto, o novo código era deficiente e foram necessárias muitas leis complementares, o que acabou exigindo que se promulgasse a Consolidação das Leis Penais, de 1932, reunindo as leis esparsas publicadas desde a promulgação do Código Penal de 1890.

Algumas definições do Código Penal de 1890

O modelo penal brasileiro definido pelo primeiro código penal republicano passou a ser quase exclusivamente a privação de liberdade, incluindo a prisão com trabalhos para vadios e capoeiras, e a prisão disciplinar para menores. Manteve o banimento, a suspensão e a perda de emprego.[92] O artigo 402 proibia a vadiagem e a capoeiragem:

Fazer nas ruas e praças públicas exercício de agilidade e destreza corporal conhecido pela denominação capoeiragem: andar em carreiras, com armas ou instrumentos capazes de produzir lesão corporal, provocando tumulto ou desordens, ameaçando pessoa certa ou incerta, ou incutindo temor de algum mal.

A pena para esse tipo de crime podia variar de dois a seis meses de prisão celular. Com agravantes se o réu fosse o cabeça do grupo, se fosse reincidente, se portasse arma, se atentasse con-

---

91 LOPES, José Reinaldo de Lima. *O direito na história*. Lições Introdutórias. São Paulo: Max Lemonad, 2002, p. 380.
92 Ibid.

tra o pudor, se causasse dano corporal a alguém ou provocasse homicídio. Quero lembrar que a capoeira, as danças nas ruas, eram típicas dos negros (recém-libertos), mas não reconhecidas. Assim sendo, indiretamente ainda existiam penas para os negros no Código Penal de 1890.

De acordo com o art. 185 do Código Penal de 1890, era crime sujeito a prisão celular por um a seis meses "ultrajar qualquer confissão religiosa vilipendiando ato ou objeto do seu culto, desacatando ou profanando seus cultos publicamente". Porém esse mesmo código, nos art. 157 e 158, proibiu o espiritismo e o curandeirismo:

Art. 157. Praticar o espiritismo, a magia e seus sortilegios, usar de talismans e cartomancias para despertar sentimentos de odio ou amor, inculcar cura de molestias curaveis ou incuraveis, emfim, para fascinar e subjugar a credulidade publica:

Penas - de prisão cellular por um a seis mezes e multa de 100$ a 500$000.

§ 1º Si por influencia, ou em consequencia de qualquer destes meios, resultar ao paciente privação, ou alteração temporaria ou permanente, das faculdades psychicas:

Penas - de prisão cellular por um a seis annos e multa de 200$ a 500$000.

§ 2º Em igual pena, e mais na de privação do exercicio da profissão por tempo igual ao da condemnação, incorrerá o medico que directamente praticar qualquer dos actos acima referidos, ou assumir a responsabilidade delles.

Art. 158. Ministrar, ou simplesmente prescrever, como meio curativo para uso interno ou externo, e sob qualquer fórma pre-

parada, substancia de qualquer dos reinos da natureza, fazendo, ou exercendo assim, o officio do denominado curandeiro:

Penas – de prisão cellular por um a seis mezes e multa de 100$ a 500$000.

Paragrapho unico. Si o emprego de qualquer substancia resultar à pessoa privação, ou alteração temporaria ou permanente de suas faculdades psychicas ou funcções physiologicas, deformidade, ou inhabilitação do exercicio de orgão ou apparelho organico, ou, em summa, alguma enfermidade:

Penas - de prisão cellular por um a seis annos e multa de 200$ a 500$000.

Si resultar a morte: Pena – de prisão cellular por seis a vinte e quatro annos.[93]

Tal situação teve sérias implicações no cenário brasileiro porque na visão dos positivistas brasileiros as práticas de espiritismo e curandeirismo se inseriam no contexto do estado teológico e assim eram totalmente incompatíveis com a visão científica do estado positivo. Por outro lado, eram um perigo para uma população envolta em crendices e que em nada cooperaria para o desenvolvimento do Brasil. Tais práticas retomavam ainda o passado monárquico e escravista, o que também contrariava a proposta republicana. Porém esta visão desrespeitava a realidade cultural brasileira na tentativa de acomodar o Brasil a um modelo idealizado pelos brasileiros: Estados Unidos da América do Norte e Europa.

Desde a primeira metade do século XIX um fenômeno chamava a atenção da população europeia: o chamado de fenômeno das mesas

[93] Extraído da Biblioteca virtual do Senado Federal Brasileiro. www6.senado.gov.br/?id66049, em 15.5.2008.

girantes. Nos EUA surgiram notícias de casas assombradas – visão muito comum a americanos e ingleses. Não demorou muito para que pessoas ligadas às burguesias francesa e americana resolvessem estudar esses fenômenos, que chamavam a atenção das massas. Foi assim que na França o pedagogo Hippolyte Léon Denizard Rivail iniciou uma observação desses fenômenos, por volta de 1865, e fundou o Espiritismo, ou Doutrina dos Espíritos. Esse movimento não demorou a chegar ao Brasil. Em 1883 foi fundada no Rio de Janeiro, então capital do Império, a Federação Espírita Brasileira. Desde então o espiritismo se expandiu no Brasil, aproveitando a *"liberdade religosa"* da Constituição de 1824, que permitia que os cultos diferentes do católico se reunissem em casas. Naquela época, as práticas espíritas envolviam inclusive elementos da cultura indígena e negra, porém no início do século XX as desavenças começaram a se multiplicar, especialmente porque os adeptos de Allan Kardec, pseudônimo de Hippolyte Léon Denizard Rivail, não admitiam certas práticas e personalidades invocadas por muitos dos espíritas, em especial as que se identificavam com os chamados *pretos velhos e caboclos,* além de não admitirem oferendas e o uso de velas ou imagens. Tudo isso acabou conduzindo a uma separação e ao nascimento da Umbanda no Brasil.

Segundo o dicionário da língua portuguesa Houaiss, a palavra umbanda deriva etimologicamente de quimbanda e significa grão-sacerdote; segundo outros autores, a palavra umbanda significa algo como Divina Revelação no antigo alfabeto Vatan ou Devanagari (AUM-BAN-DHA, AUMPRAM, etc.). Para estes, a palavra tem origem oriental e sofreu mudanças e adaptações para o idioma português. De qualquer maneira, pode-se perceber que a umbanda é fruto de um sincretismo religioso que uniu o catolicismo, as influências religiosas africanas, orientais e a doutrina espírita codificada por Allan Kardec. A fundação desse movimento religioso, que despontou como uma religião brasileira, é atribuída a Zélio Fernandino de Moraes, que a 15 de novembro de 1908 fundou em São Gonçalo (RJ) a Umbanda Brasileira. Esses grupos religiosos, assim como outras manifestações indígenas e africanas, se espalharam pelo Brasil. Porém alguns, como os Candomblés, situavam-se mais no interior e passavam despercebidos pelas autoridades, enquanto outros, como a umbanda e o espiritismo kardecista, eram característicos das áreas urbanas e por isso foram fortemente perseguidos, com centros e templos fechados e seus seguidores presos. O resultado de tudo isso é que, mesmo depois da abolição da escravidão, as práticas associadas aos negros ainda eram discriminadas e em nome de uma cultura positiva, branca e europeia, o diferente foi marginalizado.

Uma das resistências a essa proibição concentra-se na figura de Hilária Batista de Almeida, conhecida como Tia Ciata, a quem recentemente a Prefeitura do Rio de Janeiro dedicou uma de suas escolas de ensino fundamental na Av. Presidente Vargas no Rio de Janeiro. Essa mulher, nascida em Salvador em 1854, migrou para o Rio de Janeiro aos 22 anos. Tornou-se famosa como uma das "tias baianas" (na maioria iyalorixás do Candomblé que deixaram Salvador devido às perseguições policiais), negras baianas vindas para o Rio de Janeiro especialmente na última década do século XIX e na primeira do século XX para morar na região que hoje abriga os bairros de Cidade Nova, Catumbi, Gamboa, Santo Cristo e arredores. Depois de um envolvimento com Noberto da Rocha Guimarães, com quem teve uma filha chamada Isabel, separou-se e começou a trabalhar como quituteira na rua Sete de Setembro, sempre paramentada com suas vestes de baiana. Com o seu trabalho, as suas roupas, colares (guias), pulseiras, turbante e quitutes, Ciata expressava as suas convicções religiosas, o candomblé, religião que se inseria na proibição do espiritismo e por isso era perseguida. Ficou famosa e era procurada por pessoas de todas as camadas sociais do Rio Antigo. A Praça Onze era conhecida como Pequena África porque reunia especialmente os negros e suas tradições. Em casa de Tia Ciata se reunia uma freguesia de malandros que faziam música, inspirados no ritmo que ela trouxera para a cidade grande. Entre esses malandros estaria a nata de compositores de samba do início do século XX, como Donga, Sinhô (o Rei do Samba), Pixinguinha, Hilário Jovino Ferreira, João da Baiana, China (irmão de Pixinguinha), Heitor dos Prazeres e tantos outros. Por isso Ciata foi apelidada de *Mãe do Samba*.[94]

Quanto à proibição da prática de curandeirismo ressaltada no art. 158, cabe ressaltar que se associa diretamente ao art. 159, que proibia expor ou pôr à venda substâncias venenosas sem a legítima autorização – que era dada aos boticários –, sob pena de multa que poderia ir de 200 a 500 mil-réis. A questão é que essa proibição desrespeitava uma cultura fundada no uso das plantas para cura, prática muito utilizada por índios e negros e que se popularizara devido ao estado de pobreza da população. O mais interessante é que o que foi repudiado no passado hoje é estudado por farmacêuticos, botânicos, químicos e médicos do mundo inteiro, sendo muitas de nossas plantas patenteadas como medicamento. Mesmo assim, a cultura ia se transformando e essa visão não era compatível com as formas de poder estabelecidas à época.

Outra questão importante a destacar é a presença do crime de estupro no código de 1890, que estabeleceu, na redação do artigo 268, a diferença entre a mulher honesta e a prostituta.[95] Esse artigo estabelecia:

[94] MOURA, Roberto. *Tia Ciata e a pequena África no Rio de Janeiro*. Rio de Janeiro: FUNARTE, 1983, p. 96-110.

[95] A Lei 11.106/2005 retirou do artigo 215 do Código Penal brasileiro a expressão "mulher honesta".

Estuprar mulher virgem ou não, mas honesta: pena – de prizão
cellular por um a seis annos. § 1º. Si a estuprada for mulher públi-
ca ou prostituta: pena – de prizão cellular por seis mezes a dous
annos. § 2º. Si o crime for praticado com o concurso de duas ou
mais pessoas, a pena será augmentada da quarta parte.

O art. 157 faz ainda referência à cartomancia, prática muito comum no Brasil e no mundo à época, especialmente nos centros urbanos. O interesse das pessoas pelo futuro já se fazia presente nas
civilizações da Antiguidade. No Brasil dos finais do Império e inícios
da República não era diferente, assim como acontece até os nossos
dias. A presença da cartomancia era tão marcante que Machado de
Assis usa a figura de uma cartomante italiana (imigrante, é claro),
como argumento para um dos seus contos, onde o autor, com a sua
poderosa técnica para expressar a psique humana, aborda também a
questão do adultério.

No dia seguinte, estando na repartição, recebeu Camilo este bi-
lhete de Vilela: "Vem já, já, à nossa casa; preciso falar-te sem de-
mora". Era mais de meio-dia. Camilo saiu logo; na rua, advertiu
que teria sido mais natural chamá-lo ao escritório; por que em
casa? Tudo indicava matéria especial, e a letra, fosse realidade
ou ilusão, afigurou-se-lhe trêmula. (...) Imaginariamente, viu a
ponta da orelha de um drama, Rita subjugada e lacrimosa, Vilela
indignado, pegando da pena e escrevendo o bilhete, certo de que
ele acudiria, e esperando-o para matá-lo. Camilo estremeceu,
tinha medo: depois sorriu amarelo, e em todo caso repugnava-
lhe a ideia de recuar, e foi andando. De caminho, lembrou-se de
ir a casa; podia achar algum recado de Rita, que lhe explicasse

*tudo. Não achou nada, nem ninguém. Voltou à rua, e a ideia
de estarem descobertos parecia-lhe cada vez mais verossímil;
era natural uma denúncia anônima, até da própria pessoa que o
ameaçara antes; podia ser que Vilela conhecesse agora tudo. A
mesma suspensão das suas visitas, sem motivo aparente, apenas
com um pretexto fútil, viria confirmar o resto (...) "Vem já, já, à
nossa casa; preciso falar-te sem demora." Ditas assim, pela voz
do outro, tinham um tom de mistério e ameaça. Vem, já, já, para
quê? (...) vexado de si mesmo, e seguia, picando o passo, na direção do Largo da Carioca, para entrar num tílburi.[96] Chegou,
entrou e mandou seguir a trote largo.*

*"Quanto antes, melhor, pensou ele; não posso estar assim..."
Mas o mesmo trote do cavalo veio agravar-lhe a comoção. O
tempo voava, e ele não tardaria a entestar com o perigo. Quase
no fim da Rua da Guarda Velha, o tílburi teve de parar, a rua
estava atravancada com uma carroça, que caíra. Camilo, em si
mesmo, estimou o obstáculo, e esperou. No fim de cinco minu-
tos, reparou que ao lado, à esquerda, ao pé do tílburi, ficava a
casa da cartomante, a quem Rita consultara uma vez, e nunca
ele desejou tanto crer na lição das cartas. Olhou, viu as janelas
fechadas, quando todas as outras estavam abertas e pejadas de
curiosos do incidente da rua. Dir-se-ia a morada do indiferente
Destino. (...) Camilo reclinou-se no tílburi, para não ver nada.
A agitação dele era grande, extraordinária, e do fundo das camadas morais emergiam alguns fantasmas de outro tempo, as
velhas crenças, as superstições antigas. (...) A casa olhava para
ele. As pernas queriam descer e entrar. Camilo achou-se diante
de um longo véu opaco... pensou rapidamente no inexplicável*

---

96   Carro de duas rodas e dois assentos, com capota e sem boléia, puxado por um só animal.

de tantas cousas. A voz da mãe repetia-lhe uma porção de casos extraordinários: e a mesma frase do príncipe de Dinamarca reboava-lhe dentro: "Há mais cousas no céu e na terra do que sonha a filosofia...". Que perdia ele, se...?

Deu por si na calçada, ao pé da porta: disse ao cocheiro que esperasse, e rápido enfiou pelo corredor, e subiu a escada. A luz era pouca, os degraus comidos dos pés, o corrimão pegajoso; mas ele não viu nem sentiu nada. Trepou e bateu. Não aparecendo ninguém, teve ideia de descer; mas era tarde, a curiosidade fustigava-lhe o sangue, as fontes latejavam-lhe; ele tornou a bater uma, duas, três pancadas. Veio uma mulher; era a cartomante. Camilo disse que ia consultá-la, ela fê-lo entrar. Dali subiram ao sótão, por uma escada ainda pior que a primeira e mais escura. Em cima, havia uma salinha, mal-alumiada por uma janela, que dava para o telhado dos fundos.

Velhos trastes, paredes sombrias, um ar de pobreza, que antes aumentava do que destruía o prestígio. A cartomante fê-lo sentar diante da mesa, e sentou-se do lado oposto, com as costas para a janela, de maneira que a pouca luz de fora batia em cheio no rosto de Camilo. Abriu uma gaveta e tirou um baralho de cartas compridas e enxovalhadas. Enquanto as baralhava, rapidamente, olhava para ele, não de rosto, mas por baixo dos olhos. Era uma mulher de quarenta anos, italiana, morena e magra, com grandes olhos sonsos e agudos. Voltou três cartas sobre a mesa, e disse-lhe:

– Vejamos primeiro o que é que o traz aqui. O senhor tem um grande susto... Camilo, maravilhado, fez um gesto afirmativo.

– E quer saber, continuou ela, se lhe acontecerá alguma cousa ou não... A mim e a ela, explicou vivamente ele.

A cartomante não sorriu: disse-lhe só que esperasse. Rápido pegou outra vez das cartas e baralhou-as, com os longos dedos finos, de unhas descuradas; baralhou-as bem, transpôs os maços, uma, duas, três vezes; depois começou a estendê-las. Camilo tinha os olhos nela curioso e ansioso.

– As cartas dizem-me...

Camilo inclinou-se para beber uma a uma as palavras. Então ela declarou-lhe que não tivesse medo de nada. Nada aconteceria nem a um nem a outro; ele, o terceiro, ignorava tudo. Não obstante, era indispensável muita cautela: ferviam invejas e despeitos. Falou-lhe do amor que os ligava, da beleza de Rita... Camilo estava deslumbrado. A cartomante acabou, recolheu as cartas e fechou-as na gaveta.

– A senhora restituiu-me a paz ao espírito, disse ele estendendo a mão por cima da mesa e apertando a da cartomante. Esta levantou-se, rindo.

– Vá, disse ela; vá, ragazzo innamorato...

E de pé, com o dedo indicador, tocou-lhe na testa. Camilo estremeceu, como se fosse a mão da própria sibila,[97] e levantou-se também. A cartomante foi à cômoda, sobre a qual estava um prato com passas, tirou um cacho destas, começou a despencá-las e comê-las, mostrando duas fileiras de dentes que desmentiam as unhas. Nessa mesma ação comum, a mulher tinha um ar particular. Camilo, ansioso por sair, não sabia como pagasse; ignorava o preço.

– Passas custam dinheiro, disse ele afinal, tirando a carteira. Quantas quer mandar buscar?

– Pergunte ao seu coração, respondeu ela.

---

97   Entre os antigos, mulher a quem se atribuíam o dom da profecia e o conhecimento do futuro.

Camilo tirou uma nota de dez mil-réis, e deu-lha. Os olhos da cartomante fuzilaram. O preço usual era dois mil-réis.

— Vejo bem que o senhor gosta muito dela... E faz bem; ela gosta muito do senhor. Vá, vá, tranquilo. Olhe a escada, é escura; ponha o chapéu...

A cartomante tinha já guardado a nota na algibeira, e descia com ele, falando, com um leve sotaque. Camilo despediu-se dela embaixo, e desceu a escada que levava à rua, enquanto a cartomante, alegre com a paga, tornava acima, cantarolando uma barcarola.[98] *Camilo achou o tílburi esperando; a rua estava livre. Entrou e seguiu a trote largo. Tudo lhe parecia agora melhor, as outras cousas traziam outro aspecto, o céu estava límpido e as caras joviais. Chegou a rir dos seus receios, que chamou pueris; recordou os termos da carta de Vilela e reconheceu que eram íntimos e familiares. Onde é que ele lhe descobrira a ameaça? Advertiu também que eram urgentes, e que fizera mal em demorar-se tanto; podia ser algum negócio grave e gravíssimo.*

— Vamos, vamos depressa, repetia ele ao cocheiro.[99]

O Título VIII do Código Penal de 1890 refere-se aos *crimes contra a segurança, a honra e honestidade das famílias e do ultraje público ao pudor.* Logo no capítulo I, os artigos 266 a 269 referem-se à violência carnal e destacam o Estupro, com uma diferença estabelecida entre a mulher honesta e a não-honesta. Assim, apesar de criminalizado, o estupro, se praticado contra uma prostituta, seria um mal menor, e por isso a pena também seria menor. Na redação do artigo

98   Canção de gondoleiros venezianos em compasso binário composto.

99   MACHADO DE ASSIS, *A cartomante.* www.dominiopublico.gov.br/download/texto/bv000257.pdf. Extraído em 21.9.2008.

215 do atual Código Penal (de 1940), até 2005 ainda estava presente a expressão "mulher honesta" e a redação não diferia muito da do artigo 268 de 1890: *Ter conjunção carnal com mulher honesta mediante fraude.* O artigo 215 complementa o 213, no que se refere ao estupro, tratado como *conjunção carnal mediante violência ou grave ameaça,* donde se observa que mudou a redação, porém o sentido era o mesmo. A retirada da expressão "mulher honesta" foi um grande avanço porque na antiga redação o sujeito ativo do crime só podia ser o homem, e somente a *mulher honesta* estaria sujeita a ser vítima de tal ilícito penal, o que agora foi corrigido, pois a partir da nova redação, *qualquer mulher,* cidadã independentemente de quem seja, poderá ser vítima e sujeito passivo.

No capítulo II, os art. 270 a 276 tratam do rapto, entendido como retirar de casa uma mulher para com ela se casar ou unir-se sexualmente, sem consentimento do pai, ou seja, ferindo o pátrio poder. Esses artigos referendam uma prática rotineira em algumas famílias, de contratar o casamento das filhas, e assim ensejando fugas de filhas para se casarem com os seus apaixonados e não com os noivos contratados pelos pais. Algumas obedeciam e, infelizes no casamento, deixavam os lares para viver com outros homens ou seguir um destino diferente, como aconteceu com Chiquinha Gonzaga. Porém, o direito de queixa privada prescrevia, transcorridos seis meses da ocorrência do crime (art. 275). Ocorrendo a queixa e preso o "raptor", este poderia ser submetido a uma pena de dois a doze anos de prisão (art. 271) e ainda ser obrigado a pagar dote, em caso de defloramento (art. 276). Não deve ser excluída a inclusão do crime de estupro para aquele que fosse preso por rapto, se comprovada a desaprovação da raptada, ou seja, se ela não tivesse cooperado ou assentido.

O Capítulo III, nos artigos 277 e 278, dedica-se à criminalização da prostituição, embora esta estivesse presente em todos os antigos centros urbanos brasileiros e políticos e coronéis não só frequentassem casas de favores e também mantivessem meninas e mulheres para satisfazer-lhes os instintos sexuais fora do lar, onde ficava a "mulher honesta". Mesmo assim, o art. 277 condena *"excitar, favorecer ou facilitar a prostituição de alguém ou satisfazer desejos desonestos ou paixões lascivas de outrem"*. E a tentativa moralizante do código ainda se estendia ao marido, com a possibilidade de perda do poder marital. Mas para tanto a esposa tinha três meses para registrar a queixa, e isso sabe-se que não acontecia.

No começo do século XX, tanto em São Paulo, quanto no Rio de Janeiro, durante as reformas destas capitais (uma a do Café e a outra a da República), muitas pessoas foram expulsas de residências populares, como as prostitutas, que de suas casas, muitas vezes obscuras, antigos sobrados caiados, ganhariam as ruas.[100]

Buscando seguir a mesma linha de modernizar o Brasil, garantir o pátrio poder e defender a propriedade privada, inclusive evitando a existência de herdeiros bastardos, o capítulo IV do mesmo Título VIIII criminalizou o adultério. Era o Código Penal de 1890 se preocupando com esse crime, que sempre aguçou a mente dos escritores, especialmente no século XIX e início do século XX (a Emma Bovary de Gustave Flaubert escandalizou a sociedade e o próprio Machado de Assis criou um enigma ainda hoje não resolvido sobre o possível adultério de Capitu, na obra *Dom Casmurro*).

De acordo com o art. 279, a acusação de adultério deveria partir de um dos cônjuges, porém, a denúncia só afetava o co-réu se efe-

---

[100] NOVAIS, Fernando A. *História da vida privada no Brasil, vol. 3*. São Paulo: Companhia das Letras, 2006, p. 179.

tuado o flagrante delito, ou se existissem documentos escritos que comprovassem o crime de adultério e a condição de co-réu, o que nem sempre era possível, especialmente se a denunciante fosse a esposa.

O Código Penal de 1890 previa os crimes de aborto e infanticídio. No primeiro caso, o Título X (Dos crimes contra a segurança de pessoa e vida) destaca-se a criminalização do aborto, tratada nos artigos 300, 301 e 302. De acordo com esses artigos, a única possibilidade de benefício legal relacionado a esse ilícito estava prevista no parágrafo único do art. 301, que estabelecia a redução da terça parte da pena prevista para o crime de provocar aborto com anuência e acordo da gestante, se o ato fosse cometido para ocultar a desonra própria. O Código Penal de 1890 permitia a realização de aborto legal, ou aborto necessário, desde que provocado por médico ou parteira, para salvar a gestante de morte inevitável. Ou seja, o Código Penal de 1890 criminalizava inclusive o aborto em caso de gestação pós-estupro ou em caso de desonra da mulher, como quando a gravidez ocorria sem o estabelecimento de relações conjugais entre o homem e a mulher. Neste caso havia a possibilidade da redução de pena. O Código Penal de 1890 definia assim o crime de infanticídio:

Matar recém-nascido, isto é infante, nos sete primeiros dias de seu nascimento, quer empregando meios diretos e ativos, quer recusando à vítima os cuidados necessários à manutenção da vida e a impedir a sua morte. Pena de 6 a 24 anos e se fosse a própria mãe, com o fim de esconder a sua "desonra" a pena era de 3 a 9 anos de prisão celular.

Fica claro aqui o reconhecimento da depressão pós-parto como geradora do infanticídio, o que não deixa de ser penalizado, e indire-

tamente o reconhecimento de relações extraconjugais que poderiam
gerar punição da mulher e um filho bastardo, além de filhos antes do
casamento, motivo de desonra e desqualificação da mulher honesta.
Seguindo a mesma atitude, o Código Civil de 1916 também penalizou
o adultério e contemplou essa situação.[101]

Ainda com referência à família e ao infanticídio e na defesa da
vida, levando em consideração gravidez indesejada ou fruto de relações extraconjugais, dentre outras questões, o Código Penal de 1890
criminalizou o aborto. A sanção se estendia à mãe, mesmo que voluntário o aborto, se constatado que utilizou de outros meios para favorecer a voluntariedade do mesmo. Previa ainda penas para aquele que
cooperasse ou realizasse o aborto, fosse um médico ou uma parteira.

*Art. 300. Provocar abôrto, haja ou não a expulsão do fructo da
concepção:*

No primeiro caso: - pena de prisão cellular por dous a seis annos.

*No segundo caso: - pena de prisão cellular por seis mezes a
um anno.*

*§ 1º Si em consequencia do abôrto, ou dos meios empregados
para provocal-o, seguir-se a morte da mulher:*

Pena - de prisão cellular de seis a vinte e quatro annos.

*§ 2º Si o abôrto for provocado por medico, ou parteira legalmen-
te habilitada para o exercicio da medicina:*

*Pena - a mesma precedentemente estabelecida, e a de privação
do exercicio da profissão por tempo igual ao da condemnação.*

Art. 301. Provocar abôrto com annuencia e accordo da gestante:

Pena - de prissão cellular por um a cinco annos.

---

[101] Artigo 1.548 do Código Civil de 1916.

Paragrapho unico. Em igual pena incorrerá a gestante que conseguir abortar voluntariamente, empregando para esse fim os meios; e com reducção da terça parte, si o crime for commettido para occultar a deshonra propria.

Art. 302. Si o medico, ou parteira, praticando o abôrto legal, ou abôrto necessario, para salvar a gestante de morte inevitavel, occasionar-lhe a morte por impericia ou negligencia:

Pena - de prisão cellular por dous mezes a dous annos, e privação do exercicio da profissão por igual tempo ao da condemnação.

Havia ainda a punição para a prática de jogos de azar e neste caso a legislação definiu:

Art. 369. Ter casa de tavolagem, onde habitualmente se reunam pessoas, embora não paguem entrada, para jogar jogos de azar, ou estabelecel-os em logar frequentado pelo publico:

Penas - de prisão cellular por um a tres mezes; de perda para a fazenda publica de todos os apparelhos e instrumentos de jogo, dos utensilios, moveis e decoração da sala do jogo, e multa de 200$ a 500$000.[102]

Paragrapho unico. Incorrerão na pena de multa de 50$ a 100$ os individuos que forem achados jogando.

Seguindo ainda esta linha de pensamento, vamos encontrar a penalização daquele que induzisse ao suicídio (art. 299).

A tavolagem, os jogos de azar e as corridas de cavalos motivaram a falência de grandes fortunas. Para os que se viam assim endividados, o suicídio era tido como solução e às vezes incentivado por uma falsa moral. Assim, não se pode ignorar uma associação entre estas duas formas de crime previstas no Código Penal de 1890.

---

[102] A moeda da época era o Mil-Réis.

A prevaricação é definida como crime cometido por funcionário público quando, indevidamente, retarda ou deixa de praticar ato de ofício ou pratica-o contra disposição legal expressa, visando satisfazer interesse pessoal. Este crime estava definido no Título VII, Dos crimes contra a Fazenda Publica – Capítulo Único – Do Contrabando, artigo 265, cuja redação era a seguinte:

Importar ou exportar generos ou mercadorias prohibidas; evitar no todo ou em parte o pagamento dos direitos e impostos estabelecidos sobre a entrada, sahida e consumo de mercadorias e por qualquer modo illudir ou defraudar esse pagamento:

Pena - de prisão cellular por um a quatro annos, além das fiscaes.

A Constituição da República Federativa do Brasil (1891)

A constituição brasileira de 1891 iniciou-se em 1890. Após um ano de negociações, foi promulgada em 24 de fevereiro de 1891.

Com vistas à fundamentação jurídica do regime republicano, e levando-se em conta a antiga admiração da aristocracia rural brasileira pelo regime republicano dos Estados Unidos da América do Norte, a primeira constituição republicana do País foi redigida à semelhança dos princípios fundamentais da carta norte-americana, embora os princípios liberais democráticos oriundos daquela carta tenham sido em grande parte suprimidos ou adaptados aos interesses da aristocracia rural.

Entre as medidas do governo provisório confirmadas pela Constituição de 1891 podemos destacar: essa carta decretou o regime republicano e federalista e transformou as antigas províncias em "estados" da federação (art. 1°, §§ 1° e 2°); o Império do Brasil passou a se chamar Estados Unidos do Brasil. Em caráter de urgência, foram tomadas também as seguintes medidas: a "grande naturalização", que ofereceu cidadania a todos os estrangeiros residentes; a separação entre Igreja e Estado e o fim do padroado (definido no art. 72, § 7º); a supressão da cadeira de Direito Eclesiástico dos cursos jurídicos do Recife e São Paulo (Decreto 1.036-A, de 14 de novembro de 1890);[103] a instituição do casamento civil, com celebração gratuita (confirmada pela Constituição no art. 72, § 4º) e do registro civil; a criação dos cartórios e a secularização dos cemitérios (art. 72, § 5º).

Outras definições da Constituição de 1891

- Executivo, exercido pelo Presidente da República, eleito por voto direto para um mandato de quatro anos, sem reeleição para o período presidencial imediatamente posterior (arts. 41 e 43). Em caso de vacância da Presidência da República por qualquer causa, se o presidente não tivesse cumprido dois anos de mandato, haveria nova eleição (art. 42);

- O art. 37, §§ 1º. e 2º, definiu que um projeto aprovado na Câmara dos Deputados e no Senado deveria ser sancionado ou rejeitado pelo Presidente da República no prazo máximo de dez dias. Findo esse decêndio, o silêncio do Presidente da República implicava em sanção.

- Legislativo, composto de duas casas temporárias (a Câmara dos Deputados e o Senado Federal) que reunidas formavam o Congresso Nacional (art. 16, § 1º); os Senadores deixavam de ter cargo vitalício (o art. 31 definia um mandato de nove anos); o Senado e a Câmara dos Deputados passavam a trabalhar separadamente (art. 18), diferente do que acontecia

---

[103] Revogado pelo Decreto 99.999, de 11 de janeiro de 1991.

no Império, quando as duas casas tinham de se reunir sempre nos mesmos dias e horários); inviolabilidade parlamentar (art. 19); imunidade parlamentar (art. 20).

• Judiciário, com o Supremo Tribunal Federal como órgão máximo, cuja instalação foi providenciada pelo Decreto n° 1, de 26 de fevereiro de 1891, que também dispunha sobre os funcionários da Justiça Federal; juízes vitalícios; impossibilidade de diminuição dos vencimentos dos juízes (art. 57, § 1°). Os juízes eram em número de quinze e exerciam o cargo de forma vitalícia, perdendo o cargo apenas por sentença judicial. Seus vencimentos, determinados por lei, não podiam ser diminuídos. (art. 57, §§ 1° e 2°).

A estrutura do Poder Judiciário, segundo a Constituição de 1891, pode ser apresentada conforme segue:[104]

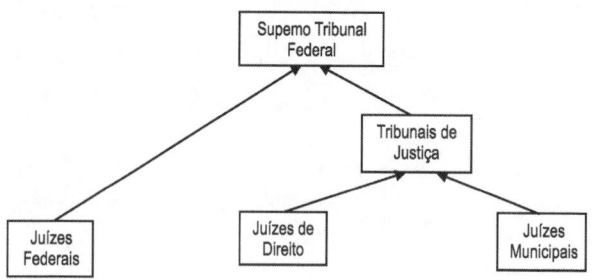

A Constituição de 1891 previu a instituição dos **Tribunais Federais**, mas estes nunca chegaram a ser criados durante a República Velha, quando perdurou a nossa primeira carta política. Assim, pelo Decreto 3.084, de 5 de novembro de 1898, surgiram apenas os **juízes federais**, sendo sua lotação por Estado distribuída da seguinte forma: um juiz seccional, três juízes substitutos e três juízes suplentes.

---

[104] Adaptado a partir de MARTINS FILHO, Ives Gandra da Silva. *EVOLUÇÃO HISTÓRICA DA ESTRUTURA JUDICIÁRIA BRASILEIRA*, artigo citado.

Os Tribunais de Relação das Províncias passavam a **Tribunais de Justiça** dos Estados (19 Tribunais), como órgãos de cúpula da **Justiça Comum Estadual**, inicialmente com as mais variadas denominações: [105]

Tribunais de Justiça dos Estados	
Instalação	Nome original do tribunal
9.3.1891	Corte de Apelação do Distrito Federal
4.6.1891	Tribunal de Justiça do Estado do Espírito Santo
19.6.1891	Superior Tribunal de Justiça do Pará
15.7.1891	Tribunal da Relação do Estado do Rio de Janeiro
1.8.1891	Superior Tribunal de Justiça do Paraná
1.10.1891	Superior Tribunal de Justiça de Santa Catarina
1.10.1891	Superior Tribunal de Justiça do Piauí
10.10.1891	Superior Tribunal de Justiça do Mato Grosso
8.12.1891	Tribunal de Justiça de São Paulo
16.12.1891	Tribunal da Relação do Estado de Minas Gerais
8.3.1892	Superior Tribunal de Justiça do Rio Grande do Sul
1.6.1892	Superior Tribunal de Justiça de Alagoas
1.7.1892	Superior Tribunal de Justiça do Rio Grande do Norte
12.7.1892	Tribunal da Relação do Ceará
8.8.1892	Tribunal de Apelação e Revista da Bahia
4.11.1892	Superior Tribunal de Justiça do Amazonas
29.12.1892	Superior Tribunal de Justiça do Sergipe
1.1.1893	Superior Tribunal de Justiça de Goiás
23.2.1893	Supremo Tribunal de Justiça da Paraíba do Norte

As competências do Supremo Tribunal Federal e dos Juízes ou Tribunais Federais estão definidas nos arts. 59 e 60 da Constituição de 1891, conforme segue:

---

[105] MARTINS FILHO, Ives Gandra da Silva. *EVOLUÇÃO HISTÓRICA DA ESTRUTURA JUDICIÁRIA BRASILEIRA*, IN: Revista Jurídica Virtual, Brasília, vol. 1, n. 5, Setembro 1999. Extraída em 21 de Setembro de 2008 de: http://www.planalto.gov.br/ccivil_03/revista/Rev_05/evol_historica.htm.

Art. 59 - Ao Supremo Tribunal Federal compete:

I - processar e julgar originária e privativamente:

a) o Presidente da República nos crimes comuns, e os Ministros de Estado nos casos do art. 52;

b) os Ministros Diplomáticos, nos crimes comuns e nos de responsabilidade;

c) as causas e conflitos entre a União e os Estados, ou entre estes uns com os outros;

d) os litígios e as reclamações entre nações estrangeiras e a União ou os Estados;

e) os conflitos dos Juízes ou Tribunais Federais entre si, ou entre estes e os dos Estados, assim como os dos Juízes e Tribunais de um Estado com Juízes e Tribunais de outro Estado.

II - julgar, em grau de recurso, as questões resolvidas pelos Juízes e Tribunais Federais, assim como as de que tratam o presente artigo, § 1º, e o art. 60;

III - rever os processos, findos, nos termos do art. 81.

§ 1º - Das sentenças das Justiças dos Estados, em última instância, haverá recurso para o Supremo Tribunal Federal:

a) quando se questionar sobre a validade, ou a aplicação de tratados e leis federais, e a decisão do Tribunal do Estado for contra ela;

b) quando se contestar a validade de leis ou de atos dos Governos dos Estados em face da Constituição, ou das leis federais, e a decisão do Tribunal do Estado considerar válidos esses atos, ou essas leis impugnadas.

§ 2º - Nos casos em que houver de aplicar leis dos Estados, a Justiça Federal consultará a jurisprudência dos Tribunais locais, e vice-versa, as Justiças dos Estados consultarão a ju-

risprudência dos Tribunais Federais, quando houverem de interpretar leis da União.

Art. 60 - Compete aos Juízes ou Tribunais Federais, processar e julgar:

a) as causas em que alguma das partes fundar a ação, ou a defesa, em disposição da Constituição federal;

b) todas as causas propostas contra o Governo da União ou Fazenda Nacional, fundadas em disposições da Constituição, leis e regulamentos do Poder Executivo, ou em contratos celebrados com o mesmo Governo;

c) as causas provenientes de compensações, reivindicações, indenização de prejuízos ou quaisquer outras propostas, pelo Governo da União contra particulares ou vice-versa;

d) os litígios entre um Estado e cidadãos de outro, ou entre cidadãos de Estados diversos, diversificando as leis destes;

e) os pleitos entre Estados estrangeiros e cidadãos brasileiros;

f) as ações movidas por estrangeiros e fundadas, quer em contratos com o Governo da União, quer em convenções ou tratados da União com outras nações;

g) as questões de direito marítimo e navegação assim no oceano como nos rios e lagos do País;

h) as questões de direito criminal ou civil internacional;

i) os crimes políticos.

§ 1º - É vedado ao Congresso cometer qualquer jurisdição federal às Justiças dos Estados.

§ 2º - As sentenças e ordens da magistratura federal são executadas por oficiais judiciários da União, aos quais a polícia local é obrigada a prestar auxílio, quando invocado por eles.

- Independência e harmonia dos três poderes (Executivo, Legislativo e Judiciário) (art. 15).

- Crimes de responsabilidade do Presidente da República, que poderiam levar ao seu impedimento (art. 54).

- *Habeas corpus* (art. 72, § 22, e art. 61, item 1º).[106]

- Autonomia dos municípios (art. 68).

- O art. 69 realizou a grande nacionalização. No seu item 4º. Estabeleceu que *"os estrangeiros, que achando-se no Brasil aos 15 de novembro de 1889, não declarassem, dentro em seis meses depois de entrar em vigor a Constituição, o ânimo de conservar a nacionalidade de origem"* seriam nacionalizados. O grande problema criado é que muitos imigrantes estavam no interior dos estados – especialmente das regiões Sul e Sudeste – e por isso sem acesso à possibilidade de manifestar a sua vontade de manter a sua nacionalidade.

- Definição de eleitores (Lei 35, de 1892): voto masculino, universal e aberto. Excluía mulheres, mendigos, analfabetos, praças de pré e religiosos sujeitos a voto de obediência (art. 70).

- A abolição dos privilégios de nascimento e foros de nobreza está definida no art. 72, § 2º. O parágrafo faz parte da definição de igualdade perante a lei estabelecida pelo mesmo artigo e parágrafo na Constituição de 1891. Seguindo essa ideia, o parágrafo 3º do mesmo artigo 72 define que *"todos os indivíduos e confissões religiosas podem exercer pública e livremente o seu culto, associando-se para esse fim e adquirindo bens"*. Porém, o mesmo parágrafo define que isso

---

[106] Como observei anteriormente, o *habeas corpus* já existia, porém não fora definido na Constituição de 1824. A sua definição ocorreu no Código de Processo Criminal de 1832, continuou presente no Código Penal de 1890 e foi assimilada pela Constituição de 1891.

deve ser feito seguindo as disposições do Direito e associa o referido artigo e parágrafo às proibições ao espiritismo, curandeirismo, cartomancia e etc., apresentadas pelo Código Penal de 1890, já discutidas anteriormente.

• Reconhecimento do casamento civil, com celebração gratuita (art. 72, § 4º). Cabe ressaltar que o artigo 284 do Código Penal de 1890 punia com prisão celular por um a seis meses e multa de 100$ a 500$000 para o ministro de qualquer confissão religiosa que celebrasse cerimônia religiosa antes da ocorrência do casamento civil. Como o casamento civil sempre teve grande importância, em razão das raízes religiosas do nosso povo, a legislação criou um novo hábito, que era a realização do casamento civil em cartório, geralmente pela manhã e o casamento religioso à tarde na Igreja da confissão religiosa dos nubentes. Quando o casamento civil acontecia dias antes do religioso, a noiva só passava a coabitar com o noivo depois do casamento religioso. A Constituição de 1934 tentou resolver essa dualidade estabelecendo o casamento religioso com efeito civil.

• Impossibilidade de se conservar alguém em prisão sem culpa formada (art. 72, § 14).

• O artigo 77, §§ 1º e 2º definiu o foro especial dos militares de terra e mar e por isso estabeleceu a criação do Supremo Tribunal Militar com membros vitalícios para tratar dos crimes e questões relativas aos militares brasileiros.

• Os artigos 86 a 88 tratam dos efetivos militares e estabelecem o serviço militar obrigatório (art. 86), em substituição ao recrutamento militar forçado (art. 87, § 3º), presente no tempo do Império. O artigo 88 limitou às forças armadas as atividades de guerra e manutenção da paz, impedindo os estados de estabelecerem alianças com outra nação, nitidamente para defender e proteger as fronteiras brasileiras ou evitar ações separatistas no Brasil.

• Proibição do acúmulo de funções federais (art. 79).

A Constituição de 1891 legalizou a fraude eleitoral, na medida em que permitiu o voto aberto e masculino (Lei 35, de 1892), proibiu o voto do analfabeto, da mulher, dos praças de pré, enfim, da maioria da população, porém concedeu autonomia aos municípios (art. 68) que já contavam com a "polícia dos coronéis". O Executivo precisava dos estados para governar, pois estes detinham amplos poderes facultados pelo regime federativo adotado pela Constituição (arts. 63 a 67). Tudo isso favoreceu a Política dos Governadores do Presidente Campos Salles (1898-1902) e consequentemente o regime "café-com-leite" entre os estados mais ricos do País: São Paulo e Minas Gerais.

O Código Penal de 1890 tratou também dos crimes eleitorais no Título IV, Capítulo I, arts. 165 a 178, e criminalizou o uso de coerção e promessas para obter votos (art. 166) e a venda de votos (art. 167). Votar com o título eleitoral de outro (art. 168), violar o escrutínio (art. 171), falsificar o alistamento de eleitores, falsificar atas e alterar a votação (art. 173), todos esses crimes foram cometidos abertamente pelos *coronéis*, seus partidários e jagunços durante toda a República Velha e garantidos por uma situação criada pela Constituição de 1891 que de certa maneira legalizou a fraude eleitoral, especialmente após a Política dos Governadores de Campos Sales.

O Código Civil de 1916

O primeiro Código Civil brasileiro demorou a ser promulgado porque a parte civil das Ordenações Filipinas permaneceu por muito tempo em vigor no Brasil, até depois da proclamação da República.

Em 1858 ficou pronto o trabalho de Teixeira de Freitas – a Consolidação das Leis Civis do Império. Ainda não se tratava de um Código Civil, mas apenas de uma reunião organizada de todas as leis civis publicadas até então no Brasil. Nessa época o imperador D. Pedro II incumbiu o mesmo Teixeira de Freitas de elaborar o projeto do Código Civil do Império; esse projeto não agradou à aristocracia rural, na medida em que unia o Direito Civil e o Direito Comercial. Rejeitado no Brasil, o projeto de Teixeira de Freitas influenciou a elaboração do código argentino. [107]

Em 1899, Epitácio Pessoa, então Ministro da Justiça do governo Campos Salles, indicou o nome do jurista Clóvis Bevilacqua para elaborar o projeto do Código Civil. O projeto ficou pronto em 1900 e seguiu os trâmites normais, passando rapidamente pela Câmara dos Deputados, onde sofreu poucas e pequenas alterações. Mas permaneceu no Senado dezesseis anos, até ser promulgado em 1º de janeiro de 1916 e entrar em vigor em 1º de janeiro de 1917. Elaborado para uma sociedade agrária, o código foi publicado e passou a vigorar em uma sociedade que começava a se industrializar. A economia brasileira enfrentara os reflexos da Primeira Guerra Mundial e precisara produzir bens antes importados. Isso favoreceu o início da indústria de bens de consumo e a consequente urbanização. Entretanto, o código não acompanhava essas mudanças.

De acordo com esse código, a existência civil do homem enquanto pessoa natural começava no nascimento e se extinguia com a morte (art. 4º). Assim, ao nascer o homem tornava-se sujeito do Direito, capaz de adquiri-lo e transmiti-lo.

---

[107] Hoje o Código Civil uniu o Direito Comercial e o Direito Civil, especialmente após a revogação dos artigos 1 a 456, pela Lei 10.406, de 10 de janeiro de 2002.

O código também definiu a incapacidade relativa dos menores entre 16 e 21 anos, reconhecendo-lhes certo desenvolvimento intelectual, razão pela qual lhes atribuía interferência direta e voluntária no ato jurídico, apenas condicionada à presença de um assistente legal. Isso favoreceu o trabalho do menor, permitindo-lhe ser testemunha e mandatário, equiparando-o aos maiores de idade nos atos ilícitos em que se envolvesse (arts. 6º, 155 e 156). O código considera absolutamente incapazes os menores de 16 anos (art. 5º) e essa incapacidade cessa aos 21 anos de idade (art. 9º).[108]

Muito antes do surgimento do contrato de trabalho, o código de 1916 estabeleceu a locação de serviços (arts. 1.216-1.236). Clóvis Bevilacqua, comentando o artigo 1.216 do Código Civil, disse: *"Sob a denominação genérica de locação de serviços (*locatio operarum*), compreende o Código Civil uma grande variedade de prestações de trabalho humano. É o contrato pelo qual uma pessoa se obriga a prestar certos serviços a uma outra pessoa mediante remuneração [...]".*[109]

O antigo Código Civil entendia a família como diretamente ligada à propriedade e assim estabelecia o pátrio poder, poder do pai sobre os filhos, exercido pelo marido como cabeça da família, garantindo a transmissão dos bens e da descendência. Os filhos ilegítimos adotados eram submetidos ao pátrio poder, porém os ilegítimos não reconhecidos pelo pai ficavam sob o poder materno (arts. 379 a 383) e a adoção era limitada aos maiores de 30 anos (art. 368). De acordo com o antigo código,

---

[108] MIRANDA, Darcy Arruda. *Anotações ao código civil brasileiro.* Volume 1. São Paulo: Saraiva, 1995, p. 9-15, 107-109.

[109] Citado por MIRANDA, Darcy Arruda. *Anotações ao código civil brasileiro.* Volume 3. São Paulo: Saraiva, 1995, p. 324.

"Tanto o afeto quanto o amor não eram elementos preponderantes para a caracterização de uma família, esta era vista como unidade jurídica, econômica e religiosa, fundada na autoridade de um chefe". [110]

A mulher estava sob constante tutela: primeiro, do pai, depois, do marido e depois, dos filhos. A instituição do poder pátrio garantia isso, somada ao artigo 240 que definia a mulher após o casamento como companheira, consorte e colaboradora do marido nos encargos da família e dependente da autorização do marido para, por exemplo, contrair obrigações que pudessem importar em alheação dos bens do casal (art. 242, inciso IV). O início da mudança na condição da mulher se deu a partir da publicação da Lei 4.121, de 27 de agosto de 1962 (Estatuto da Mulher Casada), complementada pela Lei 6.515/77, que colocou a mulher em condições de igualdade com o marido. A Constituição de 1988 definiu a igualdade entre os sexos, o que também foi assimilado pelo novo Código Civil.

O casamento ligado ao pátrio poder é a base do Código Civil, objetivando a proteção da propriedade privada. Assim, o casamento nulo ou anulável estava definido nos artigos 207 a 228 e dentre estes destaco a preocupação com a questão do erro de pessoa, definido no artigo 219.

Considera-se erro essencial sobre a pessoa do outro cônjuge:

1. o que diz respeito à identidade do outro cônjuge, sua honra e boa fama, sendo esse erro tal, que seu conhecimento ulterior torne insuportável a vida em comum ao cônjuge enganado;

---

[110] PEREIRA, Caio Mário da Silva. *Instituições de direito civil*. Rio de Janeiro: Forense, 2004, vol.1, p. 640.

2. *a ignorância de crime inafiançável anterior ao casamento e definitivamente julgado por sentença condenatória;*

3. *a ignorância, anterior ao casamento, de defeito físico irremediável ou moléstia grave e transmissível, por contágio ou herança, capaz de pôr em risco a saúde do outro cônjuge ou de sua descendência;*

4. *defloramento da mulher ignorado pelo marido.*

Observemos que o referido artigo associa o ato civil do matrimônio à sua consolidação sexual. Assim, no caso de mulher não-virgem, o marido poderia pedir a anulação do casamento e a esposa poderia pedir a nulidade do matrimônio civil se desconhecesse que o parceiro era impotente ou possuía outra orientação sexual. Cabe aqui uma diferenciação clara entre anular e nulo: anular é tornar sem efeito um ato anteriormente consolidado, ou seja, depois da noite de núpcias o marido descobre que a mulher não era mais virgem quando se casou com ele e para isso apresenta provas irrefutáveis. Já a nulidade do ato pressupõe a não consolidação, ou seja, a inexistência do ato. Assim, o homem impotente, incapaz de consolidar o casamento no ato sexual, faz com que a cerimônia realizada e o contrato de casamento civil sejam considerados nulos.

O Código estabeleceu ainda os direitos e deveres do marido (arts. 233 a 239) fazendo-o cabeça da família e obrigando-o a sustentá-la. Quanto à mulher, a obrigação do marido de sustentá-la cessa quando ela abandona sem justo motivo a habitação conjugal (art. 234). A mulher ficava sob a autoridade do marido e por isso não podia contrair dívidas, alienar propriedades ou contrair obrigações sem a devida autorização deste (art. 242), a não ser que possuísse bens de união anterior – caso de viuvez – (art. 248). Mesmo assim não poderia se casar antes do fim do inventário, o que impediria o usufruto dos bens dos filhos do casal (art. 225) ou ainda, caso tenha se casado com separação de bens (arts. 276 e 277) a mulher *"deve contribuir para as despesas do casal com os rendimentos de seus bens, na proporção de seu valor, relativamente aos do marido, salvo quando houver estipulação em contrário no contrato antenupcial"*, conforme o que prescreviam os artigos 256 e 312 do antigo Código Civil de 1916.

Lembremos que o Código Civil estabeleceu quatro regimes de casamento:

* Comunhão universal de bens (arts. 262 a 268);
* Comunhão parcial de bens (arts. 269 a 275);
* Separação de bens (arts. 276 e 277) e
* Regime dotal (arts. 278 a 288). Neste caso o código define ainda os direitos e obrigações do marido em relação aos bens dotais (arts. 289 a 299) e as circunstâncias para a restituição do dote (arts. 300 a 307) e a separação do dote e sua administração pela mulher (arts. 308 e 309).

Apesar de todas as suas definições, o Código Civil de 1916 já estava ultrapassado. Muito antes de ser publicado e entrar em vigor, mulheres como Francisca Edwiges Neves Gonzaga, mais conhecida por Chiquinha Gonzaga, já desafiavam as imposições do pátrio poder e despontavam no cenário nacional enfrentando preconceitos e vencendo as barreiras impostas pelo modelo aristocrático de família adotado no Brasil e presente no Código Civil.

Em 1899, quase ao alvorecer do novo século, quando estava sendo elaborado o Código Civil por Clóvis Bevilacqua, Chiquinha Gonzaga compôs a primeira música exclusiva para carnaval, destinada ao bloco carnavalesco Rosa de Ouro, do bairro carioca do Andaraí, sucesso cantado até hoje *"Ó abre alas / Que eu quero passar / Ó abre*

alas / Que eu quero passar / Eu sou da Lira / Não posso negar / Ó abre
alas / Que eu quero passar / Ó abre alas / Que eu quero passar/Rosa
de Ouro/É quem vai ganhar."

Em 1911 estreou o maior sucesso de Chiquinha Gonzaga no teatro de variedades e revista, o espetáculo *Forrobodó*, que atingiu a marca de 1.500 apresentações. Essa grande mulher morreu aos 87 anos, em 1934, em um Brasil onde dois anos antes a mulher conquistara o direito de se manifestar nas urnas: o direito de votar.

Outras características do Código Civil de 1916:

• A propriedade era apresentada com cunho individualista (depois passou a ter função social efetiva); a família era apresentada como a família tradicional, assim como a estrutura de posse e propriedade, reproduzindo o patrimonialismo; estabelecia o regime dotal (embora pouco aplicado no Brasil quando da publicação do código); estabelecia o pacto de melhor comprador e a hipoteca judicial.

• Era organizado em duas partes: geral e especial:

• Geral: com base nos elementos do direito subjetivo, apresentava normas concernentes às pessoas, aos bens, aos fatos jurídicos, desenvolvendo a teoria das nulidades e os princípios reguladores da prescrição;

• Especial: normas atinentes ao direito de família, ao casamento, às relações entre os cônjuges, às relações de parentesco e à proteção de menores incapazes, ao direito das coisas; normas referentes à posse, à propriedade, aos direitos reais sobre as coisas alheias, aos direitos de gozo, de garantia e de aquisição; ao direito das obrigações, tendo como fulcro o poder de constituir relações obrigacionais para a consecução de fins econômicos ou civis, disciplinando os contratos e as obrigações oriundas de declaração unilateral de vontade e de atos ilícitos; e referentes ao direito das sucessões, transferência de bens por força de herança, inventário e partilha. A Lei 3.725/19 alterou o código, já ultrapassado ao nascer. Muitas outras alterações o completaram e atualizaram, tais como o Estatuto da Mulher Casada, a lei do divórcio, a lei dos registros públicos, a lei sobre o compromisso de compra e venda, a lei do inquilinato, a lei do reconhecimento dos filhos ilegítimos, a lei dos condomínios, entre outras. A última tentativa de atualização do Código Civil ocorreu durante a ditadura militar. Em 1967 o Prof. Miguel Reale e uma equipe de juristas iniciaram a elaboração do projeto do Código Civil, que ficou pronto em 1975. Logo depois passou por atualizações graças à abertura política no Brasil e à nova constituição de 1988, tendo sido promulgado em 2002, entrando em vigor a partir de 2003.

Capítulo 7

A Era Vargas – O governo constitucional (1934-1937)

O período iniciado em 1894, que se prolongou até 1930, é conhecido como República Velha. Sucedeu à República da Espada (1889-1894) e foi sucedido pela Era Vargas (1930-1945 e 1951-1954). A Era Vargas viabilizou o início da fase industrial no Brasil. O processo de industrialização, tão celebrado pelo período posterior, de Juscelino Kubitschek (1956-1961), não teria sido possível sem as reformas e o desenvolvimento da Era Vargas.

O ex-presidente Fernando Henrique Cardoso, logo depois de eleito para o primeiro mandato de Presidente da República (1995-1998), no discurso em que se despedia do Senado Federal, disse:

Resta, contudo, um pedaço do nosso passado político que ainda atravanca o presente e ainda retarda o desenvolvimento da nossa sociedade. Refiro-me ao legado da Era Vargas, ao seu modelo de desenvolvimento autárquico e ao seu Estado intervencionista. Este modelo que à sua época assegurou o progresso e permitiu a nossa industrialização começou a perder fôlego nos fins dos anos 70 [...] [111]

De fato, o modelo autárquico e intervencionista de Getúlio Vargas garantiu o desenvolvimento industrial do Brasil. Fundamentais

---

[111] Discurso pronunciado em 14.12.1994 e publicado no DCN2 de 15.12.94, p. 9185.

137

nesse processo de industrialização foram as leis trabalhistas existentes desde o governo provisório e estabelecidas na Consolidação das Leis do Trabalho,[112] a construção de hidrelétricas; o desenvolvimento da indústria de base; a nacionalização das reservas minerais, das quedas-d'água e do petróleo. Getúlio Vargas é um personagem que divide opiniões. Para alguns foi e é o "pai dos pobres", epíteto que recebeu por ter sido o presidente que definiu a legislação trabalhista e por não se servir dos sindicatos para falar com os trabalhadores. Vargas falava-lhes diretamente e a nação o escutava. E, 1945, plena 2ª Guerra Mundial, quando os partidos políticos multiplicavam propostas nacionalistas e criticavam a ditadura Vargas, o movimento queremista (assim chamado devido ao lema "Queremos Getúlio") reforçou a adesão do povo ao projeto presidencial e também o epíteto "pai dos pobres".

No primeiro governo Vargas (1930-1945) o Brasil teve duas constituições diferentes: a de 1934 e a de 1937. No seu segundo governo (1951-1954) vigorava no país a Constituição promulgada em 1946, início do governo Eurico Gaspar Dutra. Logo após a Revolução de 1930, ainda no governo provisório, foi elaborada a Consolidação das Leis Penais (1932) e durante o Estado Novo de Vargas (1937-1945) foram promulgados o Código Penal (1940) e a Consolidação das Leis do Trabalho (1943). Passarei a apresentar os principais elementos dessa legislação da Era Vargas.

Consolidação das Leis Penais

O Decreto 22.213, de 14 de dezembro de 1932, aprovou e adotou a Consolidação das Leis Penais, de autoria do Desembargador Vi-

---

[112] CONSOLIDAÇÃO DAS LEIS DO TRABALHO promulgada pelo Decreto-Lei nº 5.452, de 1.5.1943, DOU de 9.8.1943.

cente Piragibe. Após a promulgação do Código Penal de 1890 foram necessárias tantas leis que o atualizassem e complementassem que estas aos poucos foram se tornando desconhecidas até mesmo para os operadores do Direito. Tal situação exigiu que leis penais fossem consolidadas em um texto que vigoraria até a elaboração do novo Código Penal de 1940.

Constituição de 1934

Em 1932 os paulistas se revoltaram contra a morosidade de Vargas em cumprir a promessa de reconstitucionalizar o País e contra as suas tentativas de reduzir o papel de São Paulo no contexto brasileiro, na medida em que impôs um interventor não-paulista, o coronel João Alberto de Barros, chamado de forasteiro e plebeu.

A Revolução Constitucionalista de 1932 eclodiu em 9 de julho e se prolongou até 2 de outubro, quando se renderam as tropas paulistas lideradas por Góes Monteiro.

Vargas tentou fazer com que o Brasil acreditasse que São Paulo queria se separar do País, o que não corresponde à verdade. O que de fato se desconhece é que a própria Constituição de 1891 facultava a ação de São Paulo contra o governo Vargas. A Carta Constitucional de 1891 definia:

Art. 66 - É defeso aos Estados:
1º) recusar fé aos documentos públicos de natureza legislativa, administrativa ou judiciária da União, ou de qualquer dos Estados;
2º) rejeitar a moeda, ou emissão bancária em circulação por ato do Governo federal;
3º) fazer ou declarar guerra entre si e usar de represálias.

Assim, a reivindicação de São Paulo e a ação revolucionária eram definidas pela Constituição e por isso foi tão importante para Vargas anular São Paulo. Mesmo derrotada militarmente, a revolução de 1932 teve atendidas as suas principais propostas: a reforma eleitoral e a convocação da Assembleia Nacional Constituinte. O Decreto 21.076, de 24.2.1932, promulgou o Código Eleitoral, que instituiu a Justiça Eleitoral, adotou o voto feminino, o sufrágio universal, direto e secreto. Apesar de ter introduzido grandes avanços, o Código Eleitoral de 1932 sofreu muitas críticas, foi alterado e substituído pela Lei n° 48, de 4 de maio de 1935. A Assembleia Nacional Constituinte foi convocada pelo Decreto 22.621, de 1933, tendo se reunido entre novembro de 1933 e julho de 1934 para elaborar o texto da Carta Constitucional de 1934. Essa Constituinte contou com uma presença feminina: a da médica paulista Carlota Pereira de Queiroz, pedagoga e especialista em nutrição infantil.

A elaboração da Constituição de 1934 foi marcada por diversas intervenções de Getúlio Vargas, entre as quais: estabeleceu a Comissão do Itamaraty (porque se reunia no Palácio do Itamaraty) para preparar o projeto da Constituição; criou o estatuto da constituinte; tentou garantir uma bancada favorável ao governo. A intenção de Vargas era conseguir um texto constitucional que atendesse ao seu objetivo: definir um executivo forte que controlasse os destinos da Nação, o que não aconteceu.

O anteprojeto elaborado apresentava uma centralização excessiva, atingindo o princípio federativo, norteador das relações entre estados, municípios e união, o que representava um recuo nas propostas da Constituição de 1891. Por isso o substitutivo elaborado pela chamada *Comissão dos 26* evitou sacrificar o federativismo, estabelecendo um sistema de descentralização administrativa. Por outro lado, a comissão entendeu que não se deveria confundir o fortalecimento do Estado com a amplitude dos poderes do chefe do Executivo Federal, essencial para a proteção da República. Outra medida visava garantir o aumento das fontes tributárias estaduais através da manutenção dos impostos de exportação por seis anos.[113] Assim, podemos destacar no texto da constituição:

Art. 1º - A Nação brasileira, constituída pela união perpétua e indissolúvel dos Estados, do Distrito Federal e dos Territórios em Estados Unidos do Brasil, mantém como forma de Governo, sob o regime representativo, a República federativa proclamada em 15 de novembro de 1889.

Art. 2º - Todos os poderes emanam do povo e em nome dele são exercidos.

Art. 3º - São órgãos da soberania nacional, dentro dos limites constitucionais, os Poderes Legislativo, Executivo e Judiciário, independentes e coordenados entre si [...]

Art. 5º - Compete privativamente à União [...]

XIV - traçar as diretrizes da educação nacional;

XV - organizar defesa permanente contra os efeitos da seca nos Estados do Norte;

XVI - organizar a administração dos Territórios e do Distrito Federal, e os serviços neles reservados à União;

XVII - fazer o recenseamento geral da população;

XVIII - conceder anistia;

XIX - legislar sobre:

---

[113] FAUSTO, Boris. *História geral da civilização brasileira*, vol. 10. Rio de Janeiro: Bertrand Brasil, 2007, p. 81-82.

a) direito penal, comercial, civil, aéreo e processual, registros públicos e juntas comerciais;

b) divisão judiciária da União, do Distrito Federal e dos Territórios e organização dos Juízos e Tribunais respectivos;

c) normas fundamentais do direito rural, do regime penitenciário, da arbitragem comercial, da assistência social, da assistência judiciária e das estatísticas de interesse coletivo;

d) desapropriações, requisições civis e militares em tempo de guerra;

e) regime de portos e navegação de cabotagem, assegurada a exclusividade desta, quanto a mercadorias, aos navios nacionais;

f) matéria eleitoral da União, dos Estados e dos Municípios, inclusive alistamento, processo das eleições, apuração, recursos, proclamação dos eleitos e expedição de diplomas;

g) naturalização, entrada e expulsão de estrangeiros, extradição; emigração e imigração, que deverá ser regulada e orientada, podendo ser proibida totalmente, ou em razão da procedência;

h) sistema de medidas;

i) comércio exterior e interestadual, instituições de crédito; câmbio e transferência de valores para fora do País; normas gerais sobre o trabalho, a produção e o consumo, podendo estabelecer limitações exigidas pelo bem público;

j) bens do domínio federal, riquezas do subsolo, mineração, metalurgia, águas, energia hidrelétrica, florestas, caça e pesca e a sua exploração;

k) condições de capacidade para o exercício de profissões liberais e técnico-científicas, assim como do jornalismo;

l) organização, instrução, justiça e garantias das forças policiais dos Estados e condições gerais da sua utilização em caso de mobilização ou de guerra;

m) incorporação dos silvícolas à comunhão nacional.

§ 1º - Os atos, decisões e serviços federais serão executados em todo o País por funcionários da União, ou, em casos especiais, pelos dos Estados, mediante acordo com os respectivos Governos.

§ 2º - Os Estados terão preferência para a concessão federal, nos seus territórios, de vias-férreas, de serviços portuários, de navegação aérea, de telégrafos e de outros de utilidade pública, e bem assim para a aquisição dos bens alienáveis da União. Para atender às suas necessidades administrativas, os Estados poderão manter serviços de radiocomunicação.

§ 3º - A competência federal para legislar sobre as matérias dos números XIV e XIX, letras c e i in fine e sobre registros públicos, desapropriações, arbitragem comercial, juntas comerciais e respectivos processos; requisições civis e militares, radiocomunicação, emigração, imigração e caixas econômicas; riquezas do subsolo, mineração, metalurgia, águas, energia hidrelétrica, florestas, caça e pesca, e a sua exploração não exclui a legislação estadual supletiva ou complementar sobre as mesmas matérias. As leis estaduais, nestes casos, poderão, atendendo às peculiaridades locais, suprir as lacunas ou deficiências da legislação federal, sem dispensar as exigências desta [...]

Art. 12 [...] § 6º - Compete ao Presidente da República:

a) executar a intervenção decretada por lei federal ou requisitada pelo Poder Judiciário, facultando ao Interventor designado todos os meios de ação que se façam necessários;

b) decretar a intervenção: para assegurar a execução das leis federais; nos casos de nº I e II; no do nº. III, com prévia autorização do Senado Federal; no do nº IV, por solicitação dos Poderes Legislativo ou Executivo locais, submetendo em todas as hipóte-

ses o seu ato à aprovação imediata do Poder Legislativo, para o
que logo o convocará.

No quadro a seguir é possível observar as transformações e permanências do anteprojeto e da Constituição de 1934.

A Constituição de 1934 – Quadro Comparativo[1]		
Anteprojeto	Substitutivo	Constituição de 1934
Eleição indireta para a Presidência da República.	Poder Legislativo Bicameral: Câmara de Representantes e Câmara dos Estados.	Eleição direta para Presidência da República.
Poder Legislativo Unicameral: Assembleia Nacional. Negação da representação política das classes.	Adoção da representação política das classes na Câmara de Representantes	Poder Legislativo Unicameral: Assembleia Nacional. Adoção da representação política das classes na Assembleia.
Responsabilidade dos Ministros de Estado perante a Assembleia.	Responsabilidade dos Ministros de Estado perante a Câmara de Representantes.	Responsabilidade dos Ministros de Estado perante a Assembleia.
Criação do Conselho Supremo (competência consultiva).	Criação do Conselho Nacional (competência consultiva).	Manutenção do Senado Federal como órgão da coordenação de poderes.

Regulamentação dos casos de intervenção federal nos Estados.	Regulamentação dos casos de intervenção federal nos Estados, detalhando-se as possibilidades.	São estabelecidos os casos de intervenção federal nos negócios estaduais.
Redução das rendas tributárias dos Estados. Eleição indireta para a Presidência da República.	São ampliadas as fontes de tributação estadual (ex.: imposto de exportação).	Manutenção de significativas fontes tributárias para os estados (ex.: imposto de exportação)

A Constituição de 1934 sofreu dupla influência: por um lado, da Constituição da República de Weimar[114] e, por outro, do fascismo de Benito Mussolini. Com isso tornou-se uma colcha de retalhos, na visão de Paulo Bonavides.[115] A Constituição concedia poderes ao Executivo, mas transformava o Senado em responsável pela coordenação dos poderes públicos. Assim, devo observar que o antagonismo presente na própria Constituição de 1934 levou às ações de Getúlio Vargas e do Congresso Nacional, que permitiram a instalação da ditadura do Estado Novo. Mesmo assim, a segunda constituição da república teve um caráter liberal e trouxe grandes avanços para o cenário político nacional. Destaca-se o Título IV -- Da ordem econômica e social:

---

[114] A Constituição da República de Weimar foi promulgada em 1919 e permaneceu em vigor até 1933. Afirmo isto porque, apesar de não ter sido revista até o fim da 2ª. Guerra Mundial, as mudanças introduzidas pelo partido nazista a anularam a partir de 1933.

[115] Citado por ZIMMERMANN, Augusto. *Curso de direito constitucional*. Rio de Janeiro; Lumen Juris, 2006, p. 207.

[...] presente pela primeira vez em um texto constitucional, o substitutivo veio consagrar a orientação do anteprojeto que reconhecia a intervenção do Estado no terreno da política econômica e social. Desta forma, a nacionalização de certas atividades econômicas – como a exploração das riquezas do solo e do subsolo – bem como a presença do Poder Público na implementação de certas indústrias consideradas básicas são postuladas como uma necessária salvaguarda aos interesses da segurança nacional e do desenvolvimento do País. [116]

Ainda no mesmo Título IV destaca-se o artigo 121, que definiu a base das leis trabalhistas presentes na CLT de 1943, ou seja, salário mínimo,[117] jornada de trabalho de oito horas diárias, férias, descanso semanal remunerado (preferencialmente aos domingos), previdência social, indenização em caso de demissão sem justa causa, licença-maternidade, proibição de trabalho a menores de 14 anos, etc.

Apesar de todas as medidas trabalhistas adotadas pela Constituição, a Justiça do Trabalho e as Juntas de Conciliação não faziam parte da estrutura do Judiciário e estavam atreladas ao Poder Executivo (art. 122).

A definição das bases para as leis trabalhistas foi de suma importância. A estrutura da justiça trabalhista, embora atrelada ao Executivo, permitiu a criação de uma justiça do trabalho mais especializada, ligada à estrutura do Judiciário na Constituição de 1946. Porém, apesar do artigo 121, § 4º, ter definido a necessidade de lei especial que regulasse o trabalho agrícola e o § 5º a cooperação com os Estados para organizar colônias agrícolas, as leis trabalhistas não chegaram ao campo, mas foram lentamente sendo estabelecidas e aplicadas nas áreas industriais.

---

[116] FAUSTO, Boris. *História geral da civilização brasileira*, vol. 10. Rio de Janeiro: Bertrand Brasil, 2007, pp. 84.

[117] Apesar de definido desde 1934, o salário mínimo só foi instituído de fato pelo Decreto-Lei 2.162, de 4 de julho de 1940.

O Título III tratou da *Declaração de Direitos* e no artigo 113 estabeleceu a igualdade de todos perante a lei. Mas, diferentemente das constituições anteriores (1824 e 1891), o texto de 1934 aboliu todos os privilégios e distinções, *"fossem eles por motivo de nascimento, sexo, raça, profissões próprias ou dos pais, classe social, riqueza, crenças religiosas ou ideias políticas".*

Mesmo mantendo a separação entre Igreja e Estado e a secularização dos cemitérios (art. 113, nº 7), a Constituição de 1934 estabeleceu a possibilidade do casamento religioso com efeito civil (art. 146),[118] o serviço de capelania religiosa em hospitais, forças armadas e órgãos públicos (art. 113, nº 6) e concedeu personalidade jurídica às instituições religiosas (art.113, nº 5).

A Constituição de 1934 garantiu o direito à propriedade, porém, diferentemente das constituições de 1824 e 1891, não estabeleceu o caráter individual da propriedade, e sim o seu caráter social, o que pode ser observado no artigo 113, nº 17, onde se lê que o direito de propriedade *"não podia ser exercido contra o interesse social ou coletivo, e só podia ser exercido na forma determinada pela lei".* O artigo 118 estabeleceu que as minas e demais riquezas do subsolo, bem como as quedas-d'água, constituíam propriedade distinta da do solo para fins de exploração ou aproveitamento industrial. E o artigo 119, § 6º, garantiu que *"não dependia de concessão ou autorização o aproveitamento das quedas-d'água já utilizadas industrialmente na data desta Constituição e, sob esta mesma ressalva, a exploração das minas em lavra, ainda que transitoriamente suspensa".*

---

[118] O art. 144 definia a família constituída pelo casamento indissolúvel, sob a proteção especial do Estado. Em seu parágrafo único estabelecia que a lei civil determinasse os casos de desquite e de anulação de casamento, havendo sempre recurso *ex officio*, com efeito suspensivo.

No que se refere à educação e à cultura, a Constituição garantiu a gratuidade do ensino primário, extensivo aos adultos (art. 150, § único, item a), a exemplo da sua antecessora, de 1824. Mas foi além, porque estabeleceu também a possibilidade da gratuidade do ensino posterior ao primário (art. 150, § único, item b). O artigo 155 garantiu a liberdade de cátedra e o artigo 153, o ensino religioso com freqüência facultativa, ministrado de acordo com os princípios da confissão religiosa do aluno. Definições como casamento religioso com efeito civil, capelanias e ensino religioso foram fruto da ação da Igreja Católica, que participou ativamente da elaboração da Carta Constitucional de 1934, desde a convocação de eleições para a Assembleia Nacional Constituinte, através do Centro Dom Vitalum e da Liga Eleitoral Católica, até os pronunciamentos dos constituintes católicos.

Ainda no que diz respeito aos direitos e garantias individuais, a Constituição de 1934, no artigo 113, n° 3, garantiu que *"a lei não prejudicaria o direito adquirido, o ato jurídico perfeito e a coisa julgada"*. O n° 23 do mesmo artigo garantiu o instituto do *habeas corpus*. O n° 30 protegeu o cidadão contra uma prática comum nos anos 1920: a *prisão por dívidas, multas ou custas*. O n° 32 garantiu a assistência judiciária gratuita.

Segundo consta, ao ver promulgada a Constituição de 1934, Vargas teria dito *"serei o primeiro revisor da Constituição"*. Para tanto precisava conquistar plenos poderes, o que começou logo no ano seguinte.

O movimento tenentista, que tivera grande expressão no processo revolucionário de 1930, entrou em declínio e os seus membros foram aos poucos sendo incorporados pela Aliança Nacional Libertadora (ANL) e pela Ação Integralista Brasileira (AIB). Estas novas forças sociais desencadearam novas ações políticas no cenário nacional. Em contrapartida, o governo Vargas iniciou uma repressão policial, primeiro visando à classe operária e depois estendida a jornalistas, intelectuais e parlamentares e provocou a promulgação de uma legislação especial: a Lei de Segurança Nacional.[119] Devemos aqui destacar o Poder Judiciário na Constituição de 1934. O Supremo Tribunal Federal passou a ser denominado Corte Suprema,[120] expressão característica dos governos totalitários de então, e o número de seus componentes foi diminuído para 11 ministros.

O Código Eleitoral de 1932[121] estabeleceu a Justiça Eleitoral e a 20 de maio de 1932 foi instalado o Tribunal Superior Eleitoral. Depois, os Tribunais Regionais Eleitorais passaram a integrar a estrutura da Corte Suprema.

Apesar das reformas trabalhistas previstas no artigo 121 da Constituição de 1934, a Justiça do Trabalho então criada ficava fora do Poder Judiciário, e as garantias da magistratura passavam a ser, além da vitaliciedade e da irredutibilidade de vencimentos, a inamovibilidade. No caso dos magistrados trabalhistas, a existência da representação classista temporária impedia a extensão dessas garantias a seus membros.[122]

Art. 122 - Para dirimir questões entre empregadores e empregados, regidas pela legislação social, fica instituída a Justiça do Trabalho, à qual não se aplica o disposto no Capítulo IV do Título I.

---

[119] FAUSTO, Boris. *História geral da civilização brasileira*, vol. 10. Rio de Janeiro: Bertrand Brasil, 2007, p. 90.

[120] Decreto 19.656, de 3 de fevereiro de 1931.

[121] Código Eleitoral, pelo Decreto 21.076, de 24 de fevereiro de 1932.

[122] MARTINS FILHO, Ives Gandra da Silva. *EVOLUÇÃO HISTÓRICA DA ESTRUTURA JUDICIÁRIA BRASILEIRA*, in: Revista Jurídica Virtual, Brasília, vol. 1, n°. 5, setembro 1999. Extraída em 21 de setembro de 2008 de: http://www.planalto.gov.br/ccivil_03/revista/Rev_05/evol_historica.htm.

Parágrafo único - A constituição dos Tribunais do Trabalho e das Comissões de Conciliação obedecerá sempre ao princípio da eleição de membros, metade pelas associações representativas dos empregados e metade pelas dos empregadores, sendo o presidente de livre nomeação do Governo, escolhido entre pessoas de experiência e notória capacidade moral e intelectual.

Outras mudanças significativas foram:

1. Manteve, no art. 76, III, b e c, as disposições contidas na Constituição de 1891 e, por outro lado, determinou que a declaração de inconstitucionalidade somente pudesse ser realizada pela maioria da totalidade de membros dos tribunais.

2. Consagrou a competência do Senado Federal para suspender a execução de qualquer lei ou ato declarado inconstitucional pelo Poder Judiciário, emprestando efeito *erga omnes* à decisão da Corte Suprema.

3. Introduziu a figura da representação interventiva para fins de intervenção federal nos Estados.

4. Pela Lei 244, de 11 de setembro de 1936, foi instituído, no âmbito da Justiça Militar, o Tribunal de Segurança Nacional, com sede no Distrito Federal, para funcionar em estado de guerra ou de grave comoção intestina, julgando militares e civis que atentassem contra a segurança do Estado.

A estrutura do Judiciário, de acordo com a Constituição de 1934, pode ser assim representada:[123]

---

[123] Adaptado a partir de MARTINS FILHO, Ives Gandra da Silva. *EVOLUÇÃO HISTÓRICA DA ESTRUTURA JUDICIÁRIA BRASILEIRA*, artigo citado.

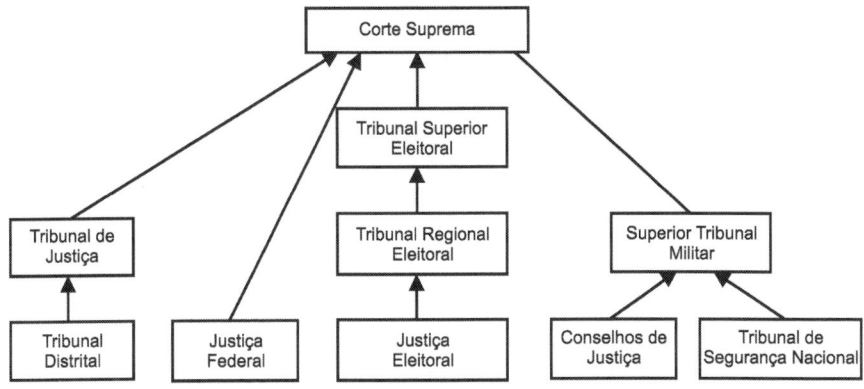

Entre 23 e 27 de novembro de 1935 ocorreu a Intentona Comunista, movimento envolvendo militares ligados à ANL (Aliança Nacional Libertadora), de Luís Carlos Prestes, nos quartéis de Natal, Recife e Rio de Janeiro. Esse movimento esparso serviu aos intentos de Vargas, que aproveitou para declarar a ilegalidade da ANL, fazer crer à AIB (Ação Integralista Brasileira), de orientação fascista, que podia contar com o apoio do presidente e conseguir que o Congresso aprovasse o Tribunal de Segurança Nacional. Este tribunal de exceção, ligado ao Tribunal Militar, tinha a função de processar e julgar em primeira instância os acusados de promover atividades contrárias à segurança externa[124] do País e às instituições militares, políticas e sociais. Entre setembro de 1936 e dezembro de 1937 essa corte sentenciou 1.420 pessoas.

Portanto, os antagonismos da Constituição de 1934, a que me referi anteriormente, se manifestaram a pretexto de defender a nação do perigo comunista. O Congresso Nacional passou a cumular de poderes o Executivo, garantindo a ascensão do ditador.

Luís Carlos Prestes foi preso, bem como a sua mulher, Olga Benário, que deu à luz Anita Leocádia Prestes, hoje professora da

---

124 FAUSTO, Boris. História geral da civilização brasileira. Rio de Janeiro: Bertraud Basil, 2007, p. 442 a 453

UFRJ. Deportada para a Alemanha, Olga morreu na câmara de gás, no campo de concentração de Bernburg, em 1942, pouco antes de completar 34 anos.

Na mesma época foi preso o escritor Graciliano Ramos, que posteriormente compôs o seu relato sobre a prisão no regime varguista na obra *Memórias do cárcere*.

Em 1937, um texto escrito pelo Capitão de Exército Olímpio Mourão Filho, chefe do Serviço Secreto da AIB, mencionava um suposto e imaginário plano dos comunistas para tomarem o poder no Brasil: o Plano Cohen. Esse documento serviu de argumento para Getúlio Vargas justificar o golpe de Estado que criou a ditadura do Estado Novo.

Poucos dias antes do golpe que implantou o Estado Novo, Getúlio Vargas escreveu no seu diário: *"Não é mais possível recuar. Estamos em franca articulação para um golpe de Estado, outorgando uma nova constituição e dissolvendo o Legislativo".*[125] A ação golpista consolidou-se no dia 10 de novembro de 1937, quando Vargas fechou o Congresso Nacional e outorgou nova constituição que lhe concedia plenos poderes, iniciando um período que se prolongaria até 1945.

O golpe ainda não completara um mês quando, a 2 de dezembro de 1937, Vargas extinguiu todos os partidos políticos. O Brasil passou a ser um país onde o presidente era o Executivo e o Legislativo, pois, com o fechamento do Congresso, Vargas começou a governar por meio de decretos-leis. Por outro lado, como não havia mais partidos políticos, o presidente era o partido. De fato, o regime que se implantou não devia nada aos totalitarismos vivenciados na Europa e no Oriente. Porém, como todos os demais, tinha as suas características especifi-

---

[125] Diário de Getúlio Vargas, 7 de novembro de 1937. Extraído em 02.12.2007 do documento digitalizado pelo CPDOC-FGV, em: http://www.cpdoc.fgv.br/nav_historia/htm/anos30-37/ev_pop_gol2.htm.

cas. Apesar de ser um ditador e se aproximar do nazi-fascismo, Vargas não deixou de negociar com as nações que compunham o grupo dos Aliados. Soube usar os interesses de ambos os lados e fez acordos que previam investimentos no Brasil, em especial para a construção da indústria de base. A situação se prolongou até a entrada dos Estados Unidos da América do Norte na guerra, quando Vargas foi forçado a definir de que lado o Brasil estava. Nessa época a "cobra fumou".[126] A frota brasileira teve navios torpedeados por submarinos alemães e o Brasil declarou guerra ao Eixo, engajando-se na luta em 1944.

---

[126] Getúlio Vargas afirmara que era mais fácil uma cobra fumar do que o Brasil ir à 2ª. Guerra Mundial, por isso o símbolo da FEB (Força Expedicionária Brasileira) é uma cobra fumando cachimbo. Daí a expressão "a cobra fumou".

Capítulo 8

A Era Vargas – O Estado Novo (1937-1945)

O período conhecido como Estado Novo foi na verdade um momento de construção da imagem de "pai dos pobres", alcunha que acompanha Getúlio Vargas até os nossos dias. Esse líder se aproximava cada vez mais das massas, em especial dos trabalhadores que depois engrossariam o "movimento queremista". A ausência de partidos políticos e a presença de sindicatos atrelados ao governo (corporativismo) deram ensejo para que Vargas se dirigisse às massas sem intermediários. Somemos a isso a propaganda veiculada pelo Departamento de Imprensa e Propaganda (DIP), que apresentava Vargas em festas populares, como o carnaval, ou almoçando com trabalhadores, ou seja, um presidente sintonizado com as massas. Esses fatores justificaram a criação da alcunha de "pai dos pobres", ainda hoje a ele atribuída.

Algumas questões trabalhistas

As greves foram proibidas e os sindicatos foram atrelados ao Estado, como demonstram os artigos 138 e 139 da Constituição de 1937:

Art. 138 – A associação profissional ou sindical é livre. Somente, porém, o sindicato regularmente reconhecido pelo Estado tem o direito de representação legal dos que participarem da categoria de produção para que foi constituído e de defender-lhes os

direitos perante o Estado e as outras associações profissionais,
estipular contratos coletivos de trabalho obrigatórios para todos
os seus associados, impor-lhes contribuições e exercer em rela-
ção a eles funções delegadas de Poder Público.
Art. 139 – Para dirimir os conflitos oriundos das relações entre
empregadores e empregados, reguladas na legislação social, é
instituída a Justiça do Trabalho, que será regulada em lei e à qual
não se aplicam as disposições desta Constituição relativas à com-
petência, ao recrutamento e às prerrogativas da Justiça comum.
A greve e o lock-out *são declarados recursos antissociais noci-*
vos ao trabalho e ao capital, e incompatíveis com os superiores
interesses da produção nacional.

O salário mínimo estava previsto desde a Constituição de 1934,
porém a primeira lei que o regulamentou data de 1º de maio de 1940,
quando foi publicado o Decreto-Lei 22.162, cujo art. 1º assim definia:

Fica instituído em todo o país o salário mínimo a que tem direito,
pelo serviço prestado, todo trabalhador adulto, sem distinção de
sexo, por dia normal de serviço, como capaz de satisfazer, na
época atual [...] às suas necessidades normais de alimentação,
habitação, vestuário, higiene e transporte.

Nesse mesmo ano foi criado o Serviço de Alimentação e Previdência Social, que posteriormente ensejou a organização dos Institu-
tos de Previdência Social no Brasil.

No dia 8 de julho de 1940 o Decreto-Lei 2.377 criou o Imposto
Sindical obrigatório,[127] segundo o qual todos os trabalhadores, sindi-

---

[127] O Imposto sindical já existia na Itália desde 1926, estabelecido no regime fascista de Benito
Mussolini. No Brasil estava previsto no art. 138 da Constituição de 1937 e foi regulamentado pelo

calizados ou não, deveriam contribuir anualmente para os sindicatos com um dia de trabalho. A mesma contribuição se estendeu aos sindicatos e associações de empregadores e empresas. A Consolidação das Leis do Trabalho (CLT), estabelecida pelo Decreto-Lei 5.452, de 1º de maio de 1943, em seu Título V, trata dos sindicatos, da associação, da aplicação dos impostos sindicais, das penas, etc. Especialmente os artigos 549, 551, 580 e 592 tratam das alíquotas de contribuição, do recolhimento dos impostos sindicais, da aplicação dos impostos sindicais pelos sindicatos.[128] A partir daí os sindicatos ficaram atrelados ao Estado, que recolhia os impostos sindicais e os repassava para os sindicatos. Com a proibição das greves e com as limitações legais para gerir os impostos que recebiam, os sindicatos tornaram-se associações recreativas e assistenciais para os trabalhadores.

O Decreto-Lei 1.237, de 2 de maio de 1939, organizou a Justiça do Trabalho no âmbito do Poder Judiciário, regulamentando-a através do Decreto 6.596, de 12.12.1940. Nesse período a Justiça do Trabalho funcionava também com Juntas de Conciliação e Julgamento, Conselhos Regionais do Trabalho e Conselho Nacional do Trabalho. Com o Decreto-Lei 5.452, de 12 de maio de 1943, que aprovou a Consolidação das Leis do Trabalho, os referidos Conselhos passaram a se denominar Tribunais, na forma como são conhecidos até hoje: Tribunais Regionais do Trabalho e Tribunal Superior do Trabalho. Mesmo assim, Vargas ainda mantinha o controle sobre os sindicatos. A Justiça do Trabalho adquiriu a estrutura atual a partir do Decreto-Lei 9.797, de 9 de setembro de 1946, e da promulgação da Constituição de 1946.

Outro dado importante: se por um lado as reformas trabalhistas favoreceram os trabalhadores das cidades, dos centros urbanos, ou

---

Decreto-Lei 2.377 de 8.7.1940, e pela Consolidação das Leis do Trabalho, de 1943.

[128] Esses artigos tiveram nova redação dada pela Lei 6.386, de 9 de dezembro de 1976.

seja, das indústrias, o mesmo não ocorreu com o trabalhador rural, que continuou desprotegido.

Vargas deu continuidade ao projeto de expansão industrial e para tanto criou o Serviço Nacional de Aprendizagem Industrial (SENAI), instituído pelo Decreto-Lei 4.408, de 20 de janeiro de 1942. Esse serviço visava formar mão-de-obra especializada para a indústria e ia ao encontro das definições da Constituição, que permitiam o trabalho do menor a partir dos 14 anos. Assim, o jovem entrava para o SENAI, onde fazia os estudos do ginasial e do colegial (atuais Ensino Fundamental 2ª etapa e Ensino Médio) e estagiava em empresas a partir dos 14 anos.[129]

O serviço público foi reformulado com a criação do Departamento Administrativo do Serviço Público (DASP), previsto na Constituição de 1937 (artigo 156) e instituído a partir de 1938. Suas principais atribuições: a reorganização do serviço público, a seleção e o aperfeiçoamento de pessoal administrativo por meio da adoção de um sistema de mérito, a fim de evitar a intervenção do setor privado e dos interesses partidários nas nomeações de funcionários públicos. Criou-se o concurso público e organizou-se a sistematização dos direitos e deveres do funcionalismo, definidos no Estatuto dos Funcionários Públicos Civis da União, primeiro documento desse tipo no Brasil.

Tais medidas de caráter social adotadas pelo governo de Getúlio Vargas tinham um objetivo maior: foram aos poucos modernizando o Brasil para garantir o processo de industrialização. Entre 1920 e 1929 a agricultura cresceu 4,1%, enquanto no mesmo período a indústria cresceu 2,8%; mas entre 1933 e 1939 a agricultura cresceu apenas 1,7%, enquanto a indústria cresceu 11,8%; no período que vai de 1939

---

[129] Diferentemente do que muitos pensam, o Serviço Nacional de Aprendizagem Comercial (SENAC) foi criado pelo Decreto-Lei 8.621, de 10 de janeiro de 1946.

a 1945, ou seja, durante a Segunda Guerra Mundial, o crescimento da agricultura manteve-se no patamar dos 1,7%, enquanto a indústria teve um crescimento de 5,4%.[130] Para a indústria crescer eram necessárias medidas trabalhistas que garantissem a mão-de-obra, a especialização, etc. Vargas não prescindiu disso e a sua política intervencionista introduziu o Brasil no contexto industrial. Se até 1930 a indústria brasileira se restringira aos bens de consumo não duráveis, Getúlio decidiu implantar uma indústria de base. A produção de bens de consumo ficou sob o controle dos empresários privados e o Estado passou a investir na indústria de base. Para isso Vargas precisava de capital e por isso os seus acordos estrangeiros incluíram empréstimos para a indústria no Brasil. Com tais manobras ele conseguiu manipular por algum tempo os interesses dos Estados Unidos da América do Norte e da Alemanha de Hitler, a fim de obter recursos e implantar a indústria de base.

Desde muito tempo Vargas acalentava o plano de construir uma siderúrgica e logo no início do Estado Novo conduziu esse processo, buscando apoio do governo norte-americano. Em 1939 foi criada a Comissão Preparatória do Plano Siderúrgico Nacional, porém a indecisão norte-americana atravancou o processo e Vargas iniciou negociações com a US Steel, que desistiu em função do curso tomado pela Segunda Guerra Mundial. Mesmo assim, a 4 de março Vargas assinou o Decreto-Lei 2.054, criando a Comissão Executiva do Plano Siderúrgico Nacional. As palavras de um discurso que pronunciou no porta-aviões *Minas Gerais* tiveram forte repercussão porque foram interpretadas como apoio ao Eixo Roma-Berlim-Tóquio e forçaram uma decisão norte-americana. Assim, em setembro daquele ano

---

[130] DINIZ, Eli. *Empresário, estado e capitalismo no Brasil (1930-1945)*. Rio de Janeiro: Paz e Terra, 1978, p. 67, citado por MENDONÇA, Sônia. *A Industrialização brasileira*. São Paulo: Moderna, 2000, p. 41.

o Eximbank liberou o empréstimo para a construção da Companhia Siderúrgica Nacional, criada em 1941. Logo depois vieram a Companhia Vale do Rio Doce e a Fábrica Nacional de Motores (FNM) em 1942; a Companhia Nacional de Álcalis, em 1943, além da construção de usinas hidrelétricas, dentre as quais se destaca a Companhia Hidrelétrica do São Francisco, em 1945. [131]

A Constituição de 1937

Escrita pelo jurista e político mineiro Francisco Campos, sofreu a influência das constituições fascistas e autoritárias da Alemanha, da Itália e de Portugal. Alegou-se que o texto da Constituição brasileira a assemelhava à polonesa, razão pela qual foi chamada de "a polaca". Porém o Desembargador Emeric Lévay, do Tribunal de Justiça de São Paulo, [132] nos recorda que esse apelido à constituição foi dado pelo jornalista Assis Chateaubriand, em referência às prostitutas polacas, [133] à época presentes no Rio de Janeiro, na Praça Mauá, em São Paulo e em outros lugares, como Buenos Aires. Assim, de algum modo a Constituição de 1937 estava sendo alcunhada de "constituição prostituída". [134]

---

[131]   MENDONÇA, Sonia. op. cit. p. 42.

[132]   http://www.tj.sp.gov.br/museu (25.1.2008).

[133]   As polacas eram imigrantes judias de origem europeia que no final do século XIX e início do século XX fugiram do antissemitismo no Velho Continente e vieram para a América, aportando em São Paulo, no Rio de Janeiro, em Buenos Aires, onde trabalharam como prostitutas. No Rio de Janeiro desembarcaram em 1867 e foram discriminadas pela sociedade e pela própria comunidade judaica local, que se formou a partir de 1904. Por isso, em 1906 elas acabaram se unindo em uma sociedade e fundaram um cemitério próprio em Inhaúma, uma vez que elas próprias e os seus familiares eram impedidos de serem sepultados em cemitérios comuns. O Decreto publicado no Diário Oficial do Município do Rio de Janeiro em 24.9.2007 tombou o Cemitério Israelita de Inhaúma como patrimônio municipal, garantindo legalmente que será preservado de forma intacta. (KUSHNIR, Beatriz. *Baile de máscaras*. Rio de Janeiro: Imago, 1996.)

[134]   PRADO, Ian de Almeida. *A política no Brasil*. São Paulo: Edart, 1979, p. 31.

Era uma constituição de caráter autoritário, que pôs fim à autonomia dos Estados e excluiu o Poder Legislativo, ao extinguir as Câmaras Municipais, as Assembleias Estaduais e a Câmara dos Deputados e restringir o Poder Judiciário (artigos 101 e 102). O Poder Legislativo estabelecido pela Constituição de 1937 era exercido pelo Parlamento Nacional com a colaboração do Conselho da Economia Nacional e do Presidente da República e tinha caráter consultivo (artigo 38), sendo que o Presidente da República exercia o governo por meio de Decretos-Leis (artigos 12, 13 e 74, itens a e b) e somente ele poderia propor projetos de lei (art. 64 a 66).

Nos artigos 141 e 142 a Constituição se referia aos crimes contra a economia popular, considerando-os crimes contra o Estado e assim criminalizou a usura.

A Educação e a Cultura foram tratadas nos artigos 128 a 134, destacando-se a obrigatoriedade do ensino primário (atual Ensino Fundamental 1ª etapa), o ensino religioso enquanto matéria ordinária do currículo escolar, a preservação dos bens culturais pelo Estado e a criação de uma contribuição módica para a Caixa Escolar, como *"dever de solidariedade dos menos para com os mais necessitados"* (artigo 130).

A infância e a juventude são definidas como *"objeto de cuidados e garantias especiais por parte do Estado, que tomará todas as medidas destinadas a assegurar-lhes condições físicas e morais de vida sã e de harmonioso desenvolvimento das suas faculdades"* (artigo 127).

A pena de morte foi definida pelo artigo 122, nº 13, nos seguintes termos:

Não haverá penas corpóreas perpétuas. As penas estabelecidas ou agravadas na lei nova não se aplicam aos fatos anteriores.

Além dos casos previstos na legislação militar para o tempo de guerra, a lei poderá prescrever a pena de morte para os seguintes crimes:

a) tentar submeter o território da Nação ou parte dele à soberania de Estado estrangeiro;

b) tentar, com auxílio ou subsídio de Estado estrangeiro ou organização de caráter internacional, contra a unidade da Nação, procurando desmembrar o território sujeito à sua soberania;

c) tentar por meio de movimento armado o desmembramento do território nacional, desde que para reprimi-lo se torne necessário proceder a operações de guerra;

d) tentar, com auxílio ou subsídio de Estado estrangeiro ou organização de caráter internacional, a mudança da ordem política ou social estabelecida na Constituição;

e) tentar subverter por meios violentos a ordem política e social, com o fim de apoderar-se do Estado para o estabelecimento da ditadura de uma classe social;

f) o homicídio cometido por motivo fútil e com extremos de perversidade.

Esta definição da pena de morte pela Constituição de 1937 vai de encontro às justificativas para a outorga da Constituição, assim definidas na abertura do texto:

ATENDENDO às legitimas aspirações do povo brasileiro à paz política e social, profundamente perturbada por conhecidos fatores de desordem, resultantes da crescente agravação dos dissídios partidários, que uma notória propaganda demagógica procura desnaturar em luta de classes, e da extremação de con-

flitos ideológicos, tendentes, pelo seu desenvolvimento natural,
a resolver-se em termos de violência, colocando a Nação sob a
funesta iminência da guerra civil;

ATENDENDO ao estado de apreensão criado no País pela in-
filtração comunista, que se torna dia a dia mais extensa e mais
profunda, exigindo remédios de caráter radical e permanente;

ATENDENDO a que, sob as instituições anteriores, não dispu-
nha o Estado de meios normais de preservação e de defesa da
paz, da segurança e do bem-estar do povo;

Sem o apoio das forças armadas e cedendo às inspirações da
opinião nacional, umas e outras justificadamente apreensivas
diante dos perigos que ameaçam a nossa unidade, e da rapidez
com que se vem processando a decomposição das nossas insti-
tuições civis e políticas;

Resolve assegurar à Nação a sua unidade, o respeito à sua honra
e à sua independência, e ao povo brasileiro, sob um regime de
paz política e social, as condições necessárias à sua segurança,
ao seu bem-estar e à sua prosperidade, decretando a seguinte
Constituição, que se cumprirá desde hoje em todo o País.

Seguindo o exemplo de outros regimes totalitários, Vargas tinha uma grande arma que o ajudou a consolidar e garantir por oito anos o Estado Novo e o título de "pai dos pobres". Refiro-me ao principal instrumento ideológico e de censura do Estado Novo: o DIP. Toda a publicidade do governo era produzida por esse departamento, que espalhou por todo o País filmes, panfletos, livretos e retratos de Vargas. Escolas, estabelecimentos públicos e comerciais tinham um retrato de Vargas pendurado. Isso ficou tão marcante que, ao ser eleito em 1950 e tomar posse em 1951, Vargas motivou o surgimento da marchinha carnavalesca intitulada Retrato do Velho, de autoria de Haroldo Lobo e Marino Pinto, que dizia: *"Bota o retrato do velho outra vez/Bota no mesmo lugar/O sorriso do velhinho/Faz a gente trabalhar"*.

Um panfleto de 1º de maio de 1937, referindo-se às leis trabalhistas, trazia escrito sob a estampa de Vargas: *"As leis sociais que com o atual governo, por iniciativa própria, têm procurado amparar as classes trabalhadoras, devem constituir motivo de orgulho para os brasileiros"*.

A tudo devemos somar os filmes produzidos pelo DIP, veiculados por todos os cinemas do País – nos grandes centros urbanos, é claro – exaltando o presidente e as suas realizações. Com a imprensa sob censura, um funcionário do DIP poderia excluir notícias e assim alguns jornais foram fechados. Por exemplo: o fechamento da *Folha da Manhã*, atual *Folha de São Paulo*, e a reação do jornalista Roberto Marinho que esbofeteou o censor do DIP que lhe proibiu um editorial.

O Departamento de Imprensa e Propaganda era responsável pela produção do programa de rádio *A Voz do Brasil*, que divulgava diariamente as ações do governo e servia para Vargas falar com a população brasileira utilizando o rádio, a principal e mais democrática das mídias, que até hoje alcança os lugares mais afastados do País.

O Poder Judiciário foi esvaziado, pois em nome do bem-estar do povo o presidente poderia submeter uma lei ao exame do Parlamento e se este a aprovasse por dois terços ficaria anulada a decisão do Supremo Tribunal Federal – que voltou a receber esta nomenclatura pela Constituição de 1937.

Art. 96 – Só por maioria absoluta de votos da totalidade dos seus Juízes poderão os Tribunais declarar a inconstitucionalidade de lei ou de ato do Presidente da República.

*Parágrafo único – No caso de ser declarada a inconstituciona-
lidade de uma lei que, a juízo do Presidente da República, seja
necessária ao bem-estar do povo, à promoção ou defesa de interesse nacional de alta monta, poderá o Presidente da República
submetê-la novamente ao exame do Parlamento: se este a confirmar por dois terços de votos em cada uma das Câmaras, ficará
sem efeito a decisão do Tribunal.*

Ainda de acordo com o artigo 170, durante o estado de emergência ou de guerra, os atos praticados em virtude dele não poderiam ser
conhecidos por qualquer juiz ou tribunal.

*Art. 170 – Durante o estado de emergência ou o estado de guer-
ra, dos atos praticados em virtude deles não poderão conhecer
os Juízes e Tribunais.*

*Art. 171 – Na vigência do estado de guerra deixará de vigorar a
Constituição nas partes indicadas pelo Presidente da República.*

Apesar dessas disposições, que visavam engessar e amordaçar o
Supremo Tribunal e seus juízes, o fato de Vargas ter governado sem o
Legislativo, não o tendo convocado durante o Estado Novo, de certa
maneira as invalidou. Hoje se sabe que em muitos casos de prisão e
pena máxima o Supremo Tribunal Federal se opôs ao Presidente Vargas, cuja alternativa era transferir constantemente os presos de uma
prisão para outra, a fim de impedir a ação dos ministros do Supremo
quando estes autorizavam a soltura do preso, ou mesmo quando as
disposições do Supremo se opunham aos interesses e desígnios do
ditador. Um caso famoso e já citado é o de Graciliano Ramos, que
registrou a sua trajetória na obra *Memórias do cárcere*.

Também no que tange a matérias de ordem tributária o texto constitucional deixava claro que o Chefe do Poder Executivo respeitaria o Supremo Tribunal Federal se este considerasse que a decisão do STF contrariava o interesse nacional (Decreto-Lei 1.564, de 5 de setembro de 1939, cassando declaração de inconstitucionalidade de lei tributária proferida pelo STF).[135]

O artigo 114 criou o Tribunal de Contas, cujos ministros tinham as mesmas garantias dadas aos ministros do Supremo Tribunal Federal.

Os artigos 111 a 113 tratam da Justiça Militar, estabelecendo-lhe as prerrogativas e garantias:

> *Art. 111 – Os militares e as pessoas a eles assemelhadas terão foro especial nos delitos militares. Esse foro poderá estender-se aos civis, nos casos definidos em lei, para os crimes contra a segurança externa do País ou contra as instituições militares.*
>
> *Art. 112 – São órgãos da Justiça Militar o Supremo Tribunal Militar e os Tribunais e Juízes inferiores, criados em lei.*
>
> *Art. 113 – A inamovibilidade assegurada aos Juízes militares não os exime da obrigação de acompanhar as forças junto às quais tenham de servir.*
>
> *Parágrafo único – Cabe ao Supremo Tribunal Militar determinar a remoção dos Juízes militares, quando o interesse público o exigir.*

O Tribunal de Segurança Nacional tornou-se um órgão definidor da força do governo ditatorial de Vargas e lançou seu poder sobre toda

---

[135] MARTINS FILHO, Ives Gandra da Silva. *EVOLUÇÃO HISTÓRICA DA ESTRUTURA JUDICIÁRIA BRASILEIRA, in: Revista Jurídica Virtual*, Brasília, vol. 1, n. 5, setembro 1999. Extraída em 21 de setembro de 2008 de: http://www.planalto.gov.br/ccivil_03/revista/Rev_05/evol_historica.htm.

a estrutura do Estado e consequentemente sobre todos os cidadãos brasileiros. Neste sentido, cabe lembrar que a pena de morte, estabelecida para o tempo de guerra, nos termos do art. 122 podia ser aplicada aos crimes políticos e também nas hipóteses de homicídio cometido por motivo fútil e com extremos de perversidade. O referido tribunal só foi extinto pela Lei Constitucional no. 14 de 17 de setembro de 1945. [136]

Podemos representar assim a estrutura do Poder Judiciário no contexto da Constituição de 1937: [137]

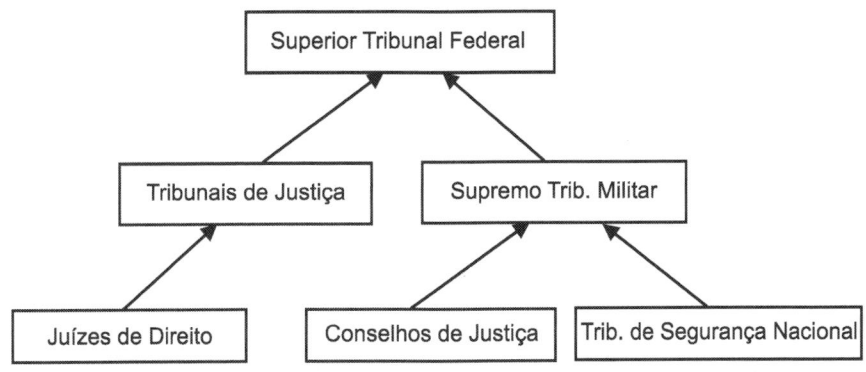

A legislação penal

O Código Penal de 1890 era deficiente e precisou de emendas, alterações, leis complementares e novas leis. Em 1930, logo após o estabelecimento do governo provisório, Vargas decidiu organizar essas leis, muitas desconhecidas pelos próprios operadores do Direito. E assim o Desembargador Vicente Piragibe elaborou a Consolidação das Leis Penais que entrou em vigor através do Decreto 22.213, de 14 de dezembro de 1932, metodizando, organizando e sintetizando

---

[136] LENZA, Pedro. *Direito constitucional esquematizado*. São Paulo: Saraiva, 2008, p. 47.

[137] Adaptado a partir de MARTINS FILHO, Ives Gandra da Silva. *EVOLUÇÃO HISTÓRICA DA ESTRUTURA JUDICIÁRIA BRASILEIRA*, artigo citado.

o Direito Penal entre 1890 e 1932 e que vigorou até a publicação do Código Penal de 1940.

Sob a presidência de Francisco Campos,[138] então Ministro da Justiça do Estado Novo, uma comissão responsável pela elaboração do Código Penal iniciou os trabalhos a partir de um projeto de Alcântara Machado, tendo-o submetido a uma comissão revisora composta de Nélson Hungria, Vieira Braga, Narcélio de Queiroz e Roberto Lyra.

Há referências históricas quanto a colaborações do Ministro Antônio José da Costa e Silva e, na revisão redacional, de Abgar Renault, mas estes não faziam parte direta da referida comissão. Concluído o trabalho, a Comissão apresentou-o ao governo em 4 de novembro de 1940. O projeto foi sancionado pelo Decreto-Lei 2.848, de 7 de dezembro de 1940, porém só entrou em vigor no dia 1° de janeiro de 1942.

Dividido em parte geral e parte especial, o Código Penal de 1940 está assim organizado:

1. Parte Geral (artigos 1° a 120) contendo oito Títulos: da aplicação da lei penal; do crime; da imputabilidade penal; do concurso das pessoas; das penas; das medidas de segurança; da ação penal; da extinção da punibilidade.[139]

2. Parte Especial (artigos 121 a 361) contendo onze Títulos sendo que, à exceção dos Títulos IV e IX, todos os demais divididos em capítulos. Os onze Títulos tratam: dos crimes contra as pessoas; dos crimes contra o patrimônio; dos crimes contra a propriedade imaterial; dos crimes contra a organização do trabalho; dos crimes contra o sentimento religioso e contra o respeito aos mortos; dos crimes contra os costumes; dos

---

[138]   Jurista mineiro responsável pela Constituição de 1937.

[139]   A Lei 7.209, de 11 de julho de 1984, publicou a Nova Parte Geral do Código Penal que, como expressa a exposição de motivos para a sua publicação, visava aperfeiçoar o código, embora ele continuasse inadequado às exigências da sociedade brasileira.

crimes contra a família; dos crimes contra a incolumidade pública; dos crimes contra a paz pública; dos crimes contra a fé pública; dos crimes contra a administração pública.

O Código Penal é muito especializado e faz distinções importantes, como a distinção clara entre sanção e pena, além de dividir as penas em duas categorias: principais (reclusão, detenção e multa) e acessórias (perda de função pública, interdições de direitos e publicação da sentença).

Artigo 12. As penas acessórias são: a publicação da sentença e as seguintes interdições de direitos:

I – a incapacidade temporária para profissão ou atividade cujo exercício dependa de habilitação especial, licença ou autorização do poder público;

II - a suspensão dos direitos políticos.

Ainda quanto às penas, ao estabelecer uma clara distinção entre sanção e pena, o Código Penal também determina a individuação da pena, ou seja, enquanto a sanção é geral, a pena diz respeito ao crime cometido e ao seu autor. Isso favorece a ação do juiz, pois lhe aumenta o poder de apreciação e lhe permite escolher penas cominadas alternativamente (artigos 59 ao 76).

No artigo 59 lê-se:

O juiz, atendendo à culpabilidade, aos antecedentes, à conduta social, à personalidade do agente, aos motivos, às circunstâncias e consequências do crime, bem como ao comportamento da vítima, estabelecerá, conforme seja necessário e suficiente para reprovação e prevenção do crime:

I – as penas aplicáveis dentre as cominadas;

II – a quantidade de pena aplicável, dentro dos limites previstos;

III – o regime inicial de cumprimento da pena privativa de liberdade;

IV – a substituição da pena privativa da liberdade aplicada por outra espécie de pena, se cabível.

Podemos observar que de acordo com esse artigo o juiz fixará a pena "*conforme seja necessário e suficiente para a reprovação do crime*", demonstrando que o Código Penal brasileiro atribui à pena dupla finalidade: retributivas e preventiva.

A maioridade penal é estabelecida a partir dos 18 anos (artigo 27, reforçado pelo artigo 228 da Constituição Federal de 1988 e pelo artigo 104 do Estatuto da Criança e do Adolescente – ECA, Lei 8.069, de 13 de julho de 1990). Mas até chegarmos à definição atual alguns passos foram necessários:

- Os artigos 27 e 30 do Código Penal de 1890 admitiam a punição de menores entre 9 e 14 anos caso obrassem com discernimento, sendo que a pena não poderia ser superior a 17 anos.

- Em 5 de janeiro de 1921 o artigo 27 do Código Penal de 1890 foi revogado com a edição da Lei 4.242, que mandava organizar o serviço de assistência à infância abandonada e delinquente mediante a construção de abrigos e casas de preservação. A partir de então ficou definido que o menor de 14 anos não seria submetido a processo; o de idade entre 14 e 18 anos seria submetido a processo especial e enviado para internação em escola de reforma.

- Em 1927 o Código de Menores definiu que com 14 anos de idade o infrator era inimputável; o de idade entre 14 e 16 anos ainda era considerado irresponsável, mas devia ser instaurado um processo para apurar o fato, com possibilidade de cerceamento de liberdade; e por fim, o menor entre 16 e 18 anos de idade poderia ser considerado responsável e sofrer pena.

- A Lei Federal 6.697, de 10 de outubro de 1979, conhecida como Código de Menores, reafirmou o teor do Código Penal brasileiro ao classificar o menor de 18 anos como absolutamente inimputável.

- E por fim, com a Lei 8.069, de 13 de julho de 1990, entrou em vigor o Estatuto da Criança e do Adolescente.

O Código de Processo Penal de 1941

Como não poderia ser diferente, no ano seguinte à publicação do Código Penal de 1940 o Decreto-Lei 3.689, de 3 de outubro de 1941, estabeleceu o Código de Processo Penal. Porém o artigo 1º da Lei de Introdução ao Código de Processo Penal definiu que este se aplicaria aos processos em curso a partir de 1º de janeiro de 1942.

Devemos lembrar que esse Código já nascia alterado, pois o Decreto 167, de 5 de janeiro de 1938, limitara a atuação do Tribunal do Júri aos crimes de infanticídio, induzimento ou auxílio ao suicídio, duelo com morte, latrocínio e homicídio.[140]

O Código de Processo Penal está organizado da seguinte maneira:

- Livro I – Do processo em geral: Título I – Disposições preliminares (arts. 1º a 3º); Título II – Do inquérito policial (arts. 4º a 23); Título III – Da ação penal (arts. 24 a 62); Título IV

---

[140] CASTRO, Flávia Lages. *História do direito geral e do Brasil*. Rio de Janeiro: Lumen Juris, 2006, p. 492.

– Da ação civil (arts. 63 a 68); Título V – Da competência (arts. 69 a 91); Título VI – Das questões e processos incidentes (arts. 92 a 154); Título VII – Da prova (arts. 155 a 250); Título VIII – Do juiz, do Ministério Público, do acusado e defensor, dos assistentes e auxiliares da justiça (arts. 251 a 281); Título IX – Da prisão e da liberdade provisória (arts. 282 a 350); Título X – Das citações e intimações (arts. 351 a 372); Título XI – Da aplicação provisória de interdições de direitos e medidas de segurança (arts. 373 a 380); Título XII – Da sentença (arts. 381 a 393).

- Livro II – Dos processos em espécie: Título I – Do processo comum (arts. 394 a 502); Título II – Dos processos especiais (arts. 503 a 555); Título III – Dos processos de competência do Supremo Tribunal Federal e dos Tribunais de Apelação (arts. 556 a 562).

- Livro III – Das nulidades e dos recursos em geral: Título I – Das nulidades (arts. 563 a 573); Título II – Dos recursos em geral (arts. 574 a 667).

- Livro IV – Da execução: Título I – Das disposições gerais (arts. 668 a 673); Título II – Da execução e das penas em espécie (arts. 674 a 695); Título III – Dos incidentes da execução (arts. 696 a 733); Título IV – Da graça, do indulto, da anistia e da reabilitação (arts. 734 a 750); Título V – Da execução das medidas de segurança (arts. 751 a 779).

- Livro V – Das relações jurisdicionais com autoridade estrangeira: Título único (arts. 780 a 790).

- Livro VI – Disposições gerais (arts. 791 a 811).

- Desde que entrou em vigor, e até os nossos dias, o Código de Processo Penal passou por muitas mudanças e dentre elas podemos citar:

- Os artigos atinentes ao recurso ordinário foram revogados pela Lei 3.396, de 2 de junho de 1958, que alterou a redação dos artigos 864 e 865 do CPP;

- As Leis 5.349/67, 6.416/77 e 8.894/94 estabeleceram o fim da prisão preventiva obrigatória;

- A Lei 9.271/96 definiu a impossibilidade de julgamento do réu revel citado por edital que não constituiu advogado;

- A revogação do art. 35 do CPP (segundo o qual a mulher casada não poderia exercer o direito de queixa sem o consentimento do marido salvo quando estivesse separada dele ou quando a queixa contra ele se dirigisse), definida pela Lei nº 9.520/97;

- A Lei 8.862, de 28 de março de 1994, estabeleceu modificações concernentes à prova pericial (art. 6º do CPP). A Lei 5.970, de 11 de dezembro de 1973, já excluíra desse artigo os acidentes de trânsito;

- A Lei 5.941/73 garantia a possibilidade de apelação sem necessidade de recolhimento prévio do réu à prisão;

O fim do Estado Novo

Como em outros regimes políticos, o Estado Novo foi também um momento de avanços e permanências no Brasil. Se por um lado ocorreram inúmeras prisões dos opositores ao regime varguista (prisões essas que incluíram intelectuais como Graciliano Ramos,[141] militares, políticos, pessoas do povo, além de deportações como a de Olga Benário Prestes, que terminou os seus dias em um campo de

---

[141] No seu livro *Memórias do cárcere*, Graciliano Ramos relata as experiências e os sofrimentos do tempo em que esteve prisioneiro do regime do Estado Novo de Vargas.

concentração em Lichtenburg, na Alemanha, onde foi executada na câmara de gás), por outro lado Vargas também representou o avanço do nacionalismo e o fortalecimento da economia nacional. A sua presença foi tão forte ao transformar o Estado em empresário que até hoje marca o Estado e a economia brasileira.

A partir de 1941, com a entrada dos Estados Unidos da América do Norte na Segunda Guerra Mundial, a situação passou a pender negativamente para Vargas, especialmente quando precisou definir se estava ao lado dos Aliados ou ao lado do Eixo. Vargas optou pelos Aliados, diante dos fatos que se transformavam e do próprio avanço aliado, e também por uma questão política que poderia isolar o Brasil no cenário americano. Logo depois, em 1942, ocorreu o torpedeio de navios brasileiros por submarinos alemães e o Brasil declarou guerra à Alemanha. A situação estava mudando e se antes se dizia que "era mais fácil a cobra fumar do que o Brasil ir à guerra", bem, a cobra estava fumando. Em agosto de 1943 foi organizada a Força Expedicionária Brasileira, que enviou cerca de 25.000 homens para a guerra entre julho de 1944 e fevereiro de 1945.

No Brasil as críticas a Vargas cresciam e ele então deu início ao processo de redemocratização, no ano de 1942. Como parte desse projeto o Código Penal e o Código de Processo Penal entraram em vigor e no ano seguinte, 1943, a Consolidação das Leis do Trabalho (CLT).

Pelo País afora as elites econômicas, políticas e intelectuais estavam insatisfeitas com o regime ditatorial e a despeito da censura passaram a fazer pesadas críticas ao governo. Nesse contexto foi lançado o *Manifesto dos Mineiros*, no qual alguns intelectuais, políticos e juristas de Minas Gerais pediam o fim da ditadura e a volta da normalidade política.

Dentro do governo Vargas defendia-se um aumento da repressão.

Em 1945 o I Congresso de Escritores, realizado em São Paulo, pediu, em suas considerações finais, a legalidade democrática como garantia da expressão do pensamento, o voto secreto e o pleno exercício da soberania popular em todas as nações. O DIP censurou as conclusões do Congresso, publicadas somente um mês depois.

A situação se tornou cada vez mais complexa com a chegada de notícias ruins, como a da morte de mais de 50 expedicionários da FEB, vítimas do frio europeu, uma vez que os nossos "pracinhas" foram para a guerra sem a devida proteção contra o frio e sem armamentos apropriados.

Em fevereiro de 1945 Vargas publicou a Lei Constitucional nº 9, prevendo eleições em data a ser marcada 90 dias após a publicação. E assim, em maio do mesmo ano, seguindo o calendário previsto por essa Lei, foi publicado o Código Eleitoral. As eleições para o Parlamento Nacional e para a Presidência da República foram marcadas para 2 de dezembro daquele ano.

A convocação das eleições foi acompanhada pela fundação de partidos políticos, como a UDN (União Democrática Nacional), que reunia as grandes oposições ao regime de Vargas, o PSD (Partido Social Democrático), que se beneficiava da máquina política do Estado Novo, e o PTB (Partido Trabalhista Brasileiro), fundado nos princípios do trabalhismo varguista e formado pelos movimentos sindicais controlados por Vargas. O PSD lançou a candidatura do General Eurico Gaspar Dutra e a UDN a do Brigadeiro Eduardo Gomes.

Um movimento de anistia liderado pela UNE (União Nacional dos Estudantes) promovia passeatas pedindo a volta dos exilados e a libertação dos presos políticos, contando com o apoio da UDN e do PCB (Partido Comunista Brasileiro), ainda na ilegalidade. O movimento cresceu e em abril de 1945 Getúlio Vargas pasmou a todos ao decretar a anistia aos presos políticos. As manifestações aumentaram, tanto para receber os exilados e os presos libertados quanto em apoio às nações aliadas que haviam derrotado os regimes fascista e nazista.[142] A publicação da nova lei partidária, a anistia e por fim a Lei Constitucional 14, de 17 de novembro de 1945, que extinguiu o Tribunal de Segurança Nacional, permitiram que o Partido Comunista Brasileiro saísse da ilegalidade e no mesmo dia em que a Lei foi publicada Yedo Fiúza lançou a sua candidatura à presidência da República pelo PCB.

Embora com as eleições marcadas para 2 de dezembro de 1945, ninguém estava seguro de que elas de fato ocorreriam. Desde 1943 dissidentes civis e militares vinham preparando um golpe. Por outro lado, o movimento trabalhista varguista, o PTB, com apoio de facções do PCB e de Luiz Carlos Prestes, lançou a campanha ou "movimento queremista", que tinha por lema "*Queremos Vargas*". Os opositores de Vargas temiam que ele desse novo golpe, apoiado pelos comunistas e pelo movimento operário. A crise se acentuava.

No final de setembro de 1945 o embaixador norte-americano Adolf Berle Junior deu uma entrevista defendendo a redemocratização do Brasil e a realização de eleições. Essa entrevista aguçou ainda mais os ânimos já efervescentes dos opositores de Vargas. Apesar de tudo, no mês seguinte, outubro de 1945, Vargas nomeou um irmão para um dos mais importantes cargos da República, anteriormente

---

[142] Devemos lembrar que o totalitarismo ainda continuou a existir por algum tempo, pois o regime de Francisco Franco, na Espanha persistiu por muito tempo e somente em 1975 o Rei Juan Carlos ascendeu ao trono, após a morte do ditador que contava com o apoio dos EUA e das Nações Unidas. O próprio Juan Carlos teve de enfrentar algumas reações dentro da Espanha, até conseguir de fato estabelecer a monarquia. Também em Portugal, somente no dia 25 de abril de 1974 a Revolução dos Cravos derrubou o salazarismo (regime de Estado Novo implantado por Oliveira Salazar, na sequência do golpe militar de 28 de maio de 1926). Devemos ainda recordar que o regime stalinista preponderou na URSS além da morte do ditador e que apenas em 1986 Mikhail Gorbachev iniciou a abertura, com a *glasnost* e a *perestroika*.

sempre ocupado por militares que apoiavam o Estado Novo: a chefia da polícia do Distrito Federal.

Nesse cenário ocorreu o desfecho do golpe planejado desde 1943. Sob a liderança de Góis Monteiro – um dos articuladores do Estado Novo –, Getúlio Vargas foi deposto em 29 de outubro de 1945 e José Linhares, presidente do Supremo Tribunal Federal, assumiu a Presidência da República.

José Linhares conduziu o processo eleitoral de 1945 que deu a vitória ao General Eurico Gaspar Dutra, candidato do PSD, e elegeu os constituintes que formaram a Assembleia Nacional Constituinte, responsável pela elaboração da Carta Constitucional de 1946.

Apesar de tudo Vargas não estava morto politicamente, e nem morreu depois do seu suicídio porque tinha grande força política, ainda hoje presente no imaginário popular. Em 1945, mesmo fora do governo, Vargas continuava liderando as massas, o que lhe permitiria voltar em 1951, não mais como ditador, mas sim nos braços do povo, como candidato eleito.

Capítulo 9

A República brasileira e a Guerra Fria

A Segunda Guerra Mundial mal terminara quando a Humanidade mergulhou no que se pode encarar, razoavelmente, como a Terceira Guerra Mundial, embora uma guerra muito peculiar. Pois, como observou o grande filósofo Thomas Hobbes, "a guerra consiste não só na batalha, ou no ato de lutar; mas num período de tempo em que a vontade de disputar pela batalha é suficientemente conhecida". A Guerra fria entre EUA e URSS, que dominou o cenário internacional na segunda metade do Breve Século XX, foi sem dúvida um desses períodos [...] A peculiaridade da Guerra Fria era que, em termos objetivos, não existia perigo iminente de guerra mundial. Mais do que isso: apesar da retórica apocalíptica de ambos os lados, sobretudo do lado americano, os governos das duas superpotências aceitaram a distribuição global de forças no fim da Segunda Guerra Mundial, que equivalia a um equilíbrio de poder desigual, mas não contestado em sua essência. A URSS controlava uma parte do globo, ou sobre ela exercia predominante influência – a zona ocupada pelo Exército Vermelho e/ou outras Forças Armadas comunistas no término da guerra – e não tentava ampliá-la com o uso de força militar. Os EUA exerciam controle e predominância sobre o resto do mundo capitalista, além do hemisfério norte e oceanos, assumindo o que restava da velha hegemonia imperial das antigas potências coloniais. Em troca, não intervinha na zona aceita de hegemonia soviética. [143]

---

[143] HOBSBAWM, Eric. *A era dos extremos*. O breve século XX 1914-1991. São Paulo: Companhia das Letras, 1995, p. 224.

A Guerra Fria marcou a segunda metade do século XX e o Brasil não ficou de fora desse processo, iniciado logo após o fim da Segunda Guerra Mundial.

Alguns elementos foram marcantes na Guerra Fria, podendo-se destacar a aversão ao comunismo, que nos EUA teve como destaque a ação desenvolvida pelo senador Joseph McCarthy, conhecida como *macartismo*. Durante esse período, que se prolongou desde os anos 1940 até meados da década seguinte, o medo à espionagem soviética levou ao desenvolvimento de uma patrulha ideológica anticomunista que funcionou como verdadeira *caça às bruxas*.

A ação do senador McCarthy não era isolada e eminentemente pessoal; ao contrário, estava inserida no contexto norte-americano e dos Aliados que venceram a Segunda Guerra Mundial.

Em março de 1946 Winston Churchill proferiu um discurso no Westminster College, em Fulton, Missouri, EUA. Depois de elogios à política norte-americana, às relações entre o Reino Unido e os EUA e à participação dos Aliados na Segunda Guerra Mundial, referiu-se à ação dos soviéticos. Naquele momento, Churchill, anticomunista, usou pela primeira vez a expressão Cortina de Ferro, por isso o discurso passou a ser conhecido como o *Discurso da Cortina de Ferro*.

De Estetino[144] no Báltico a Trieste no Adriático uma cortina de ferro desceu pelo Continente. Atrás daquela linha estão situadas todas as capitais dos antigos Estados da Europa Central e da Oriental. Varsóvia, Berlim, Praga, Viena, Budapeste, Belgrado, Bucareste e Sófia; todas essas famosas cidades e as suas populações ao redor estão situadas naquilo que eu devo chamar de es-

---

[144] Cidade polonesa localizada ao noroeste do país, às margens do Oder. Até o ano de 1945 foi a capital da Pomerânia alemã.

fera soviética [de poder] e em alguns casos estão sob influência do crescente aumento das medidas de controle de Moscou [...] Os partidos comunistas que eram muito pequenos em todos os Estados da Europa Oriental têm alcançado proeminência numérica e adquirido poder e controlam totalitariamente todos os lugares. A polícia governamental predomina nos lugares próximos e distantes e, à exceção da Tchecoslováquia, não há nenhuma verdadeira democracia. [145]

No mesmo ano de 1946 foi eleita maioria Republicana para o Congresso norte-americano e no ano seguinte foi criado um subcomitê permanente no Senado americano, denominado Permanent Investigating Subcommittee of the Government Operations Commitee, presidido pelo senador Joseph Raymond McCarthy. A 12 de março de 1947 o presidente Truman proferiu perante o Congresso dos Estados Unidos um discurso que sintetizava os rumos da política americana e consequentemente da Guerra Fria, estabelecendo a chamada Doutrina Truman:

Um dos objetivos primários da política externa dos Estados Unidos é a criação de condições nas quais nós e outras nações sejamos capazes de trabalhar e de seguir modo de vida livres da

---

[145] *"From Stettin in the Baltic to Trieste in the Adriatic, an iron curtain has descended across the Continent. Behind that line lie all the capitals of the ancient states of Central and Eastern Europe. Warsaw, Berlin, Prague, Vienna, Budapest, Belgrade, Bucharest and Sofia, all these famous cities and the populations around them lie in what I must call the Soviet sphere, and all are subject in one form or another, not only to Soviet influence but to a very high and, in many cases, increasing measure of control from Moscow... The Communist parties, which were very small in all these Eastern States of Europe, have been raised to pre-eminence and power far beyond their numbers and are seeking everywhere to obtain totalitarian control. Police governments are prevailing in nearly every case, and so far, except in Czechoslovakia, there is no true democracy."* (Extrato do Discurso da Cortina de Ferro, de Winston Churchill) Extraído de http://www.winstonchurchill.org/ em 4.2.2008.

coerção. Esta foi uma questão fundamental na guerra contra a Alemanha e o Japão. Nossa vitória se deu sobre países que tentaram impor sua vontade e o seu modo de vida a outras nações.

Assegurar o desenvolvimento pacífico das nações, livres da coerção, isso levou os Estados Unidos a ter o papel principal na criação das Nações Unidas. A Organização das Nações Unidas foi projetada para possibilitar liberdade duradoura e independência para todos seus membros. Nós não realizaremos nossos objetivos, a menos que estejamos dispostos a ajudar os povos livres a manterem livres as suas instituições e a sua integridade nacional contra os movimentos agressivos que buscam impor a eles regimes totalitários. Isso não é mais que um honesto reconhecimento de que os regimes totalitários impostos aos povos livres, por agressão direta ou indireta, minam os fundamentos da paz internacional e, portanto, a segurança dos Estados Unidos. [146]

O medo do comunismo ensejou perseguições a artistas, cientistas e políticos. Um dos casos mais famosos, inclusive pela repercussão internacional, foi o do casal de cientistas Julius e Ethel Rosemberg,

---

[146] *One of the primary objectives of the foreign policy of the United States is the creation of conditions in which we and other nations will be able to work out a way of life free from coercion. This was a fundamental issue in the war with Germany and Japan. Our victory was won over countries which sought to impose their will, and their way of life, upon other nations.*

To ensure the peaceful development of nations, free from coercion, the United States has taken a leading part in establishing the United Nations. The United Nations is designed to make possible lasting freedom and independence for all its members. We shall not realize our objectives, however, unless we are willing to help free peoples to maintain their free institutions and their national integrity against aggressive movements that seek to impose upon them totalitarian regimes. This is no more than a frank recognition that totalitarian regimes imposed upon free peoples, by direct or indirect aggression, undermine the foundations of international peace and hence the security of the United States. (Extrato do discurso do Presidente Harry Truman aos membros do Congresso dos Estados Unidos. Proferido em 12 de março de 1947) Extraído de http://www.famousquotes.me.uk/speeches/Harry_S_Truman/ em 4.2.2008.

acusados de repassar segredos para a URSS, ambos executados na cadeira elétrica em junho de 1953. [147]

Enquanto a Guerra Fria se desenvolvia fora do Brasil, a nossa nação não poderia ficar alheia, até porque lutamos ao lado dos Aliados e tínhamos compromissos com os EUA, um dos nossos maiores investidores.

As eleições de 1945 deram a vitória a Eurico Gaspar Dutra, com 55% dos votos. O mesmo pleito eleitoral escolheu a Assembleia Nacional Constituinte, que deveria escrever a nova carta constitucional, uma vez que fora deposta a ditadura do Estado Novo. Porém os eleitos eram na verdade representantes das antigas elites, que haviam estado presentes em todo o período Vargas, e antes. Prova disso pode ser encontrada na declaração do deputado e jurista Aliomar Baleeiro:[148]

Se se fizer um inquérito da composição social e profissional desta Assembleia, verificaremos que todos nós, ou pelo menos nossos parentes, saímos das classes agrárias, que se têm libertado sempre do pagamento de impostos, que então passam a recair sempre diretamente sobre o proletariado.[149]

[147] Um dos principais envolvidos na acusação deste e de outros casos de perseguição aos comunistas nos EUA foi o advogado Roy Cohn que em certa ocasião, durante debates na cidade de Nova York sobre a Lei para os Direitos dos Homossexuais, declarou que não deveria ser permitido aos homossexuais serem professores. Em 1984 ele foi diagnosticado portador de HIV e a sua homossexualidade veio ao conhecimento público. Participou dos testes para o AZT e drogas experimentais. Morreu em 1986, de complicações da AIDS.

[148] Um dos maiores tributaristas brasileiros, fundador da UDN baiana, ferrenho opositor de Vargas e que depois, durante o governo do Presidente Humberto Castelo Branco, em 1965, foi nomeado Ministro do Supremo Tribunal Federal.

[149] BASBAUM, Leôncio. *História sincera da república.* De 1930 a 1960. Volume 3. São Paulo: Alfa-Ômega, 1986, p. 179.

Fizeram parte da Constituinte de 1946: o ex-presidente Artur Bernardes, do Partido Republicano (PR); Luís Carlos Prestes, do Partido Comunista do Brasil (PCB); Otávio Mangabeira e Afonso Arinos, da UDN, notórios opositores do Estado Novo; Gustavo Capanema e Agamemnon Magalhães, apoiadores do regime varguista; e também o próprio Getúlio Vargas, participação quase nunca mencionada nos textos.

Pelo exposto é possível perceber que a Carta Constitucional de 1946 não foi tão diferente da que vigorara entre 1937 e 1946. Na verdade, a nova constituinte escreveu a nova Constituição em tempo recorde: reuniu-se para iniciar os trabalhos em fevereiro de 1946 e já em dezembro do mesmo ano entregava a carta à Nação.

Como as antecessoras (exceto a de 1824, que estabelecia o Poder Moderador, e a de 1937[150]), a Constituição de 1946 também definiu a independência dos três poderes (art. 36).

O texto constitucional de 1946 retomou itens presentes já em 1934, ou seja, a eleição direta, livre, o sufrágio universal e o voto secreto (art. 134) para o Legislativo (arts. 37, 38, 56-61) e para o Executivo (arts. 78-84). O Presidente e o Vice-Presidente cumpririam um mandato de cinco anos, ambos eleitos no mesmo pleito, porém em separado, ou seja: o eleitor votava para Presidente e para Vice-Presiden-

---

[150] A Constituição de 1937 extinguiu o Legislativo, na medida em que este era exercido pelo Presidente da República.

Art. 38 - O Poder Legislativo é exercido pelo Parlamento Nacional com a colaboração do Conselho da Economia Nacional e do Presidente da República, daquele mediante parecer nas matérias da sua competência consultiva e deste pela iniciativa e sanção dos projetos de lei e promulgação dos decretos-leis autorizados nesta Constituição.

§ 1º - O Parlamento Nacional compõe-se de duas Câmaras: a Câmara dos Deputados e o Conselho Federal.

§ 2º - Ninguém pode pertencer ao mesmo tempo à Câmara dos Deputados e ao Conselho Federal.

Cabe recordar que apesar de estar definido na Constituição de 1937, o Parlamento Nacional não existiu, na medida em que, com o golpe do Estado Novo, em 10.11.1937, Vargas fechou o Congresso Nacional e logo em seguida os partidos políticos, a 2 de dezembro de 1937.

te (art. 82). Além disso, ficava proibida a reeleição do Presidente para mandato imediatamente posterior. Em caso de vacância do cargo de Presidente da República, o Vice-Presidente assumiria e completaria o mandato (art. 79), porém neste caso também aquele que exercesse a presidência ficava impedido de concorrer a novo mandato (art. 139).

Ainda quanto ao cargo de Vice-Presidente, devemos lembrar que foi criado pela Constituição de 1946, que assim definiu no artigo 1º das Disposições Transitórias:

Art. 1º – A Assembleia Constituinte elegerá, no dia que se seguir ao da promulgação deste Ato, o Vice-Presidente da República para o primeiro período constitucional.

§ 1º – Essa eleição, para a qual não haverá inelegibilidades, far-se-á por escrutínio secreto e, em primeiro turno, por maioria absoluta de votos, ou, em segundo turno, por maioria relativa.

§ 2º – O Vice-Presidente eleito tomará posse perante a Assembleia, na mesma data, ou perante o Senado Federal.

§ 3º – O mandato do Vice-Presidente terminará simultaneamente com o do primeiro período presidencial.

A eleição do Vice-Presidente pela Assembleia Nacional Constituinte deu-se em caráter excepcional e a partir daí passou a acontecer como previsto na Constituição, ou seja, no mesmo pleito que elegia o Presidente da República, porém com votações em separado.

A Constituição de 1946 definiu que o Vice-Presidente da República exerceria as funções de Presidente do Senado Federal, onde tinha voto de qualidade (art. 61), o que na verdade já estava previsto no artigo 32 da Constituição de 1891. Essa mesma definição perpetuou-se na Constituição de 1967 (art. 79, § 2°). Estabeleceu ainda a harmonia e independência dos três poderes (art. 36).

O Poder Judiciário (arts. 94-128) passou a ter a organização presente em nossos dias e assim ganhou um importante órgão, a Justiça do Trabalho, agora definitivamente ligada ao Supremo Tribunal Federal e organizada em TST (Tribunal Superior do Trabalho), TRT (Tribunal Regional do Trabalho) e as Juntas ou Juízes de Conciliação e Julgamento (art. 122).

A Constituição de 1946 criou o Tribunal Federal de Recursos, com a competência originária de julgar mandados de segurança contra ato de Ministro de Estado, do próprio tribunal ou do seu presidente e, como competência recursal, julgar as causas decididas em primeira instância quando houvesse interesse da União ou crimes praticados contra seus bens, serviços e interesses.

Pode-se representar assim o organograma do Judiciário, conforme o disposto na Constituição de 1946:[151]

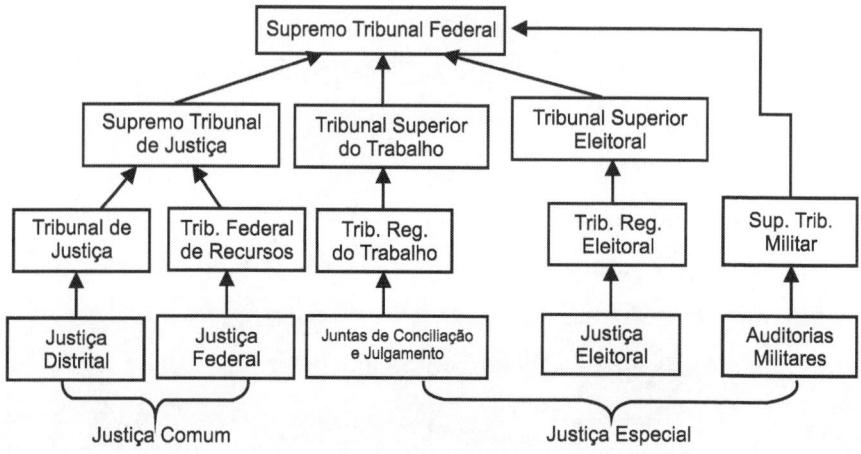

---

[151] Adaptado a partir de MARTINS FILHO, Ives Gandra da Silva. *EVOLUÇÃO HISTÓRICA DA ESTRUTURA JUDICIÁRIA BRASILEIRA*, artigo citado.

No artigo 158 foi reconhecido o direito de greve, cujo exercício devia ser regulado por lei. Já no artigo 159 a Constituição concedeu o direito de associação profissional ou sindical. Apesar de serem fundamentais e previstos na Constituição, o exercício desses direitos não agradava o então Presidente da República, Eurico Gaspar Dutra, que via na ação dos sindicatos uma intervenção do comunismo internacional no Brasil, através da manipulação de sindicatos e associações profissionais.

Na verdade, a política econômica desenvolvida por Dutra se fundamentava no liberalismo e por isso ele abriu os portos brasileiros às importações de bens manufaturados, esvaindo as nossas reservas e gerando inflação. Para conter o processo inflacionário, Dutra restringiu as importações aos artigos essenciais, ou seja, equipamentos, maquinaria e combustíveis. Essa medida favoreceu um processo de industrialização espontânea no Brasil, mas não foi suficiente para conter a inflação. Cada vez mais preocupados, os trabalhadores viam os seus salários serem consumidos pela inflação. Por isso eclodiram greves operárias em todos os lugares do País. Em uma tentativa última de contê-la, Dutra causou mais sofrimento ao trabalhador brasileiro, através de uma política de ferrenho arrocho salarial.

As greves estouraram com maior intensidade por todo o País e o Presidente Dutra, alinhado à política norte-americana e consequentemente aos modelos da Guerra Fria, iniciou no Brasil uma caçada a sindicalistas e comunistas. Entre 1947 e 1950 mais de 400 sindicatos sofreram intervenção federal e tiveram os seus líderes presos e interrogados.

Os partidos de esquerda (na visão do presidente os responsáveis pelas manifestações sindicais por serem instrumentos do comunismo internacional tentando desestruturar a democracia) sofreram sérias perseguições e o PCB teve o registro cassado, passando mais uma vez para a ilegalidade. Porque o mesmo artigo 141 que nos parágrafos 5º e 12º garantia a liberdade de expressão e de manifestação de pensamento sem censura, além de associação para fins lícitos, também definia no parágrafo 13º que era *"vedada a organização, o registro ou o funcionamento de qualquer Partido Político ou associação cujo programa ou ação contrarie o regime democrático"*, sendo esse o argumento do governo Dutra para perseguir os partidos de esquerda e em especial o PCB que em janeiro de 1948 teve cassados os mandatos de todos os parlamentares eleitos pelo partido em 1945.

Ainda no mesmo artigo 141, o parágrafo 4º estabeleceu o princípio da ubiquidade da justiça ao definir que *"a lei não poderá excluir da apreciação do Poder Judiciário qualquer lesão de direito individual"*.

Alguns alegam que a Constituição de 1946 ampliou os direitos e as liberdades individuais. Na verdade, ela é um misto das Constituições de 1934 e 1937, retirados os elementos referentes à ditadura do Estado Novo e garantindo a volta do País à democracia. Porém essa democracia estava alinhada ao modelo norte-americano do pós-guerra e da Guerra Fria e os efeitos do conflito velado entre o capitalismo e o socialismo foram sentidos aqui no Brasil.

As palavras do Professor A. F. Cesarino Júnior expressam bem o que foi a Constituição de 1946 e o seu papel nos cenários nacional e internacional. Ele escreveu:

Compraz-me concluir que a nova Carta Magna do Brasil é um documento à altura da etapa atual do direito público constitucional. Com efeito – ainda que se ressinta de certa falta de unidade doutrinária, característica que se encontra facilmente nas constituições elaboradas, devida à heterogeneidade própria às assem-

bleias constituintes, máxime em época crítica como a que atraves-
samos –, a Constituição de 18 de setembro de 1946, ao conseguir
evitar, ao mesmo tempo, a Cila do totalitarismo da esquerda e a
Caribde do totalitarismo da direita, organizou um regime apro-
ximadamente social democrático, que permitirá ao grande país
latino-americano evoluir até os altos destinos que o aguardam.[152]

O sentimento anticomunista não se restringiu ao governo Dutra, mas permaneceu em muitos políticos, industriais, jornalistas, ruralistas, enfim, nos mesmos detentores do poder que se perpetuavam no Brasil desde muito tempo, como bem demonstra a declaração de Aliomar Baleeiro. Os mesmos políticos ainda se fariam presentes no Brasil por muito tempo e veremos que muitos opositores de Vargas, considerando-o ditador, apoiariam a ditadura militar -- como foi o caso do próprio Baleeiro, um dos maiores nomes do Direito Tributário no Brasil, que seria ministro do Supremo Tribunal Federal no Governo Castelo Branco, Vice-presidente do STF no governo Costa e Silva e presidente do STF no governo Geisel.

Caso mais interessante é o do jornalista Carlos Lacerda que em 1935 participou do grupo que articulou a organização da ANL (Aliança Nacional Libertadora) enquanto frente popular. Tornou-se oposicionista ferrenho de Vargas e está associado ao atentado da rua Tonelero, no Rio de Janeiro. Posteriormente apoiou Juscelino Kubitschek e fez oposição a Jânio Quadros. Em dezembro de 1960 foi empossado como o primeiro governador do recém-criado Estado da Guanabara. Apoiou o golpe militar e a eleição de Castelo Branco. Em 1965 seguiu para a

[152] CESARINO, A. F. *Las clausulas economico-sociais en las constituciones de América.* Academia de Ciências Econômicas, Buenos Aires, 1947. Extraído de http://www.cpdoc.fgv.br/dhbb/verbetes htm/ em 4.2.2008.

Europa para divulgar o novo regime e em 1966 já se opunha ao governo militar. No dia seguinte à publicação do AI-5, em 14 de dezembro de 1968, Lacerda foi preso e conduzido ao Regimento Marechal Caetano de Farias, da Polícia Militar do Estado da Guanabara. Durante uma semana fez greve de fome, tendo sido libertado em seguida. Em 30 de dezembro teve os direitos políticos suspensos por dez anos. São dois exemplos de permanências na política brasileira. Não tenho por objetivo aqui estabelecer juízo de valor sobre qualquer personagem histórico ou do cenário político, mas sim demonstrar que não houve grande mudança no cenário político, social e jurídico, até porque personagens e interesses eram os mesmos. Por isso também o sentimento anticomunista, que permanecera latente, brotou com nova força quando da ascensão do regime ditatorial militar.

Capítulo 10

O Brasil dos anos 50 aos anos 80: Guerra Fria, populismo e golpe militar

Referi-me antes às permanências na política brasileira, apontando-as como um dos elementos que dificultaram ou impediram grandes mudanças e ao mesmo tempo favoreceram o retorno do horror ao comunismo e também de certos radicalismos que acabaram reconduzindo o País à ditadura.

O período que se estendeu de 1950 a 1964 pode ser identificado como uma fase populista no Brasil, onde a Nação passou do populismo trabalhista de Getúlio Vargas ao populismo desenvolvimentista de Juscelino Kubitschek e por fim ao populismo caricato de Jânio Quadros, que com sua vassoura nos palanques prometia varrer a corrupção do País. Dizia o jingle político de Jânio Quadros: *"Varre, varre, vassourinha/Varre, varre a bandalheira/Que o povo já está cansado/ De sofrer desta maneira/Jânio Quadros é a esperança/Deste povo abandonado/Jânio Quadros é a certeza/De um Brasil moralizado/ Alerta, meu irmão/Vassoura, conterrâneo/Vamos vencer com Jânio"*.

Os Anos Dourados

Chamadas por alguns de *anos dourados*, as décadas de 1950 e 1960 foram marcantes no cenário político brasileiro.

191

Em 1950, diante da inflação não contida por Dutra e de manifestações operárias, Getúlio Vargas foi eleito Presidente do Brasil pela coligação PTB/PSP com 3.849.040 votos, ou seja, 48,7% dos votos. Simultaneamente, a mesma coligação elegeu Café Filho para Vice-presidente, com 2.520.790 votos, 35,27% dos eleitores.

Era o modelo trabalhista de Vargas que voltava nos braços do povo. Porém intelectuais e políticos de oposição temiam essa volta de Vargas, que estabeleceu um ministério unindo as diversas tendências da situação e da oposição.

Vigorava no Brasil, de um lado, a proposta econômica de Roberto Simonsen, o desenvolvimentismo, defendendo a intervenção estatal e a presença do capital estrangeiro – especialmente norte-americano – para o desenvolvimento da economia brasileira. Havia também um grupo que não aceitava a presença do capital estrangeiro, os chamados nacionalistas. De outro lado encontramos Eugênio Gudin,[153] um dos principais responsáveis pela introdução do neoliberalismo no Brasil, que defendia o investimento na agricultura.

Vargas adotou uma política de intervenção estatal na economia, com marcas eminentemente nacionalistas, iniciativa importante porque preparou o Brasil para a introdução da indústria pesada e automobilística no período de Juscelino Kubitschek.

Algumas medidas do segundo governo Vargas:

---

[153] Eugênio Gudin, Ministro da Fazenda na gestão Café Filho (1954-1955), promoveu política de estabilização econômica baseada no corte de despesas públicas e na contenção da expansão monetária e do crédito, o que provocou crise em setores da indústria. A sua passagem pela pasta foi marcada ainda pelo decreto da Instrução 113, da Superintendência da Moeda e do Crédito (SUMOC), que facilitava os investimentos estrangeiros no país, largamente utilizada no governo de Juscelino Kubitscheck. Por determinação sua também o imposto de renda sobre os salários passou a ser descontado na fonte. Além de ter sido professor da UFRJ até 1957, ocupou ainda o cargo de vice-presidente da Fundação Getúlio Vargas entre 1960 e 1976, e comandou a implantação do Instituto Brasileiro de Economia (IBRE) e da Escola de Pós-Graduação em Economia (EPGE), dos quais foi diretor.

- Criação da Petrobrás – marcada pela campanha *O Petróleo é nosso;*

- Plano Lafer – do então Ministro da Fazenda Horácio Lafer, que previa investimentos em agricultura, transportes e energia elétrica;

- Criação do BNDE, hoje BNDES, que recebia os capitais estrangeiros e os direcionava para áreas e projetos ligados ao plano de desenvolvimento econômico do governo;

- Companhia Siderúrgica Mannesmann, em Belo Horizonte;

- Usina Hidrelétrica de Paulo Afonso, no São Francisco – Bahia.

Em 1953 Vargas ainda tinha diante de si o fantasma da inflação e por isso adotou medidas anti-inflacionárias que se tornaram impopulares e produziram inúmeras greves pelo Brasil afora. Porém Vargas não reprimiu as greves. Se isso o favoreceu junto aos sindicatos e trabalhadores, o mesmo não aconteceu perante industriais e setores médios da economia, que a partir de então se afastaram do governo.

Diante da crise, Vargas nomeou João Goulart para Ministro do Trabalho que, procurando manter o apoio dos trabalhadores ao governo, propôs um aumento de 100% para o salário mínimo, desagradando diversos setores, em especial militares anticomunistas que acusavam Vargas de conspirar com o presidente argentino Juan Domingo Perón para criar na América Latina uma frente de oposição aos EUA. A imprensa acusava o governo Vargas de ser *um mar de lama.* João Goulart foi exonerado do Ministério do Trabalho em 22 de fevereiro de 1954, mas a 1º de maio do mesmo ano Vargas anunciou o novo salário mínimo, que passou de 1.200 para 2.400 cruzeiros.

As medidas do governo Vargas eram alvos constantes de críticas da imprensa. Na verdade Vargas governava sozinho, sem apoio da imprensa. O seu hábito de dirigir-se diretamente aos trabalhadores, sem passar pela imprensa, fazia as críticas recrudescerem ainda mais. Nesse período, ciente do descontentamento de Samuel Wainer nos Diários Associados, Vargas ajudou o amigo a conseguir empréstimos no Banco do Brasil, com os quais fundou o jornal *Última Hora,* a 12 de janeiro de 1951, que desde o início passou a ser um órgão da imprensa pró-Vargas. Tratava-se de um jornal moderno e que contava com articulistas como Paulo Francis e Nelson Rodrigues. À época Vargas foi acusado de favorecimento ao amigo Wainer, tendo este sido acusado por Carlos Lacerda de não ser brasileiro nato, portanto impedido por lei de ter um jornal. O processo se arrastou além de 1954 e Wainer foi absolvido.

As pressões sobre Vargas aumentaram. Na noite de 5 de agosto de 1954, quando o jornalista Carlos Lacerda se aproximava do seu apartamento, na rua Tonelero, em Copacabana, foi vítima de um atentado. Os projéteis mal o feriram no pé, no entanto mataram o major da FAB Rubens Vaz, que lhe fazia informalmente o papel de segurança. Imediatamente iniciou-se um processo que identificou Gregório Fortunato, chefe da guarda pessoal de Getúlio Vargas, como o responsável. Apesar da prisão de Fortunato, Vargas ficou desacreditado e os militares e a UDN quiseram a sua renúncia. Vargas afirmou que jamais renunciaria e, após um ultimato enviado pelos militares, suicidou-se a 24 de agosto de 1954.

O suicídio de Vargas foi acompanhado por uma carta testamento datilografada e lida pelo rádio. Nessa carta observamos um Vargas altivo, que *deixa o mundo para entrar na História*. Entretanto algum tempo depois foi encontrado entre os pertences de Vargas um bilhete escrito de próprio punho que parece ter sido a inspiração para a carta testamento datilografada lida pelo rádio. Esse bilhete expressa bem o estado de espírito de Vargas diante de todas as controvérsias que vinha enfrentando, especialmente diante das pressões para a sua renúncia. Dizia o bilhete:

Deixo à sanha dos meus inimigos o legado da minha morte. Levo o pesar de não ter podido fazer, por este bom e generoso povo brasileiro e principalmente pelos mais necessitados, todo o bem que pretendia.

A mentira, a calúnia, as mais torpes invencionices foram geradas pela malignidade de rancorosos e gratuitos inimigos, numa publicidade dirigida, sistemática e escandalosa.

Acrescente-se a fraqueza de amigos que não defenderam nas posições que ocupavam à felonia de hipócritas e traidores a quem beneficiei com honras e mercês, à insensibilidade moral de sicários que entreguei à Justiça, contribuindo todos para criar um falso ambiente na opinião pública do país contra a minha pessoa.

Se a simples renúncia ao posto a que fui levado pelo sufrágio do povo me permitisse viver esquecido e tranquilo no chão da pátria, de bom-grado renunciaria. Mas tal renúncia daria apenas ensejo para, com mais fúria, perseguirem-me e humilharem-me.[154]

Em seguida reproduzo também a Carta Testamento, mais conhecida do que o bilhete escrito de próprio punho, por ter sido lida nas rádios de todo o Brasil.

Mais uma vez as forças e os interesses contra o povo coordenaram-se e se desencadeiam sobre mim. Não me acusam, insultam;

---

[154] Extraído de http://www.cpdoc.fgv.br/comum/htm/ em 5.11.2007.

não me combatem, caluniam; e não me dão o direito de defesa.
Precisam sufocar a minha voz e impedir a minha ação, para que
eu não continue a defender, como sempre defendi, o povo e prin-
cipalmente os humildes.
Sigo o destino que me é imposto. Depois de decênios de domínio
e espoliação dos grupos econômicos e financeiros internacio-
nais, fiz-me chefe de uma revolução e venci. Iniciei o trabalho
de libertação e instaurei o regime de liberdade social. Tive de
renunciar. Voltei ao governo nos braços do povo.
A campanha subterrânea dos grupos internacionais aliou-se à
dos grupos nacionais revoltados contra o regime de garantia do
trabalho. A lei de lucros extraordinários foi detida no Congres-
so. Contra a justiça da revisão do salário mínimo se desenca-
dearam os ódios.
Quis criar a liberdade nacional na potencialização das nossas
riquezas através da Petrobrás, mal começa esta a funcionar a
onda de agitação se avoluma. A Eletrobrás foi obstaculada até o
desespero. Não querem que o povo seja independente.
Assumi o governo dentro da espiral inflacionária que destruía
os valores do trabalho. Os lucros das empresas estrangeiras al-
cançavam até 500% ao ano. Nas declarações de valores do que
importávamos existiam fraudes constatadas de mais de 100 mi-
lhões de dólares por ano. Veio a crise do café, valorizou-se nosso
principal produto. Tentamos defender seu preço e a resposta foi
uma violenta pressão sobre a nossa economia a ponto de sermos
obrigados a ceder.
Tenho lutado mês a mês, dia a dia, hora a hora, resistindo a uma
pressão constante, incessante, tudo suportando em silêncio, tudo
esquecendo e renunciando a mim mesmo, para defender o povo

*que agora se queda desamparado. Nada mais vos posso dar a
não ser o meu sangue. Se as aves de rapina querem o sangue de
alguém, querem continuar sugando o povo brasileiro, eu ofereço
em holocausto a minha vida. Escolho este meio de estar sempre convosco. Quando vos humi-
lharem, sentireis minha alma sofrendo ao vosso lado. Quando a
fome bater à vossa porta, sentireis em vosso peito a energia para
a luta por vós e vossos filhos. Quando vos vilipendiarem, senti-
reis no meu pensamento a força para a reação. Meu sacrifício vos manterá unidos e meu nome será a vossa bandeira de luta. Cada gota de meu sangue será uma chama imortal
na vossa consciência e manterá a vibração sagrada para a resistência. Ao ódio respondo com perdão. E aos que pensam que
me derrotam respondo com a minha vitória. Era escravo do povo
e hoje me liberto para a vida eterna. Mas esse povo, de quem
fui escravo, não mais será escravo de ninguém. Meu sacrifício
ficará para sempre em sua alma e meu sangue terá o preço do
seu resgate. Lutei contra a espoliação do Brasil. Lutei contra a espoliação
do povo. Tenho lutado de peito aberto. O ódio, as infâmias, a calúnia não abateram meu ânimo. Eu vos dei a minha vida. Agora
ofereço a minha morte. Nada receio. Serenamente dou o primeiro passo no caminho da eternidade e saio da vida para entrar
na história.*[155]

O suicídio de Vargas gerou uma comoção geral na população,
que saiu às ruas para cobrar a morte do seu herói. O comércio sofreu
depredação e policiais foram atacados pelo povo.

---

[155] Extraído de http://www.cpdoc.fgv.br/comum/htm/ em 5.11.2007.

No plano político, o Vice-Presidente Café Filho assumiu o governo e conduziu o processo que levou à eleição de Juscelino Kubitschek em 1956, com 37,7% dos votos. Para Vice-Presidente foi eleito João Goulart, com 43,98% dos votos. Jango voltaria ainda como Vice-Presidente na fase seguinte, com Jânio Quadros, porque a Constituição em vigor não impedia a reeleição do Vice-Presidente. O Brasil elegera o *presidente bossa nova*, como dizia a letra da canção composta e cantada por Juca Chaves:

> *Bossa nova mesmo é ser presidente/Desta terra descoberta por Cabral/Para tanto basta ser tão simplesmente/Simpático, risonho, original/Depois desfrutar da maravilha/De ser o presidente do Brasil,/Voar da Velhacap pra Brasília,/Ver a alvorada e voar de volta ao Rio/Voar, voar, voar, voar,/Voar, voar pra bem distante, até Versalhes,/onde duas mineirinhas valsinhas dançam como debutantes/Interessante!/Mandar parente a jato pro dentista/Almoçar com tenista campeão/Também poder ser um bom artista exclusivista/Tomando com Dilermando umas aulinhas de violão/Isto é viver como se aprova!/É ser um presidente bossa nova/Bossa nova, muito nova /Nova mesmo, ultra nova!*

Juscelino Kubitschek iniciou o seu governo trazendo na bagagem a experiência de político mineiro. Fora prefeito de Belo Horizonte em 1940 e depois governador de Minas Gerais. Assumiu a Presidência da República durante uma crise política, em um Brasil marcado pela desconfiança de muitos políticos e militares e ainda se recuperando da morte de Getúlio Dornelles Vargas, líder político e *pai dos pobres*.

No plano econômico Juscelino herdou do governo Vargas o BNDES, a Petrobrás e a Eletrobrás. Estabeleceu um plano de desenvolvimento nacional que apresentava 31 objetivos a cumprir, divididos em cinco áreas de atuação básica: transportes, energia, alimentação, educação e industrialização. Na verdade era o antigo Plano Lafer, que agora passava a se chamar Plano de Metas. O mais interessante é que anos depois os presidentes Fernando Henrique Cardoso e Luiz Inácio Lula da Silva repetiriam as mesmas propostas e transformariam JK em uma espécie de ícone das suas campanhas e dos seus governos. A proposta desenvolvimentista de Juscelino Kubitschek era definida pela expressão "50 anos em 5".

O setor que mereceu a maior atenção de Juscelino Kubitschek foi a industrialização, com a ampliação da capacidade de produção das indústrias. Superou as expectativas a produção de aço, álcalis, celulose, papel, chumbo, níquel e estanho. Também se expandiram a produção de automóveis, caminhões, ônibus e a construção naval.

JK usou e abusou do capital disponível no mercado internacional. Resultado: crescimento da dívida externa e da inflação.

Os sintomas do desequilíbrio financeiro no governo JK podem ser visíveis a partir de alguns números, como no déficit da balança de pagamentos que em 1957 foi de 286 milhões de dólares, e no déficit federal, que registrou elevação de 4% do Produto Nacional Bruto. No Rio de Janeiro o custo de vida subiu 13% em 1957 e 10% em 1958.

Em 1º de janeiro de 1959 o governo publicou o novo salário mínimo, que chegou a seis mil cruzeiros[156] e logo em seguida concedeu aumento de 30% aos servidores públicos e militares. Os aumentos de salários representaram um reajuste diante da inflação, mas em nada agradaram aos empregadores. Esses aumentos foram repassados aos preços, gerando nova alta da inflação.[157]

---

[156] Fonte: http://www.jfpr.gov.br/ncont/salariomin.pdf

[157] SKIDMORE, Thomas. *Brasil: de Getúlio a Castelo*. São Paulo: Paz e Terra, 2007, p. 215-220.

De todos os lados sobravam críticas ao governo de Juscelino Kubitschek porque o seu projeto de estabilização se fundamentava em obter recursos a partir de fontes públicas e privadas no exterior e através das exportações. Porém as exportações não aumentaram, gerando uma brecha comercial que precisava de financiamento. JK tentou cortar subsídios a produtos importados, provocando novo aumento de preços no Brasil. Enfim, o País precisava de recursos externos, mas esses recursos dependiam de um órgão internacional, o FMI (Fundo Monetário Internacional), que não via com bons olhos a situação do governo e defendia a adoção de medidas drásticas para conter a inflação brasileira.

As críticas ao FMI e aos Estados Unidos da América do Norte começaram a crescer e, na tentativa de resolver o problema e conseguir um empréstimo de 300 milhões de dólares, o Ministro da Fazenda, Lucas Lopes e o Diretor do BNDES, Roberto Campos, viajavam constantemente aos EUA e assim passaram a ser chamados de "porta-vozes da Wall Street". [158]

As eleições se aproximavam e Juscelino devia tomar providências a fim de garantir a continuidade, pois deixaria ao sucessor uma herança de inflação. Nesse contexto a esquerda se fortaleceu e em *A situação política e a luta por um governo nacionalista e democrático* Luís Carlos Prestes registra:

O agravamento da contradição que opõe a nação ao imperialismo norte-americano e seus agentes internos cria objetivamente as condições para ampliar a frente única nacionalista e democrática e para dar-lhe o apoio de vastas massas.

A experiência já vivida por nosso país leva a concluir que os interesses nacionais, que reclamam o desenvolvimento indepen-

---
[158] Ibid., p. 221.

*dente, não poderão ser conciliados com os interesses explora-
dores dos monopólios dos Estados Unidos. A linha de desenvolvimento dependente e desnacionalizado, que certos círculos
das classes dominantes, cuja influência prevalece no governo,
pretendem prosseguir, é uma linha marcada por insanáveis contradições. Ela implica em graves deformações para a economia
do país e se chocará cada vez mais com a aspiração nacional a
um verdadeiro desenvolvimento econômico independente e progressista, livre da exploração e das imposições do imperialismo
norte-americano. O povo brasileiro unirá cada vez mais suas
forças, acima de diferenças sociais, políticas e ideológicas, para
sair da situação de dependência e subdesenvolvimento em que
ainda se encontra. O dever de todos os patriotas conscientes é
o de forjar o instrumento indispensável para essa luta: a frente
única nacionalista e democrática.* [159]

Os ideais nacionalistas se fortaleciam, tanto na sociedade civil
como entre os militares e nos partidos de esquerda. Juscelino Kubitschek resolveu então manter o seu Plano de Metas e investiu nesse
nacionalismo. A 17 de junho de 1959 rompeu com o FMI. Porém,
enquanto a multidão enviava telegramas e saudava a atitude forte do
presidente, este negociava com Walter Moreira Salles uma saída para
a crise, tanto interna como com o FMI.[160] Substituiu o Ministro da Fazenda e o Presidente do BNDES e, de olho em uma possível reeleição
em 1965, deu continuidade ao seu plano.

---

[159] Extraído de http://marxists.anu.edu.au/portugues/prestes/1959/01/situacao/cap06.htm em
23.2.2008 (Transcrito em HTML por Fernando S. Araújo, da 1ª edição, 1959. Fonte: Coleção Documentos Políticos, Editorial Vitória).

[160] LUIS NASSIF, O presidente bossa nova. *Folha de São Paulo*, Cotidiano, 15.9.2002.

Apesar da crise, JK continuou o seu projeto mais ambicioso: a construção de Brasília, a capital federal. Ambição presente desde a aprovação do projeto de Oscar Niemeyer, em 1957, até a inauguração da nova cidade, em 21 de abril de 1960, data que JK escolheu, como bom mineiro, por ser a da Inconfidência Mineira. No dia seguinte, 22 de abril, o País celebraria os 460 anos da chegada das naus de Cabral, mas essa data não teria a marca de JK, o *"peixe vivo que vive fora da água fria"*. De acordo com o economista Eduardo Giannetti, *"o pior de JK foi ter eleito um capital que não é produtivo. Num país que não tem saneamento básico, um presidente não poderia ter se dado ao luxo de construir Brasília"*.[161]

O governo JK foi marcado ainda pelo clientelismo já inculcado na política brasileira mesmo depois das transformações de 1930, mas o próprio JK usou a máquina política para favorecer a si e a familiares seus. Aparentemente, para o observador superficial, a situação era de pleno desenvolvimento. A cultura foi bastante favorecida, surgiram movimentos como a Bossa Nova, o Concretismo, o Cinema Novo. Nasceu a grande obra de Guimarães Rosa: *Grande sertão:* veredas. Nos palcos e no cinema brilhava Cacilda Becker. A televisão se fortalecia e aos poucos ia se tornando mania nacional. O *rock-and-roll* norte-americano chegava ao País, com versões de Celly Campello e outros. A música popular brasileira ainda contava com a bela voz de Dalva de Oliveira; e Maysa entrava no cenário musical, especialmente após estrear o programa "Encontro com Maysa", na Rede Record de São Paulo.

Se o cenário cultural era dos mais fecundos, a corrupção minava o governo JK e nada disso escapou na campanha política que em 1961 levou Jânio Quadros ao poder.

161 Citado por Sylvia Colombo. *Folha de São Paulo*, Ilustrada 7.1.2006.

Jânio da Silva Quadros teve carreira política rápida e confusa. Depois de uma passagem pela Câmara Municipal e pela Assembleia Legislativa de São Paulo, entre 1947 e 1953, foi eleito prefeito da cidade
de São Paulo, função que exerceu entre 1953 e 1954 e deixou para
assumir o governo do Estado de São Paulo entre 1955-1959. No final de
1958 candidatou-se a deputado federal pelo Estado do Paraná, foi eleito, mas não chegou a exercer a função. O seu objetivo era a Presidência
da República, para a qual iniciou campanha já em 1959, em meio à crise econômica do governo JK. O lema de Jânio era varrer a corrupção do
País. Com uma vassoura na mão e a marchinha que dizia: *"varre, varre,
varre, varre vassourinha / varre, varre a bandalheira / que o povo tá
cansado / de sofrer dessa maneira / Jânio Quadros é a esperança deste
povo abandonado!*, e também se dizendo *"o homem do tostão contra
o milhão"*, Jânio convenceu o povo com a promessa de ser a esperança
do tostão (ou seja, do homem simples) contra o milhão (dos políticos
e industriais corruptos, membros das camadas dirigentes, que até então
favoreciam o clientelismo no País).

   Nesse cenário se incluía ainda João Goulart, mais conhecido
como Jango, vice-presidente de JK e ex-ministro do Trabalho de Getúlio Vargas. Já em 1959 Jango denunciara que os lucros excessivos
das indústrias estrangeiras provocavam o caos econômico do Brasil,
assim reforçando as posturas nacionalistas do PTB.[162]

   As eleições ocorreram em 1960, provocando medo entre grandes
proprietários, industriais, militares e classe média. O motivo era o
avanço dos movimentos populares e de esquerda. No campo suce-
diam-se movimentos pela posse da terra e por melhores condições
de salário e trabalho, a partir de líderes como Francisco Julião. Nas
cidades os movimentos pleiteavam melhores salários e mais trabalho.

---

[162] SKIDMORE, Thomas. op. cit. p. 222.

O êxodo rural aumentava, bem como, entre os intelectuais, as críticas e manifestações contra o governo. Os partidos políticos eram fracos e, assim como hoje, o candidato preponderava sobre o partido. Logo se abriu espaço para a expansão de ideais populistas radicais e aos olhos do eleitor Jânio surgia como resposta.

Jânio Quadros foi eleito com 1.588.593 votos, ou seja, 48%, praticamente o dobro da votação obtida pelo seu principal opositor paulista, Adhemar de Barros, que obteve 855.093 votos (23%). Em segundo lugar ficou o candidato Henrique Teixeira Lott, com 28% dos votos.[163] Mesmo assim Jânio precisou rever algumas das suas posições, pois o vice-presidente eleito foi João Goulart, que se reelegia, porém na chapa de Teixeira Lott, da coligação PTB-PSD. Prevendo a derrota, o próprio Teixeira Lott passou a incentivar a dobradinha Jan-Jan. Após as eleições, alguns analistas políticos julgaram que Lott saiu vitorioso ao eleger Jango para a vice-presidência da República.[164] Se isso não agradava a Jânio Quadros, também não agradava aos setores da sociedade que antes das eleições já demonstravam certa preocupação com os rumos da política brasileira e com as posições de Jango no cenário político.

No plano externo, na região do Caribe, uma revolução na ilha de Cuba depôs o ditador Fulgêncio Batista, entre 1958 e 1959. Nessa época os olhos das Américas como um todo e do mundo se voltaram para Cuba. Para o Brasil e para muitos líderes nacionalistas tratava-se de uma grande vitória a ser imitada. Mesmo assim a reação norte--americana não tardou em 1961 os norte-americanos apoiaram um grupo de mais de 1.297 exilados cubanos, favoráveis ao regime do ex-ditador Batista e treinados pela CIA na chamada Operação Ma-

163 Ibid, p. 237.
164 SKIDMORE, Thomas. op. cit. p. 238.

gusto, na Baía dos Porcos (Bahia de los Cochinos), costa meridional de Cuba. O objetivo do ataque era assassinar Fidel Castro, porém os invasores foram vencidos pelo líder revolucionário e feitos prisioneiros. Iniciou-se um processo de negociações, no qual a CIA fez muitas tentativas de tirar a vida de Castro.

Ao vencer os invasores, Fidel Castro declarou que fora uma vitória contra o imperialismo americano. Cuba então sofreu o embargo econômico norte-americano decretado pelo presidente John Fitzgerald Kennedy. A ilha aproximou-se da União Soviética, reforçando ainda mais a Guerra Fria, mas também favorecendo a sua própria economia. Essa aliança perdurou até a dissolução da União das Repúblicas Socialistas Soviéticas (URSS) em 1991, quando se iniciou uma crise econômica na ilha de Fidel Castro.

Segundo Eric Hobsbawm,

Nenhuma revolução poderia ter sido mais bem-projetada para atrair a esquerda do hemisfério ocidental e dos países desenvolvidos, no fim de uma década de conservadorismo global; ou para dar à estratégia da guerrilha melhor publicidade. A revolução cubana era tudo: romance, heroísmo nas montanhas, ex-líderes estudantis com desprendida generosidade de sua juventude – os mais velhos mal tinham passado dos trinta – um povo exultante, num paraíso turístico tropical pulsando com os ritmos da rumba. E o que era mais: podia ser saudada por toda a esquerda revolucionária. (...) O exemplo de Fidel inspirou os intelectuais militantes em toda a América Latina, um continente de gente ligeira no gatilho e com gosto pela bravura desprendida, sobretudo em posturas heróicas. Após algum tempo, Cuba passou a estimular a insurreição continental, exortada por Che Guevara, o defensor da revolução latino-americana e da criação de dois, três, muitos Vietnãs. [...] Por toda a América Latina, entusiasmados grupos de jovens lançaram-se em lutas de guerrilha uniformemente condenadas de antemão sob a bandeira de Fidel, ou Trotski, ou Mao Tsé-tung. [165]

No Brasil a força do movimento revolucionário cubano foi tão grande que muitos jovens se aliaram a movimentos levando bandeiras contrárias ao imperialismo norte-americano. A ideia era: se a revolução fora possível em Cuba, também o seria no Brasil.

O psiquiatra e político brasileiro Roberto Freire declarou recentemente ao jornalista William Waack, durante o programa "Painel",[166] na Globo News, que entrou para o PCB em parte pela vitória da revolução cubana e pela Guerra do Vietnã, na Ásia. Segundo Freire, *naquele momento acreditava-se que o mundo ia ser socialista. A revolução era apresentada como uma vitória contra o imperialismo norte-americano.*

Já o historiador Boris Fausto declarou-se trotskista e foi presidente do Comitê de Solidariedade a Cuba no episódio da invasão da Baía dos Porcos. Mas segundo ele *a revolução de Fidel fez com que a esquerda no Brasil enveredasse por caminhos profundamente equivocados, dramáticos e até desastrosos.*

Como se vê, a revolução cubana foi importante e impôs comportamentos, ações, crenças e ideologias no cenário brasileiro. Assim começou o governo de Jânio Quadros, que em pouco tempo desagradou a direita que o apoiara.

---

[165] HOBSBAWM, Eric, op. cit., p. 428-429.

[166] Programa apresentado nos dias 22 e 23 de fevereiro de 2008. No dia 23 aconteceu a reunião da Assembleia Nacional de Cuba que elegeu o irmão de Fidel Castro, Raúl Castro, como novo presidente de Cuba, após a renúncia do revolucionário Fidel, ocorrida a 19 de fevereiro de 2008.

As ações de Jânio Quadros no governo foram controversas. Através da Resolução nº 204 da Superintendência da Moeda e do Crédito ele pôs fim aos subsídios ao câmbio, que beneficiavam grupos econômicos importadores à custa do erário (inclusive os grandes jornais, que importavam papel de imprensa a um dólar subsidiado em cerca de 75% e que se irritaram com a perda desses privilégios). Jânio também enxugou a máquina governamental e iniciou muitos inquéritos e sindicâncias para combater a corrupção pública. Seguindo essa mesma lógica, enviou ao Congresso Nacional a Lei Antitruste a fim de regulamentar e limitar o envio de *royalties* e lucros para o exterior.

Jânio combateu com grande veemência a prática do pagamento de espórtulas a deputados e senadores para que aprovassem leis, prática muito semelhante à adotada no recente "escândalo do mensalão".

Jânio Quadros proibiu o biquíni nos concursos de *Miss* transmitidos pela televisão, bem como o uso do lança-perfume no carnaval. Paradoxalmente, também foi ele quem regulamentou o jogo de cartas.

Jânio Quadros defendeu o direito da autodeterminação de Cuba; reatou relações diplomáticas com o Leste Europeu; mandou representantes para as conferências do Cairo e de Belgrado; apoiou o ingresso da República Popular da China na ONU; tentou, juntamente com Frondizi, presidente da Argentina, formar uma frente para resistir à ingerência dos EUA na América do Sul; negou-se a aceitar as pressões de enviados norte-americanos para amenizar a política externa; convidou Leonel Brizola, malvisto pela direita brasileira, para integrar a Conferência de Punta del Este; defendeu a libertação dos povos africanos, em oposição a Portugal e aos EUA, e condecorou o astronauta soviético Iuri Gagarin e o líder da Revolução Cubana, Ernesto *Che* Guevara. A reação da direita foi imediata. Parecia um governo socialista. Para contrariar Jânio Quadros, Carlos Lacerda, então governador do Estado da Guanabara, homenageou Tony Varona, líder da contrarrevolução cubana. [167]

Diante das pressões contrárias, Jânio Quadros renunciou após sete meses de governo, no dia 25 de agosto de 1961.

A renúncia do presidente movimentou os militares e a direita brasileira, que queriam evitar a posse do vice-presidente João Goulart, então em visita à República Popular da China. A iminência de um golpe movimentou o Congresso Nacional. No intuito de reduzir os poderes de João Goulart (a grande preocupação da direita brasileira), o deputado Tancredo Neves de Almeida, do PSD mineiro, propôs a adoção de um regime parlamentarista seguido de um plebiscito para que a população decidisse se desejava manter o parlamentarismo ou voltar ao presidencialismo (definido depois no Art. 25 da Emenda Constitucional n° 4 de 1961). A proposta apaziguou temporariamente a direita e a esquerda, esta na figura de homens como Leonel Brizola, que defendiam a legitimidade da posse de Jango como presidente.

No dia 2 de setembro de 1961 foi promulgada a Emenda Constitucional n° 4 à Constituição de 1946. Os principais pontos dessa emenda foram:

- A Emenda Constitucional n° 4 foi denominada Ato Adicional;
- Eleição do presidente da República pelo Congresso Nacional para um mandato de 5 anos (art. 2°);
- João Goulart, o vice-presidente eleito em 3 de outubro de 1960, deveria exercer o cargo de Presidente da República até 31 de janeiro de 1966 (art. 21);
- Foi extinto o cargo de Vice-Presidente (art. 23);

---

[167] CHIAVENATO, José Júlio. O golpe de 64. São Paulo: Moderna, 2002, p. 10.

- O Presidente da República tinha como competência nomear o Conselho de Ministros e o Presidente do Conselho de Ministros. O mesmo Conselho de Ministros seria exonerado pelo Presidente da República, caso a Câmara dos Deputados retirasse o seu voto de confiança (art. 3°, inciso I). O comando das Forças Armadas seria exercido pelo Presidente do Conselho de Ministros (art. 3°, inciso X) e todas as decisões do Presidente da República deveriam ser referendadas pelo Presidente do Conselho de Ministros e pelo respectivo ministro a que se referisse a decisão (art. 7°.);

- O Conselho de Ministros responderia coletivamente perante a Câmara dos Deputados pela política do governo e pela administração federal; e cada Ministro de Estado, individualmente, pelos atos praticados no exercício das suas funções.

No dia 7 de setembro de 1961 João Goulart foi empossado Presidente da República no novo regime parlamentar brasileiro. Uma semana depois, a 14 de setembro, realizou-se a primeira reunião do Gabinete de Ministros, sob o comando do Presidente do Conselho de Ministros (Primeiro-Ministro) Tancredo Neves de Almeida.

A ameaça de golpe jamais abandonou o governo de João Goulart. Mesmo com a adoção de um Estado Parlamentarista, um possível plebiscito e a volta do regime presidencialista representavam perigo para a direita conservadora no Brasil.

Desde o início do seu governo Jango iniciou uma campanha pela volta do presidencialismo. A situação econômica era crítica e consequentemente, no dia 6 de janeiro de 1963, o povo foi às urnas e escolheu a volta do presidencialismo como forma de governo.

A direita se movimentou e apressou as suas ações para o golpe que levaria os militares ao poder.

Desde que participaram ao lado dos Aliados da Segunda Guerra Mundial, os militares brasileiros trouxeram na bagagem a Doutrina de Segurança Nacional que aprenderam com os militares norte-americanos.

Diante dos embates políticos e sociais na América Latina, os EUA fundaram em Fort Gulick, na zona central do Canal do Panamá, uma escola militar especialmente destinada a militares latino-americanos. Em 1959 esse centro preparatório, conhecido como Escola das Américas, ministrava técnicas militares e de contraguerrilha, combate nas selvas, luta contra a subversão, enfim, objetivava conter o "perigo comunista" nas Américas. Assim surgiu a Doutrina de Segurança Nacional que encontrou espaço privilegiado na Escola Superior de Guerra.

Enquanto isso, no Brasil de João Goulart a inflação crescia. Jânio Quadros recorrera ao FMI e os nacionalistas acusavam o capital estrangeiro, o Banco Mundial e o FMI de serem os responsáveis pela carestia que se instalou no País, consequência das ações imperialistas dos grandes impérios econômicos mundiais. Aproveitando as ações dos nacionalistas, Jango lançou um conjunto de medidas chamadas "reformas de base" que incluíam: reforma agrária, reforma tributária, reforma educacional, reforma do sistema financeiro habitacional e limitação à remessa de lucros para o exterior.

Em momento tão caótico a direita reuniu homens como os governadores Adhemar de Barros (SP), Carlos Lacerda (GB), Magalhães Pinto (MG), Ildo Meneghetti (RS); proprietários de jornais famosos como *O Globo*, *O Estado de São Paulo*, *Jornal do Brasil* e *Correio da Manhã*; além de empresários, congressistas, membros da cúpula da Igreja Católica e do Movimento de Cursilhos da Cristandade, todos sob a direção de militares. O local da conspiração foi o auditório do 6º andar do Clube Naval do Rio de Janeiro, na Avenida Rio Branco. Apesar de posterior, datada de 1967, a música *Aroeira*, de Geraldo Vandré expressa bem a situação e o que estava para acontecer: *"Marinheiro, marinheiro, quero ver você no mar/Eu também sou marinheiro, eu também sei governar/Madeira de dar em doido vai descer até quebrar/É a volta do cipó de aroeira no lombo de quem mandou dar..."*

O Presidente João Goulart decidira apoiar a sindicalização de soldados, marinheiros e praças das Forças Armadas. Por eles foi homenageado e pouco depois uma série de manifestações e incidentes envolvendo praças da Marinha provocou a quebra da hierarquia militar, na medida em que esse grupo pediu a exoneração do Ministro da Marinha. Algumas dessas manifestações foram provocadas por um homem chamado Cabo Anselmo, na verdade um agente da CIA.

As atitudes rebeldes e as manifestações levaram medo à Nação, justamente o que os golpistas queriam. No dia 31 de março de 1964 os generais Olímpio Mourão Filho (o mesmo que apoiou Vargas no golpe do Estado Novo elaborando o Plano Cohen), Carlos Luís Guedes e o governador das Minas Gerais, Magalhães Pinto, iniciaram o golpe militar. No dia 1º de abril de 1964 instalou-se a fase provisória do governo golpista. O Brasil não era mais uma democracia, e isso não era uma brincadeira do "dia da mentira", mas sim a pura verdade. As tropas mineiras deslocaram-se para a cidade do Rio de Janeiro. Os pequenos partidos políticos aderiram ao golpe, enquanto os grandes -- PTB, UDN e PSD -- se opuseram. Os governadores oposicionistas foram presos. Em breve se iniciaria o governo dos Atos Institucionais.

Capítulo 11

O Estado Autoritário – Os Atos Institucionais e a Emenda Constitucional de 1969

Introdução

Os anos 1960 foram marcantes na História do século XX. A juventude desse período teve o seu desejo de mudança reforçado pela situação política em geral e também pela economia, pela filosofia e pelas transformações sociais. As indagações de Bob Dylan na música *Blowing in the Wind* ressoavam na mente e no coração dos jovens:

Quantas estradas precisará o homem andar / antes que se possa chamá-lo de homem? / Sim, e quantos mares precisará uma pomba branca sobrevoar / antes que ela possa dormir na praia? / Sim, e quantas vezes precisarão balas de canhão voar / até serem para sempre abandonadas? / A resposta, meu amigo, está soprando no vento / A resposta está soprando no vento.[168]

Na década de 1960 os jovens eram maioria no mundo. Em plena época do psicodelismo os Beatles cantaram *Revolution* e mostraram a

---

[168] How many roads must a man walk down/Before you call him a man?/Yes, 'n' how many seas must a white dove sail/Before she sleeps in the sand?/Yes, 'n' how many times must the cannon balls fly/ Before they're forever banned?/The answer, my friend, is blowin' in the wind,/The answer is blowin' in the wind

situação da juventude, que não tinha ideias claras. Eles usavam uma linguagem política porque de maneira geral, se alguém queria se rebelar contra alguma coisa, era essa a linguagem usada. Em 1967 *Che* Guevara foi preso e assassinado na Bolívia e a sua imagem passou a ser usada pelos jovens, estampada em camisetas ou com a boina do revolucionário. Porém, tanto na Europa quanto na América, os jovens pouco ou nada conheciam a respeito dele. Quanto a Karl Marx, excluindo os jovens ligados ao Partido Comunista, a maioria sabia que ele se erguera por uma revolução.

Em 1968, nos EUA, no auge da segregação racial presente no sul, jovens, homens e mulheres, brancos e negros, levantaram-se contra a morte de Martin Luther King, pastor batista, ativista e Prêmio Nobel da Paz de 1964 assassinado por um branco recém-saído da prisão. O seu discurso *Eu tenho um sonho* já fora marcante quando proferido em 28 de agosto de 1963 nos degraus do Lincoln Memorial, em Washington D.C., como parte da Marcha de Washington por Empregos e Liberdade e passou a ser um ícone, uma bandeira de luta na construção dos Direitos Civis tanto nos EUA, como no mundo. Dizia:

Nós nunca estaremos satisfeitos enquanto o Negro for vítima dos horrores indizíveis da brutalidade policial. Nós nunca estaremos satisfeitos enquanto nossos corpos, pesados com a fadiga da viagem, não puderem ter hospedagem nos motéis das estradas e nos hotéis das cidades. Nós não estaremos satisfeitos enquanto um Negro não puder votar no Mississípi e um Negro em Nova Iorque acreditar que não tem motivo para votar. Não, não, nós não estamos satisfeitos e não estaremos satisfeitos até que a justiça e a retidão rolem abaixo como águas de uma poderosa correnteza [...]

Eu tenho um sonho que um dia esta nação se levantará e viverá o verdadeiro significado da sua crença. Nós então celebraremos estas verdades e elas serão claras para todos: que os homens são criados iguais.

Eu tenho um sonho que um dia nas colinas vermelhas da Geórgia os filhos dos descendentes de escravos e os filhos dos descendentes dos donos de escravos poderão se sentar juntos à mesa da fraternidade.

Eu tenho um sonho que um dia, até mesmo no estado de Mississípi, um estado que transpira com o calor da injustiça, que transpira com o calor de opressão, será transformado em um oásis de liberdade e justiça.

Eu tenho um sonho que meus quatro filhos pequenos um dia viverão em uma nação onde não serão julgados pela cor da pele, mas pelo conteúdo do seu caráter. Eu tenho um sonho hoje! [...]

Eu tenho um sonho que um dia todo vale será exaltado e todas as colinas e montanhas virão abaixo, os lugares ásperos serão aplainados e os lugares tortuosos serão endireitados e a glória do Senhor será revelada e toda a carne estará junta. [...]

E quando isto acontecer, quando nós permitirmos o sino da liberdade soar, quando o deixarmos soar em toda moradia e todo vilarejo, em todo estado e em toda cidade, poderemos acelerar o dia em que todas as crianças de Deus, homens pretos e homens brancos, judeus e gentios, protestantes e católicos, poderão unir mãos e cantar nas palavras do velho spiritual negro: Livre afinal, livre afinal.

O Ocidente mais uma vez se voltava para o Oriente em sua ação colonialista. Como resultado da ação do mundo ocidental, especialmente das potências industriais, eclodiu a Guerra do Vietnã em 1959, que perduraria até 1975. O telejornalismo se desenvolveu e pela primeira vez as imagens da guerra eram mostradas na televisão. As imagens geraram revolta e aumentaram o desejo de mudança. Surgiu o movimento *hippie* e Comunidades e Sociedades Alternativas, como forma de reagir àquela sociedade conservadora e cheia de contradições. Eram movimentos de contracultura.

A sociedade e os intelectuais descobriram e redescobriram a psicanálise de Sigmund Freud. O seu pensamento se expressou na busca de libertação dos antigos paradigmas e na arte, como no trabalho surrealista de Salvador Dali. Na filosofia, o existencialismo ganhava o debate. Jean-Paul Sartre e Simone de Beauvoir são marcos dessa busca do existencialismo e ela em especial ajudou a fomentar o movimento de liberação das mulheres, na medida em que, falando do segundo sexo, demonstrou que *o feminino não se define apenas a partir dos ovários e dos hormônios, mas que a mulher se define pela maneira como faz a própria vida, como constrói a si mesma.*

As mulheres queriam liberdade para falar da sua individualidade, da sua vida sexual, queriam o direito de escolher, sem permanecer à sombra dos homens. A pílula anticoncepcional lhes dava o direito de optar pela gravidez ou não. Surgiu entre elas um movimento em defesa do aborto.

Ainda no campo político, o ano de 1961 foi marcado pelo início da construção do Muro de Berlim. A Guerra Fria se acentuou, o mundo estava bipolarizado, porém era o mesmo mundo que combatera o fascismo e o nazismo, ou seja, os regimes autoritários e totalitários. Mesmo assim, as antigas estruturas reapareciam em uma sociedade que continuava dominada pelas regras de autoridade e isso ficava claro nas ações da Guerra Fria, dentre as quais a Guerra do Vietnã, onde as causas podem ser buscadas, como vimos antes, no neocolonialismo do século XIX, mas às quais devemos somar ainda a situação do mundo dividido entre capitalismo e socialismo e as tentativas de medir forças entre esses dois blocos. A Guerra Fria era o centro da Guerra do Vietnã. Nesse ambiente, em 1968 eclodiram movimentos pelo mundo. Como demonstrou Zuenir Ventura, 1969 foi um ano *que não terminou*.[169] Esses movimentos foram de reação a tudo que cercava os jovens e até os homens e mulheres mais maduros. Os seus resultados ainda são sentidos nas mudanças vividas no mundo atual.

Em janeiro de 1968 Alexander Dubcek assumiu o governo da Tchecoslováquia (atual República Tcheca). Esse líder comunista, contrário ao processo de stalinização do comunismo, queria humanizar o partido comunista da Tchecoslováquia. Logo de início promoveu reformas políticas, sociais, econômicas e culturais. Na sua visão, o Partido Comunista tinha o dever de agir segundo a sua própria consciência, e não apenas de acordo com o que ditava o regime socialista de Moscou. Começava a Primavera de Praga.

Na Tchecoslováquia a liberdade de imprensa foi restabelecida, retornaram as formas alternativas de organização política e com isso o Partido Socialdemocrata, então unido ao partido Comunista desde 1948, tentou voltar. Também os movimentos pelos direitos civis ganharam força e as igrejas cristãs tornaram a ser ativas.

As mudanças adotadas por Alexander Dubcek não agradaram a Moscou, que contava com o apoio da Polônia e da Alemanha Oriental no repúdio à Primavera de Praga. A situação se complicou mais quando Dubcek negou-se a participara da reunião do Pacto de Varsóvia[170]. Logo

---

[169] VENTURA, Zuenir. *1968, o ano que não terminou*. Rio de Janeiro: Nova Fronteira, 2008.

[170] Aliança Militar assinada em 28 de maio de 1955, formada pelos países socialistas do Leste Europeu e pela União das Repúblicas Socialistas Soviéticas (URSS). Estabeleceu compromisso de ajuda mútua em caso de agressões militares.

após, no dia 15 de julho, ele recebeu uma carta-ultimato forçando-o a conter o movimento contrarrevolucionário na Tchecoslováquia.

Dubcek recusou um convite para participar de um encontro com os líderes dos países do Pacto de Varsóvia (aliança assinada em 1955 pelos países socialistas do Leste Europeu) e essa carta que recebeu em 15 de julho dizia-lhe que era seu "dever" conter o movimento contrar-revolucionário pelo qual o seu país passava.

Apesar da crença de Dubcek de que poderia conter e resolver as diferenças com os vizinhos e com Moscou, a reação stalinista estava às portas da Tchecoslováquia, que no dia 20 de agosto daquele ano foi invadida por 650 soldados soviéticos e do Pacto de Varsóvia. Em uma semana a Primavera de Praga estava esmagada.

Em janeiro de 1969 um estudante suicidou-se em protesto contra as violações à liberdade e à independência da Tchecoslováquia e em abril Gustáv Husák assumiu o governo, substituindo Dubcek e pro-movendo o alinhamento da Tchecoslováquia com a URSS.

Os efeitos da Primavera de Praga e da sua repressão foram senti-dos em toda a Europa e no mundo. Na França, em reação ao conserva-dorismo e ao autoritarismo, os estudantes saíram às ruas em maio de 1968. Os muros foram pichados e com frases de efeito os estudantes expressavam o seu repúdio a uma sociedade ultrapassada, onde as mulheres tinham de pedir autorização aos maridos para expressar opi-niões, e onde o sistema educacional era rígido e punitivo. Contra tudo isso os estudantes escreveram nos muros:

É proibido proibir; As paredes têm ouvidos, seus ouvidos têm paredes; Abaixo o realismo socialista; Viva o surrealismo; O po-der tinha as universidades, os estudantes tomaram-nas. O poder tinha as fábricas, os trabalhadores tomaram-nas. O poder tinha os meios de comunicação, os jornalistas tomaram-nos. O poder tem o poder, tomem-no; Trabalhador, tu tens 25 anos mas o teu sindicato é do outro século; Todo reformismo se caracteriza pela utopia da sua estratégia e pelo oportunismo da sua tática; Um só fim de semana não-revolucionário é infinitamente mais sangrento que um mês de revolução permanente; Quanto mais amor faço, mais vontade tenho de fazer a revolução. Quanto mais revolução eu faço, mais vontade tenho de fazer amor; Professores, vós sois tão velhos quanto a vossa cultura, o vosso modernismo nada mais é do que a modernização da polícia, a cultura está em migalhas; A sociedade nova deve ser fundada na ausência de qualquer egoísmo e qualquer egolatria. O nosso caminho será uma longa marcha de fraternidade. [171]

O movimento foi iniciado na Universidade de Nanterre, nos arredores de Paris, mas logo ganhou as ruas e se dirigiu para a capital francesa. Choques com policiais envolveram mais de dez mil estudantes franceses. Já em 10 de maio de 1968 ocorreu a chamada *Noite das Barricadas*, na qual vinte mil estudantes se confrontaram com a polícia. Em trinta dias os estudantes criaram barricadas, formaram verdadeiras trincheiras de guerra nas ruas de Paris e enfrentaram a repressão do regime conservador de Charles de Gaulle.

Entre 13 e 20 de maio de 1968 o movimento se expandiu. Primeiramente, a 13 de maio, uma greve geral foi convocada por 24 horas e no dia 20, no apogeu da mobilização, Paris estava parada, sem telefones, sem metrô, ônibus ou qualquer outro serviço essencial. Cerca de 6 milhões de grevistas ocuparam as 300 fábricas da França.

---

[171] Fonte: **http://www1.folha.uol.com.br/folha/mundo/ult94u396750.shtml** em 12.10.2008.

A Universidade da Sorbonne, no coração de Paris, foi ocupada pelos estudantes e iniciou uma luta de ideias contra o conservadorismo e a favor das liberdades.

As propostas do movimento não demoraram muito a se espalhar pelo mundo e a repercutir na Europa e nas Américas.

A partir de 1964 o Brasil mergulhou em uma ditadura da qual se desconhecia a estrutura, o conteúdo e a duração.

Em 1961 fora fundado no Rio de Janeiro o Centro Popular de Cultura (CPC), ligado à União Nacional dos Estudantes (UNE). Com ele surgia um novo tipo de artista revolucionário, cujo objetivo era desenvolver a atividade de conscientizar as camadas populares. O movimento lembrava o projeto La Barraca, que Federico García Lorca desenvolvera na Espanha anterior ao franquismo, porém de contornos totalmente brasileiros e posteriores à 2ª Guerra Mundial. O CPC se definia como instrumento a serviço da revolução social, com o objetivo de devolver ao povo a consciência de si mesmo. Entre as obras que produziu podemos citar as peças *Eles não usam black-tie* e *A vez da recusa*, além do filme *Cinco vezes favela* e da Coleção Cadernos de Rua e Violão de Rua. [172]

A UNE e os estudantes ganhavam força e o governo João Goulart parecia-lhes o momento certo para realizar a grande revolução. Porém, enquanto em março de 1964 Luis Carlos Prestes declarava na televisão que o PCB estava no poder, uma campanha conservadora também ganhava força, especialmente no Sudeste do País. Era a Marcha da Família com Deus pela Liberdade. O movimento ganhou força com a chegada de um capelão do exército norte-americano, o padre Patrick Peyton, que celebrou uma grande missa na Praça da Sé, em

---

[172] HOLANDA, Heloisa Buarque ET GONÇALVES M.A. *Cultura e participação nos anos 60*. São Paulo: Brasiliense, 1987, p. 9-10

São Paulo, em defesa da democracia e contra a bolchevização do Brasil. A 2 de abril de 1964, cerca de um milhão de pessoas participaram da Marcha da Família com Deus pela Liberdade, no Rio de Janeiro. Portavam terços nas mãos e clamavam contra um governo que não respeitava a Deus e queria destruir a democracia.

Ainda no plano cultural, o Festival Internacional da Canção (FIC) mobilizava milhares de pessoas no Maracanãzinho, no Rio de Janeiro, e em 1968, já em plena ditadura mas ainda sem o AI-5, o 1º lugar coube a Chico Buarque de Holanda e Tom Jobim com a música *Sabiá* que de certa maneira preconizava o que estava para acontecer. A letra dessa música fala de exílio. Utilizando as imagens da canção do exílio de Gonçalves Dias, diz a canção de Chico e Tom:

Vou voltar/Sei que ainda vou voltar/Para o meu lugar/Foi lá e é ainda lá/Que eu hei de ouvir cantar/Uma sabiá/Vou voltar/Sei que ainda vou voltar/Vou deitar à sombra/De uma palmeira/Que já não há/Colher a flor/Que já não dá/E algum amor talvez possa espantar/As noites que eu não queira/E anunciar o dia/Vou voltar/Sei que ainda vou voltar/Não vai ser em vão/Que fiz tantos planos/De me enganar/Como fiz enganos/De me encontrar/ Como fiz estradas/De me perder/Fiz de tudo e nada/De te esquecer/Vou voltar/Sei que ainda vou voltar/E é pra ficar/Sei que o amor existe/Não sou mais triste/E a nova vida já vai chegar/E a solidão vai se acabar/E a solidão vai se acabar.

A letra já falava dos que seriam exilados e que sonhariam com a anistia que somente se tornaria realidade muito depois.

O público no Maracanãzinho vaiou *Sabiá*, pois a maioria defendia a vitória de *Pra não dizer que não falei das flores*, de Geraldo

Vandré -- flores que logo murchariam afogadas pela repressão. Na verdade o que restou foi *a volta do cipó de aroeira no lombo de quem mandou dar.* [173]

A universidade foi um dos primeiros alvos do governo militar, dado o grande número de jovens e as ideologias libertárias ali desenvolvidas. Os militares não demoraram muito a atacar nos centros universitários.

A partir de 1964 o regime militar passou a intervir na autonomia das universidades. Começaram as greves de professores e alunos, denunciando a falta de trabalho, a exclusão de professores, a prisão de alunos e a retenção de verbas, uma vez que a receita das universidades federais dependia do governo federal. Militares à paisana andavam disfarçados nas universidades, com o objetivo de denunciar quem se opusesse ao regime instituído. A partir de 1968 os militares pretenderam realizar a chamada Reforma Universitária, alegando que era preciso formar profissionais que garantissem o ingresso do Brasil na era tecnológica. Assim, o conhecimento científico se concentrou na área tecnólogica e as ciências humanas e sociais foram negligenciadas.

No centro do Rio de Janeiro funcionava o Restaurante Calabouço, um espaço que fornecia refeições ao preço de 50 centavos, e para onde convergiam estudantes secundaristas se preparando para a universidade e universitários.

Em 1964 a Ditadura Militar incendiou a sede a UNE e invadiu as instalações da Faculdade Nacional de Direito (UFRJ), apreendendo documentos e acervos históricos do Centro Acadêmico Cândido de Oliveira, em geral sobre as atividades da UNE.

Os militares cercaram com tanques e grupos paramilitares de direita o prédio da faculdade. Em seguida metralharam a fachada do

---

[173] *Aroeira*, letra e música de Geraldo Vandré.

prédio e tentaram incendiá-lo, com os estudantes dentro. O desastre não foi maior porque o Capitão Ivan Cavalcanti Proença, do Regimento Presidencial, ordenou que a sua tropa impedisse o massacre. Ele próprio agiu para salvar os estudantes, entrando nas salas de aula em meio a tiros, fogo e gás lacrimogêneo.

Em 1965 a Lei Suplicy de Lacerda colocou na ilegalidade a UNE e as UEEs (Uniões Estaduais de Estudantes), que passaram a atuar na clandestinidade. Todas as instâncias da representação estudantil foram submetidas ao MEC. Nem isso impediu a ação da UNE, que no mesmo ano convocou uma greve e mobilizou mais de sete mil alunos da Universidade de São Paulo, paralisando toda essa instituição paulistana.

Na ilegalidade, a UNE passou a fazer do Restaurante Calabouço o seu centro de resistência à ditadura. Junto ao restaurante funcionavam um teatro e uma policlínica central. Os militares insistiam em pôr fim ao movimento estudantil. E assim, em 1967, com a desculpa de reformar o centro do Rio de Janeiro para a visita do FMI, foi anunciada a destruição do restaurante. Houve novas manifestações e no dia 28 de março de 1968 o estudante Edson Luis de Lima Souto, vindo de Belém do Pará para estudar no Rio de Janeiro, com apenas 17 anos, foi morto pela Polícia Militar com um tiro no coração, durante a invasão ao Restaurante Calabouço.

No dia 1º. de abril de 1968 os estudantes invadiram a Universidade de Brasília e, em reação, a 29 daquele mês a Polícia Militar invadiu a UNB e retirou os estudantes. No mesmo dia fechou a Universidade Federal de Minas Gerais.

Em Minas Gerais a preocupação era com os operários, pois a 16 de abril eclodira uma greve que mobilizou os operários de Belo Horizonte e Contagem, com a participação de diversos militantes de esquerda.

O feriado de 1º de maio daquele ano foi marcado por manifestações operárias por todo o Brasil, em especial na Praça da Sé, em São Paulo. Oriundos de cidades operárias como Osasco, São Bernardo, São Caetano e Santo André, milhares de trabalhadores se reuniram e o governador Abreu Sodré teve de deixar a tribuna do movimento, que fora incendiada. O desconforto e a incompatibilidade com as medidas dos militares se generalizaram.

No Rio de Janeiro, no dia 26 de junho de 1968, a Passeata dos Cem Mil reuniu estudantes, intelectuais, artistas, mães e padres, concentrados na Cinelândia, todos sensibilizados com a violência policial. Os manifestantes gritavam: *Mataram um estudante. Poderia ser seu filho.* A partir daí a direita universitária tendeu para a esquerdização.

No dia 16 de julho do mesmo ano eclodiu o movimento grevista na cidade operária de Osasco (SP). No dia seguinte a cidade parara. Os militares não perderam tempo e já no segundo dia da greve o Exército e a Polícia invadiram e quebraram sindicatos, forçaram a entrada nas fábricas e espancaram sindicalistas e operários, levando muitos para o DOPS.[174]

Nos dias 2 e 3 de setembro daquele malfadado 1968, em pronunciamento na Câmara, o deputado Márcio Moreira Alves, do MDB (Movimento Democrático Brasileiro) fez um apelo para que o povo não participasse dos desfiles militares do "7 de Setembro" e para que as moças se recusassem a sair com oficiais. O deputado Hermano Alves, também do MDB, publicou no jornal *Correio da Manhã* uma série de

---

[174] O Departamento de Ordem Política e Social (DOPS) foi um órgão do governo brasileiro criado durante o Estado Novo, com o objetivo de controlar e reprimir movimentos políticos e sociais contrários ao regime no poder. Agiu fortemente durante a Ditadura Militar e um de seus mais destacados delegados foi Sergio Paranhos Fleury, que ficaria conhecido pelos seus métodos de obter confissões através de tortura. Ligado aos estados, o DOPS ainda se faz presente em nossos dias, ligado à Polícia Federal e com funções diferenciadas, como o controle de armas de fogo e a segurança de autoridades internacionais.

artigos considerados provocativos e motivaram a sua cassação. A 12 de dezembro o Congresso, com o apoio da ARENA (Aliança Renovadora Nacional), negou a autorização para o governo processar o deputado Márcio Moreira Alves. No dia seguinte, 13 de dezembro, era publicado o Ato Institucional nº 5. O Brasil iniciava o fechamento definitivo e via o fim das liberdades individuais, com a suspensão do *habeas corpus*. Apesar de toda a repressão dos militares, as reações estudantis não terminaram. O MR-8 (Movimento Revolucionário 8 de Outubro), organização revolucionária de orientação marxista-leninista fundada em 1966 concentrando estudantes e intelectuais, passou a agir mais intensamente. Militaram nesse movimento nomes como Fernando Gabeira, Lamarca, Franklin Martins, César Benjamin, Cid Benjamin, Cláudio Torres da Silva, Vera Sílvia Magalhães, Daniel Aarão Reis, João Lopes Salgado, Reinaldo Silveira Pimenta, Félix Escobar Sobrinho, Marilene Villas-Boas Pinto, Miguel Ferreira da Costa, Márcia Ferreira da Costa, Marco Antônio Marrocos de Araújo, Franklin de Matos, Estefânio Monteiro, Stuart Edgard Angel Jones. Em setembro de 1969 o MR-8 sequestrou o embaixador norte-americano Charles Burke Elbrick. Após o sequestro o movimento continuou atuando e os sobreviventes acabaram exilados. Muitos foram mortos, dentre os quais ficou famoso o caso de Stuart Edgard Angel Jones, filho da estilista Zuzu Angel, também perseguida e morta devido à sua insistência em encontrar e sepultar o corpo do filho e pela sua luta por justiça. Para ela Chico Buarque compôs *Angélica*:

> *Quem é essa mulher/Que canta como dobra um sino?/Queria cantar por meu menino/Que ele já não pode mais cantar/Quem é essa mulher/Que canta sempre esse estribilho?/Só queria embalar meu filho/Que mora na escuridão do mar.*

A Igreja Católica viu as duas faces da ditadura. Alguns sacerdotes apoiavam os militares, porém figuras como D. Paulo Evaristo Arns, D. Jaime Câmara, D. Helder Câmara, D. Pedro Casaldaglia e D. Eugênio Sales resistiram e muitas vezes em silêncio protegeram os perseguidos pela ditadura. A Igreja se reorganizou e a Teologia da Libertação ganhou força nos meios eclesiásticos. Para conter o processo os EUA agiram depressa junto aos militares e favoreceram o desenvolvimento dos movimentos pentecostais.

Muitos religiosos foram perseguidos e talvez o mais conhecido seja o caso de Frei Tito, retratado por Frei Beto (Carlos Alberto Libânio de Christo) em sua obra *Batismo de sangue*. Tito foi torturado e perseguido e viveu à sombra do seu torturador, o delegado Fleury, do DOPS. Desestruturado psiquicamente, acabou por suicidar na França: no dia 10 de agosto de 1974, um morador dos arredores de Lyon encontrou o seu corpo pendendo de uma corda.

Para muitos, especialmente quem nasceu sob o regime ditatorial, esse período não teve resistências e tudo correu muito bem. O ex-ministro Delfim Neto chegou a alegar que um dia teríamos saudades dos militares. Bem, creio que o período ditatorial não pode ser esquecido, não por saudade dos militares, mas por saudade do Brasil livre, pelo desejo de que esse período nunca retorne e que não tenham sido em vão as conquistas democráticas, fruto da luta e do sangue derramado. O período ditatorial militar não foi o holocausto nazista, mas foi o nosso holocausto e ainda hoje famílias não têm notícia dos seus desaparecidos. Com grande atraso, a Lei nº 9.140, de 4 de dezembro de 1995, reconheceu como mortas as pessoas desaparecidas em razão de participação, ou acusação de participação, em atividades políticas no período de 2 de setembro de 1961 a 15 de agosto de 1979. Assim, os familiares dos desaparecidos ganharam o direito de obter o atestado de óbito, abrindo-se a possibilidade de indenização aos familiares dos desaparecidos. Mais do que reconhecimentos e indenizações, a memória dos que lutaram contra a ditadura não pode ser esquecida. Recordar e manter acesa essa memória e uma das formas, talvez a melhor, de se sublinhar o repúdio a um regime que em nome nacionalismo destruiu a vida dos brasileiros. Retornemos agora ao estudo do período e da sua legislação.

1. De Castelo Branco a Costa e Silva

As ações do governo militar foram marcadas por 17 Atos Institucionais. A Constituição de 1946 estava em vigor e os militares precisavam agir com cuidado para que os seus atos não fossem julgados ilegais e inconstitucionais. Assim, apresentaram-se não como golpistas, mas como revolucionários e, portanto, os atos institucionais eram atos do governo revolucionário e deveriam permanecer em vigor para que se fizessem as mudanças necessárias ao novo sistema. As constituições de 1946 e as dos estados permaneceram em vigor. Cabe dizer que os atos institucionais não eram documentos de quem não sabia o que estava escrevendo, ao contrário, entre esses documentos existe uma relação de continuidade que aos poucos construiu a estrutura dos *anos de chumbo* no Brasil.

No dia 9 de abril de 1964 foi publicado o Ato Institucional n° 1. Elaborado por Francisco Campos, o mesmo que elaborou a Constituição do Estado Novo de 1937, esse Ato Institucional assim se autojustificava:

Em nome da revolução vitoriosa, e no intuito de consolidar a sua vitória, de maneira a assegurar a realização dos seus objetivos e garantir ao País um governo capaz de atender aos anseios do povo brasileiro, o Comando Supremo da Revolução, representado pelos Comandantes-em-chefe do Exército, da Marinha e da Aeronáutica, resolve editar o seguinte: [...]

E o texto definia:

* A manutenção das constituições de 1946 e dos estados;
* A eleição indireta (pelo Congresso Nacional) para presidente e vice-presidente, dois dias após a publicação do AI-1;
* O Presidente da República podia remeter ao Congresso Nacional projetos de emenda à Constituição, lei ou projeto sobre qualquer matéria, que deveriam ser apreciados pela Câmara e pelo Senado no prazo máximo de 30 dias a partir do momento em que dessem entrada nessas Casas. Expirado esse prazo, seriam considerados aprovados por decurso de prazo;
* O Presidente da República podia decretar estado de sítio ou prorrogá-lo por 30 dias, dispondo de 48 horas para enviar a justificativa ao Congresso Nacional;
* Eram suspensas por seis meses as garantias constitucionais ou legais de vitaliciedade e estabilidade;
* Os inquéritos e processos visando à apuração da responsabilidade pela prática de crime contra o Estado ou seu patrimônio, contra a ordem política e social ou atos de guerra revolucionária podiam ser instaurados individual ou coletivamente;
* No interesse da paz e da honra nacional e sem as limitações previstas na Constituição os Comandantes-em-chefe podiam suspender direitos políticos pelo prazo de dez anos e cassar mandatos legislativos federais, estaduais e municipais, excluída a apreciação judicial desses atos.

O Ato Institucional n° 1 vigoraria até 31 de janeiro de 1966, como previa o seu artigo 11. Mesmo assim, antes que expirasse, o governo militar publicaria o Ato Institucional n° 2 e em fevereiro de 1966 o Ato Institucional n° 3.

O Ato Institucional n°. 2, publicado no dia 27 de outubro de 1965, definia que:

• O número de ministros do Supremo Tribunal Federal fosse aumentado de onze para dezesseis;

• O Presidente da República passava a ter autonomia para decretar estado de sítio, prorrogá-lo pelo prazo máximo de cento e oitenta dias, para prevenir ou reprimir a subversão da ordem interna (art. 13);

• Foram suspensas as garantias constitucionais ou legais de vitaliciedade, inamovibilidade e estabilidade, bem como as de exercício em funções por tempo certo (art. 14);

• No interesse de preservar e consolidar a Revolução, o Presidente da República, ouvido o Conselho de Segurança Nacional e sem as limitações previstas na Constituição, podia suspender os direitos políticos de qualquer cidadão pelo prazo de dez anos e cassar mandatos legislativos federais, estaduais e municipais (art. 15);

• Foram extintos os partidos políticos e cancelados os seus respectivos registros (art. 18). A organização dos novos partidos ficava subordinada às exigências da Lei n° 4.740, de 15 de julho de 1965, e suas modificações. Em pouco tempo nasceria o bipartidarismo: a ARENA (Aliança Renovadora Nacional, partido governista) e o MDB (Movimento Democrático Brasileiro, reunindo todas as correntes oposicionistas que ainda resistiam no Brasil);

- O AI-2 confirmou a eleição do presidente para até 3 de outubro de 1966 e definiu que Castelo Branco seria inelegível (art. 26).

O Ato Institucional nº 3 mudou o processo eleitoral brasileiro, adotando eleições indiretas para os governos dos estados que, por sua vez, nomeavam os prefeitos das capitais. Nos demais municípios o processo eleitoral direto foi mantido.

As eleições para os governos dos estados foram marcadas para 3 de setembro de 1966 e a eleição para presidente e vice-presidente para 3 de outubro de 1966. Tais medidas foram adotadas, como o próprio AI-3 definiu, *para não permitir que fossem frustrados os superiores objetivos da Revolução.*

No dia 7 de dezembro de 1966 o Congresso Nacional foi convocado de maneira extraordinária pelo Ato Institucional nº 4 para se reunir no período de 12 de dezembro de 1966 a 24 de janeiro de 1967, com vistas a apreciar e votar o texto da Constituição de 1967 ou, conforme os termos do art. 1º § 1º: *O objeto da convocação extraordinária é a discussão, votação e promulgação do projeto de Constituição apresentado pelo Presidente da República.*

A data de promulgação da nova constituição foi marcada para 24 de janeiro de 1967, prazo final da convocação do Congresso Nacional. O projeto fora elaborado por Carlos Medeiros Silva, Ministro da Justiça, e Francisco Campos.

No seu artigo 9º esse Ato definiu que o Presidente da República, na forma do art. 30 do Ato Institucional nº 2, de 27 de outubro de 1965, poderia baixar Atos Complementares, bem como decretos-leis sobre matéria de segurança nacional até 15 de março de 1967, o que representava o fim do mandato de Castelo Branco e o início do mandato do novo Presidente da República.

O candidato eleito em outubro de 1966 para a Presidência da República foi o General Artur Costa e Silva, até então Ministro da Guerra. Pedro Aleixo foi eleito para Vice-Presidente. Porém, quatro meses depois foi estabelecida uma Junta Militar de Governo. Ainda naquele ano, a Lei nº 5.010, de 30 de maio de 1966, ressurge e é regulamentada a Justiça Federal Brasileira, com cada um dos Estados, Territórios e o Distrito Federal constituindo uma Seção Judiciária (primeira instância), sendo agrupados em cinco regiões judiciárias, conforme segue:

- 1ª Região – Região Centro-Oeste e Norte (Distrito Federal, Goiás, Mato Grosso, Bahia, Minas Gerais, Território de Rondônia, Acre, Amazonas, Maranhão, Pará, Território do Amapá, Território de Roraima);
- 2ª Região – Parte da Região Sudeste (Rio de Janeiro e Espírito Santo);
- 3ª Região – Parte da Região Sudeste (São Paulo e Mato Grosso);
- 4ª Região – Região Sul (Paraná, Rio Grande do Sul, Santa Catarina);
- 5ª Região – Região Nordeste (Alagoas, Ceará, Paraíba, Pernambuco incluindo o Território de Fernando de Noronha, Piauí, Rio Grande do Norte, Sergipe).

A Constituição de 1967 previu a criação de mais dois Tribunais Federais de Recursos, a serem sediados preferencialmente em São Paulo e Recife, e que funcionariam, juntamente com o sediado no Distrito Federal, como a segunda instância da justiça federal. Esses tribunais persistiram até a promulgação da Constituição de 1988, quando foram extintos, e a constituição criou os cinco Tribunais Regionais Federais.

Ao final do governo do General Humberto Castelo Branco, quando eram ministros Octavio Gouveia de Bulhões (Ministro da Fazenda) e Carlos Medeiros Silva (Ministro da Justiça e dos Negócios Interiores) foi promulgado pela Lei nº 5. 172, de 25 de outubro de 1966, o Código Tributário que recebeu a denominação de Código Tributário Nacional, pelo art. 7º do Ato Complementar nº 36, de 13.3.1967, alterado pela Lei Complementar nº 118, de 9 de fevereiro de 2005.Estrutura do Código Tributário Nacional:

Livro I – O Sistema Tributário Nacional, dividido em seis Títulos, conforme segue:

Título I – Disposição geral

Título II – Competência tributária: dividido em dois capítulos.

- Capítulo I: Disposições gerais;
- Capítulo II: Limitações da Competência Tributária. (Disposições gerais e Disposições especiais.)

Título III – Impostos: dividido em cinco capítulos.

- Capítulo I: Disposições gerais;
- Capítulo II: Impostos sobre o Comércio Exterior (Impostos sobre a Importação; Impostos sobre a Exportação.);
- Capítulo III: Impostos sobre o Patrimônio e a Renda (Imposto sobre a Propriedade Territorial Rural; Imposto sobre a Propriedade Predial e Territorial Urbana; Imposto sobre a Transmissão de Bens Imóveis e de Direitos a eles Relativos; Imposto sobre a Renda e Proventos de Qualquer Natureza.);
- Capítulo IV: Impostos sobre a Produção e a Circulação (Imposto sobre Produtos Industrializados; Imposto Estadual sobre Operações Relativas à Circulação de Mercadorias; Imposto Municipal sobre Operações Relativas à Circulação de Mercadorias; Imposto sobre Operações de Crédito, Câmbio

e Seguro e sobre Operações Relativas a Títulos e Valores
Mobiliários; Imposto sobre Serviços de Transportes e Comunicações; Imposto sobre Serviços de Qualquer Natureza);

• Capítulo V: Impostos especiais (Imposto sobre Operações
Relativas a Combustíveis, Lubrificantes, Energia Elétrica e
Minerais do País; Impostos Extraordinários).

Título IV – Taxas;

Título V – Contribuição de Melhoria;

Título VI – Distribuições de receitas tributárias: dividido em

• Capítulo I – Disposições gerais;

• Capítulo II – Imposto sobre a Propriedade Territorial Rural e
sobre a Renda e Proventos de qualquer natureza;

• Capítulo III – Fundos de Participação dos Estados e dos Municípios (Constituição dos Fundos; Critério de Distribuição
do Fundo de Participação dos Estados; Critério de Distribuição do Fundo de Participação dos Municípios; Cálculo e Pagamento das Quotas Estaduais e Municipais; Comprovação
da Aplicação das Quotas Estaduais e Municipais; Imposto
sobre Operações Relativas a Combustíveis, Lubrificantes,
Energia Elétrica e Minerais do País).

Livro II – Normas gerais do Direito Tributário, dividido em
quatro Títulos, a saber:

Título I – Legislação Tributária.

• Capítulo I – Disposições gerais (Disposição preliminar; Leis,
Tratados e Convenções Internacionais e Decretos; Normas
Complementares);

• Capítulo II – Vigência da Legislação Tributária;

• Capítulo III – Aplicação da Legislação Tributária;

- Capítulo IV – Interpretação e Integração da Legislação Tributária;

Título II – Obrigação Tributária.

- Capítulo I – Disposições gerais;
- Capítulo II – Fato gerador;
- Capítulo III – Sujeito ativo;
- Capítulo IV – Sujeito passivo (Disposições gerais; Solidariedade; Capacidade tributária; Domicílio tributário);
- Capítulo V – Responsabilidade Tributária (Disposição geral; Responsabilidade dos sucessores; Responsabilidade de terceiros; Responsabilidade por infrações).

Título III – Crédito tributário.

- Capítulo I – Disposições gerais;
- Capítulo II – Constituição de crédito tributário (Lançamento; Modalidades de lançamento);
- Capítulo III – Suspensão de crédito tributário (Disposições gerais; Moratória);
- Capítulo IV – Extinção de crédito tributário (Modalidades de extinção; Pagamento; Pagamento indevido; Demais modalidades de extinção);
- Capítulo V – Exclusão do crédito tributário (Disposições gerais; Isenção; Anistia);
- Capítulo VI – Garantia e privilégios do crédito tributário (Disposições gerais; Preferências).

Título IV – Administração tributária.

- Capítulo I – Fiscalização;
- Capítulo II – Dívida ativa;
- Capítulo III – Certidões negativas;
- Disposições finais e transitórias.

2. De Costa e Silva a Médici – Enrijecimento do poder

No dia da posse de Costa e Silva, 15 de março de 1967, foi bai-
xado o Decreto-Lei nº 314, com o qual entrou em vigor a Lei de Segurança Nacional. A 7 de abril a Portaria nº 177 proibiu todas as formas
de manifestações, comícios ou passeatas. O endurecimento do regime
se completaria com a publicação do Ato Institucional nº 5.

O AI-5, publicado a 13 de dezembro de 1968, trazia a seguinte
justificativa:

*CONSIDERANDO, no entanto, que atos nitidamente subversivos,
oriundos dos mais distintos setores políticos e culturais, comprovam que os instrumentos jurídicos, que a Revolução vitoriosa outorgou à Nação para sua defesa, desenvolvimento e bem-estar de
seu povo, estão servindo de meios para combatê-la e destruí-la;
CONSIDERANDO que, assim, se torna imperiosa a adoção de
medidas que impeçam sejam frustrados os ideais superiores da
Revolução, preservando a ordem, a segurança, a tranquilidade,
o desenvolvimento econômico e cultural e a harmonia política
e social do País comprometidos por processos subversivos e de
guerra revolucionária;*

Para garantir *a revolução e suas conquistas*, o AI-5 definiu que:

• O Presidente da República podia decretar o recesso do Congresso Nacional, das Assembleias Legislativas e das Câmaras de Vereadores, por Ato Complementar, em estado de sítio
  ou fora dele, só voltando os mesmos a funcionar quando con-
  vocados pelo Presidente da República (art. 2º);

- No interesse nacional, o Presidente da República podia decretar a intervenção nos Estados e Municípios sem as limitações previstas na Constituição e nomear interventores para estados e municípios (art. 3°);

- O Presidente da República podia suspender os direitos políticos de qualquer cidadão por dez anos e cassar mandatos eletivos federais, estaduais e municipais (art. 4°);

- Ficavam suspensas as garantias constitucionais ou legais de vitaliciedade, inamovibilidade e estabilidade, bem como a de exercício em funções por prazo certo. O Presidente da República podia, mediante decreto, demitir, remover, aposentar ou pôr em disponibilidade quaisquer titulares das garantias referidas neste artigo, assim como empregados de autarquias, empresas públicas ou sociedades de economia mista, demitir, transferir para a reserva ou reformar militares ou membros das polícias militares, assegurados, quando for o caso, os vencimentos e vantagens proporcionais ao tempo de serviço, o mesmo se aplicando aos Estados, Municípios, Distrito Federal e Territórios (art. 6°);

- O Presidente da República (seguindo a Constituição de 1967 que lhe atribuía grande gama de poderes) podia decretar o estado de sítio e prorrogá-lo, fixando o respectivo prazo. Acabavam-se todos os limites (art. 7°);

- O Presidente da República podia ainda, após investigação, decretar o confisco de bens de quem tivesse enriquecido ilicitamente no exercício de cargo ou função pública, inclusive de autarquias, empresas públicas e sociedades de economia mista, sem prejuízo das sanções penais cabíveis (art. 8°);

• Era suspensa a garantia de *habeas corpus* nos casos de crimes políticos, contra a segurança nacional, a ordem econômica e social e a economia popular.

Se para os Cavaleiros Templários o pior dia foi 13 de 1307, a sexta-feira em que Filipe IV e a Igreja Católica, por pressão desse rei, os declararam inimigos do Estado francês, apóstatas e hereges (origem da superstição quanto às sextas-feiras 13 de qualquer mês), a nossa "sexta-feira 13" foi o dia da publicação do AI-5, pois dali em diante o recrudescimento seria total, chegando inclusive à *lei secreta* e à tortura "em benefício dos ideais da revolução".

Entre 1968 e 1969 foram publicados mais 12 Atos Institucionais, dentre os quais destaco:

o AI-6, que estabeleceu que os crimes contra a segurança nacional seriam julgados pela justiça militar, e não pelo STF;

o AI-9, que estabeleceu as regras para desapropriação de propriedade rural para atender interesse social e reforma agrária;

o AI-13, que estabeleceu o *banimento do território nacional de pessoas perigosas para a segurança nacional*;

e o AI-14, que estabeleceu a modificação do art. 150 da Constituição, permitindo a aplicação da pena de morte nos casos de *guerra externa, psicológica adversa, revolucionária ou subversiva*.

O regime se fechara, mas o fechamento e a rigidez ainda não haviam atingido o ápice. No dia 17 de outubro de 1969 entrou em vigor a Emenda Constitucional nº 1, na verdade apresentada por muitos como nova constituição.

O General Artur Costa e Silva adoeceu e ficou impossibilitado de governar. Os militares não permitiram que um civil assumisse o governo e formaram uma junta militar com os ministros da Marinha de Guerra, do Exército e da Aeronáutica Militar, com base no que previa o Ato Institucional nº 16, de 14 de outubro de 1969, que suspendia o cargo de Vice-Presidente até a nova eleição marcada, para 30 de outubro de 1969. Amparados pelo § 1º do Artigo 2º do AI-5 -- que permitia ao presidente em exercício decretar o recesso parlamentar, legislar em todas as matérias e exercer as atribuições previstas nas Constituições ou na Lei Orgânica dos Municípios --, em 17 de outubro de 1969 esses militares publicaram a Emenda Constitucional nº 1. Todos os poderes se concentravam no governo militar e apesar de a Constituição definir três poderes, confirmava-se a existência de um único: o "Executivo militar".

Em 30 de outubro de 1969, eleito pelo voto indireto, tomava posse o General Emílio Garrastazu Médici como novo Presidente da República. Em 1967 Médici assumira o Serviço Nacional de Informações (SNI) e em 1969 o Comando do 3º Exército, no Rio Grande do Sul e foi indicado por pertencer à "linha dura", para completar o fechamento do regime iniciado em 1964.

Com o Decreto-Lei nº 898, de 27 de setembro de 1969, entrou em vigor nova Lei de Segurança Nacional, estabelecendo que todo condenado à morte fosse fuzilado se em 30 dias o Presidente da República não comutasse a pena em prisão perpétua. Previa-se também a prisão de jornalistas que divulgassem *notícias falsas ou tendenciosas ou fatos verídicos truncados ou desfigurados*.

No ano seguinte o Brasil tornou-se tricampeão mundial de futebol no México e enquanto o povo cantava *Prá frente, Brasil do meu coração*, os elementos democráticos desapareciam totalmente. Pessoas foram presas, torturadas e mortas em nome da democracia e da revolução. A campanha *Brasil: ame-o ou deixe-o* anunciava o destino de quem se opusesse ao regime. A dupla Dom e Ravel cantava *Eu te amo, meu Brasil, eu te amo*, enquanto Chacrinha jogava bacalhau e abacaxi no auditório. A impressão era que estávamos *à toa na vida pra ver a banda passar, cantando coisas de amor.*[175] E era verdade, pois o Decreto-Lei n° 69.534, de 11 de novembro de 1971, abria a possibilidade de o Presidente da República promulgar decretos-leis secretos, sem divulgação oficial, consentindo na prisão de pessoas que sequer conheciam o teor desses documentos e o motivo da prisão. O sistema estava definitivamente fechado e o Brasil mergulhava nos anos de chumbo.

Ainda no plano jurídico, o governo do General Emílio Garrastazzu Médici instituiu o Código de Processo Civil brasileiro, com a Lei 5.869, de 11 de janeiro de 1973, sendo Ministro da Justiça o jurista Alfredo Buzaid. Composto originalmente de 1.220 artigos, logo no ano da sua instituição esse código sofreu alterações na redação de seus artigos. Seguiram-se outras alterações, advindas do processo de redemocratização e da promulgação da Constituição de 1988 e do Código Civil de 2002 e já se faz necessária nova revisão.

---

[175] *A Banda*, canção de Chico Buarque de Holanda.

Capítulo 12

Dos anos de chumbo ao processo de redemocratização do Brasil

A 15 de janeiro de 1974 o Colégio Eleitoral elegeu o General Ernesto Geisel para a Presidência da República, em pleito em que o outro candidato era Ulysses Guimarães, do MDB. Em 1967 Geisel fora ministro do Superior Tribunal Militar.

Durante o governo do General Ernesto Geisel nasceu a Operação Condor,[176] uma aliança dos militares do Cone Sul criada no final de 1975 para combater opositores das ditaduras, antecedida por operações conjuntas que levaram à prisão e ao desaparecimento de guerrilheiros brasileiros na Argentina e no Chile.

A origem da Operação Condor pode ser detectada no momento em que, durante a Conferência dos Exércitos Americanos ocorrida em Montevidéu no ano de 1975, o general Jorge Rafael Videla sugeriu a sua montagem. O general Videla tornou-se chefe do regime militar do seu país e hoje se sabe que a operação contava com o apoio norte-americano e a participação da CIA.

Iniciativa oficiosa, a Operação Condor uniu organismos de repressão do Brasil, do Chile, da Argentina, do Uruguai, do Paraguai e posteriormente da Bolívia, todos submetidos a regimes militares.

---

[176] As informações sobre a Operação Condor foram extraídas do jornal *Folha de São Paulo*, edições de 14.12.2004, 13.1.2008 e 16.2.2008, Caderno Brasil.

Pelo menos 14 militantes de organizações da esquerda armada do Brasil foram sequestrados ou mortos em consequência dessas ações pré-Condor, segundo conclusões de estudos acadêmicos de 2007, aprofundando episódios conhecidos desde os anos 70.

Entre 1973 e meados de 1975, três brasileiros foram sequestrados em Buenos Aires e desapareceram. Outros seis foram mortos no Chile após o golpe de 11 de setembro de 1973, que depôs o presidente Salvador Allende e acabou conduzindo ao poder Augusto Pinochet.

Um grupo de cinco brasileiros e um argentino, monitorados desde Santiago pelos serviços de inteligência, foi eliminado ao cruzar a fronteira da Argentina com o Brasil.

Documentos da polícia e do Exército do Uruguai, até hoje inéditos, comprovam que o Presidente João Goulart (1918-1976) era vigiado no exílio por estar comprometido com a subversão.

O General Ernesto Geisel foi substituído na Presidência da República pelo General João Batista Figueiredo, que governou o Brasil de 15 de março de 1979 a 15 de março de 1985. Iniciava-se a fase da *abertura política.*

• A Lei 6.683, de 28 de agosto de 1979, anistiou os punidos pelo AI-5 e perdoou os crimes de abuso de poder, tortura e assassinato cometidos por órgãos de segurança.

• A Lei 6.767 extinguiu o bipartidarismo e permitiu a criação de novos partidos dentro de um regime pluripartidarista. Em 1982 realizaram-se eleições diretas para o governo dos estados.

O Brasil viveu um período de importantes mudanças. Os anseios de liberdade, igualdade e fraternidade que nortearam a revolução francesa, por tanto tempo sufocados no peito dos brasileiros durante a ditadura militar, vieram à tona através de constantes exigências de mudanças. As manifestações populares ocorriam com intensidade cada vez maior. Um exemplo foi a ação do movimento sindical. A greve dos metalúrgicos no ABC paulista, em maio de 1978, expressava a falência da ditadura e os anseios de mudança. Foi a primeira greve geral da década e o governo federal não demorou a mandar tropas do Exército para a região do ABC. No ano seguinte, em março de 1979, em outra manifestação memorável os metalúrgicos do ABC paulista levaram cerca de 60 mil pessoas para uma assembleia no estádio da Vila Euclides, em São Bernardo. O dia 1º de maio de 1980 foi marcado por pesados conflitos entre manifestantes e a Polícia Militar, com pedradas de um lado e bombas de gás lacrimogêneo do outro. Ali, naquele cenário de descontentamento com a opressão da ditadura militar, nasceu o Partido dos Trabalhadores. No cenário nacional começaram a surgir várias lideranças políticas e intelectuais e artistas se somaram ao movimento. Foi o caso de Elis Regina, filiada número 1 do Partido dos Trabalhadores, nascido sob a liderança do sindicalista Luiz Inácio Lula da Silva, depois eleito para a Assembleia Nacional Constituinte e mais tarde para a Presidência da República.

Ainda em 1979, a 28 de agosto, foi assinada a Lei 6.683 que concedia anistia política, definida conforme o artigo 1º, depois do veto do Presidente da República General João Batista Figueiredo, que na sua mensagem 267 vetou a expressão "e outros diplomas legais", constante do final do artigo 1º.

Art. 1º É concedida anistia a todos quantos, no período compreendido entre 02 de setembro de 1961 e 15 de agosto de 1979, cometeram crimes políticos ou conexo com estes, crimes eleitorais, aos que tiveram seus direitos políticos suspensos e aos servidores da Administração Direta e Indireta, de fundações vinculadas ao poder público, aos Servidores dos Poderes Legislativo e Judiciário, aos Militares e aos dirigentes e representantes sindicais, punidos com fundamento em Atos Institucionais e Complementares.

A campanha pela anistia determinava como palavra de ordem *Anistia ampla, geral e irrestrita.* Os estudantes da Universidade de São Paulo e outras universidades do País, assim como artistas e intelectuais, participaram ativamente do movimento. Os exilados começaram a voltar ao País. A celebração foi geral. Elis Regina gravou a música *O bêbado e a equilibrista,* de João Bosco e Aldir Blanc, que se tornou um símbolo da anistia. No seu show *Saudades do Brasil,* mesmo diante do clima de abertura e anistia, Elis Regina foi proibida de usar uma camiseta que trazia impressa a bandeira do Brasil. A expressão "Ordem e Progresso" precisou ser substituída por "Elis Regina". A letra daquela canção expressa bem o clima da época:

[...] *Mas sei que uma dor / Assim pungente / Não há de ser inutilmente / A esperança / Dança na corda bamba / De sombrinha / E em cada passo / Dessa linha / Pode se machucar... / Asas! /A esperança equilibrista / Sabe que o show / De todo artista / Tem que continuar*

De fato, o show continuou nos versos de *Apesar de você,* de Chico Buarque de Holanda, que gritava:

Apesar de você/amanhã há de ser outro dia. / Eu pergunto e você, onde vai se esconder/ da enorme euforia?/ Como vai proibir/ quando o galo insistir em cantar, / água nova brotando / e a gente se amando sem parar?/ Quando chegar o momento, / este meu sofrimento/ vou cobrar com juros. Juro! / Todo este amor reprimido, / este grito contido, /este samba no escuro. / Você, que inventou a tristeza, / ora tenha a fineza /de desinventar. / Você vai pagar, e é dobrado, / cada lágrima rolada / neste meu penar.

Era esse o clima no Brasil no ano de 1982, quando ocorreram as eleições para o governo dos estados e para o Senado Federal. A oposição venceu nos principais estados. Estava aberto o caminho para nova luta: as eleições diretas para a Presidência da República. E assim começou uma campanha nacional pelas *Diretas Já*.

No Brasil inteiro comícios conclamavam eleições diretas e a 25 de abril de 1984 foi submetida ao plenário da Câmara dos Deputados a Emenda Dante de Oliveira, propondo eleições diretas para a Presidência da República. Apesar de todo o alarido nacional, na Câmara ainda pairava um forte ranço do governo militar, além do medo de uma esquerdização do País, dados os resultados das eleições de 1982 e a campanha nacional pelas Diretas Já. Assim, a emenda Dante de Oliveira foi rejeitada na Câmara dos Deputados, em Brasília, com o seguinte resultado: 298 deputados votaram a favor, 65 contra, três se abstiveram e 113 simplesmente não compareceram ao plenário. Faltaram 22 votos para completar os dois terços necessários para aprovar a emenda. Painéis foram espalhados por todo o País para acompanhar o resultado e divulgar os nomes dos que passaram a ser chamados de *traidores da nação*.

Diante da rejeição da emenda Dante de Oliveira, os políticos e o povo não se deram por vencidos e partiram para as eleições indiretas, é verdade, mas que tinham por objetivo escolher Tancredo de Almeida Neves para a presidência da república.

A chapa de Tancredo Neves tinha como vice-presidente José Sarney, recém-filiado ao PMDB. Representando a situação, ou seja, candidato do então PDS (Partido Democrático Social), o candidato era Paulo Maluf.

A campanha de Tancredo Neves ganhou força de eleições diretas e nos palanques de todo o País reunia milhares de pessoas. A cantora Fafá de Belém se uniu à campanha e interpretava nos comícios uma nova versão do Hino Nacional Brasileiro. Inflamados pelo sentimento nacionalista, os brasileiros acompanharam a eleição no Colégio Eleitoral em Brasília. Naquela terça-feira, 15 de janeiro de 1985, Tancredo foi eleito por 480 votos, contra 180 dados a Paulo Maluf e 26 abstenções.

A posse do Presidente Tancredo Neves de Almeida, marcada para o dia 15 de março de 1985, não chegou a acontecer. Na véspera ele adoeceu, vindo a falecer no dia 21 de abril de 1985, aos 75 anos, de infecção generalizada. O vice-presidente José Sarney tomou posse interinamente no dia 15.3.1985 e, depois de muitas discussões sobre a legalidade dessa posse, assumiu a Presidência da República no dia 21 de abril de 1985, data da morte do presidente eleito.

A Lei nº 7.465, de 21.4.1986, no artigo 1º, determinou que "o cidadão Tancredo de Almeida Neves, eleito e não empossado por motivo de seu falecimento, deve figurar na galeria *dos que foram ungidos pela Nação brasileira para a Suprema Magistratura, para todos os efeitos legais*".

Os fatos ocorridos desde a rejeição à Emenda Dante de Oliveira, que culminaram com a eleição e a não tomada de posse de Tancredo Neves, geraram um clima de frustração no País, porém perdurava o sentimento de que era preciso mudar. Foi nesse clima que no dia 28 de junho de 1985 o presidente empossado José Sarney enviou ao Congresso Nacional a Mensagem nº 48, propondo a Emenda Constitucional nº 43, que convocava a Assembleia Nacional Constituinte.

As eleições foram convocadas para 15 de novembro de 1986 e a Assembleia Nacional Constituinte deveria se reunir em 1º de fevereiro de 1987.

No dia da reunião da Assembleia Nacional Constituinte, milhares de brasileiros, vindos de todas as regiões do País, foram expressar o seu anseio de liberdade e cidadania através de uma constituinte livre e representativa do povo brasileiro. Eram mulheres, índios, negros, homossexuais, movimentos de sem-terra e sem-teto, ruralistas, religiosos, industriais, sindicalistas, aposentados, e outros.

Reunida a constituinte estavam em jogo diversas forças políticas, destacando-se duas vertentes: a dos representantes do passado recente do País, ou seja, os mais conservadores, contrários às mudanças, que temiam a esquerdização do País e a consequente implantação do socialismo; e, por outro lado, a ala dos chamados progressistas, que defendiam a adoção de liberdades irrestritas. O desaguadouro do confronto dessas duas forças era a Constituinte de 1987-88. Ulisses Guimarães, presidente da constituinte, mediava essas forças. Logo de início foi vestido com um cocar indígena e os índios dançaram no Congresso Nacional, também reivindicando voz e expressão na constituinte. Um grupo de mulheres de todo o Brasil, ao som de um refrão que dizia "Exemplo de Constituinte, o povo exige participação", entregou ao presidente da constituinte duas emendas clamando direitos e liberdades para as mulheres. Os promotores públicos também se expressaram e foi justamente essa Constituição de 1988 que criou o Ministério Público.

A Constituição de 1988 tornou o Ministério Público independente. Ele é por assim dizer um quarto poder, não depende nem do Executivo, nem do Legislativo e nem do Judiciário. Ele é o fiscal das leis. Isso permite que ele tenha uma atuação impressionante na responsabilização criminal de agentes públicos, desde os agentes políticos até os funcionários mais modestos; na defesa do patrimônio público; no meio ambiente, etc. (Célio Borja, jurista, em entrevista ao Arquivo N, da Globo News).

Os 559 membros da Assembleia Nacional Constituinte, homens e mulheres, apesar de uma convivência pacífica, embora acalorada em alguns momentos, tinham divergências ideológicas e ainda pairava certo medo da esquerdização do País, com a consequente implantação do socialismo. Esse medo e os confrontos acabaram dando origem ao chamado *Centrão*, grupo de constituintes de direita e moderados. A formação desse grupo acirrou a luta político-ideológica, porém sempre contou com a mediação do presidente da constituinte, Ulisses Guimarães. O primeiro texto aprovado nas subcomissões era desigual e continha mais de 500 artigos. Esse texto foi submetido às comissões para discussão e depois de revisto originou outro, composto de 315 artigos, divididos em 245 artigos na parte permanente e mais 70 artigos nas disposições transitórias.

Uma das discussões mais polêmicas foi sobre a *Reforma Agrária* porque o tema perpassa a História do Brasil. Referindo-se à questão agrária no período 1930-1964, Boris Fausto escreveu:

Ao contrário do México, que teve os rumos de sua história recente transformados pela revolução camponesa, e de outros países vizinhos que ensaiaram experiências mais ou menos bem-sucedidas de Reforma Agrária, ou mesmo daqueles que absorveram menos traumaticamente ao mundo urbano suas populações rurais, o Brasil permanece ainda hoje, como um caso-limite, com suas imensas reservas de população agrícola nas mais precárias condições de existência.

A abundância de terras não favoreceu sua distribuição mais equitativa, e o universo dos proprietários compõe-se daqueles que, em número reduzido, controlam extensões grandes demais para serem utilizadas produtivamente, e de uma categoria nu-

merosa que se utiliza de pequenos lotes insuficientes para as-
segurar a subsistência familiar, e cuja dimensão não permite a
racionalização e mecanização da produção. [177]

Segundo demonstrou Alberto Passos Guimarães, o problema da
terra no Brasil se alastra há mais de quatro séculos.[178] A relação entre
o latifúndio e as estruturas de poder já fora abordado antes por Raimundo Faoro, na obra *Os donos do poder.* Por isso, e também pelo
fato de a questão da Reforma Agrária ter sido um dos motivos da
queda de João Goulart e do Golpe de 1964, além de outros fatores, a
questão agrária e da reforma agrária foi das mais acaloradas no plenário da constituinte. De um lado havia o movimento dos *sem-terra*
e de outro a *ação ruralista.* Na ponta, o senador Bernardo Cabral,
relator da constituinte, que deveria dar texto a essa questão tão deli-
cada na realidade brasileira. O resultado ficou estabelecido no Título
VII, Capítulo III, arts. 184-191 da Constituição de 1988: *Da política*
agrícola, fundiária e da reforma agrária.

Art. 184. Compete à União desapropriar por interesse social,
para fins de reforma agrária, o imóvel rural que não esteja cum-
prindo sua função social, mediante prévia e justa indenização em
títulos da dívida agrária, com cláusula de preservação do valor
real, resgatáveis no prazo de até vinte anos, a partir do segundo
ano de sua emissão, e cuja utilização será definida em lei.

§ 1º As benfeitorias úteis e necessárias serão indenizadas em
dinheiro.

---

[177] FAUSTO, Boris. *História geral da civilização brasileira*, vol. 10. Rio de Janeiro: Bertrand Brasil, 2007, p. 148.

[178] GUIMARÃES, Alberto Passos. *Quatro séculos de latifúndio.* Rio de Janeiro: Paz e Terra, 1989.

§ 2º O decreto que declarar o imóvel como de interesse social, para fins de reforma agrária, autoriza a União a propor a ação de desapropriação.

§ 3º Cabe à lei complementar estabelecer procedimento contraditório especial, de rito sumário, para o processo judicial de desapropriação.

§ 4º O orçamento fixará anualmente o volume total de títulos da dívida agrária, assim como o montante de recursos para atender ao programa de reforma agrária no exercício.

§ 5º São isentas de impostos federais, estaduais e municipais as operações de transferência de imóveis desapropriados para fins de reforma agrária.

Apesar de tudo, a questão da Reforma Agrária continua sendo um caso-limite, como bem colocou Boris Fausto. Continua em vigor o Estatuto da Terra,[179] elaborado para conter os movimentos campesinos que se multiplicavam no governo João Goulart (ou seja, uma lei do início da ditadura). O INCRA, extinto[180] em 1987 com a criação do INTER (Instituto Jurídico de Terras Rurais), foi restabelecido a partir de 31 de março de 1989 pelo Decreto-Lei 97.886, de 28 de junho de 1989. Em resumo, a Reforma Agrária ainda é uma questão sem solução.

Outras questões polêmicas na constituinte envolveram o mandato do presidente da república em exercício, José Sarney, o mandato do futuro presidente e a reeleição. A questão do mandato do presidente José Sarney ocupou toda a constituinte, tendo sido resolvida por um acordo entre a constituinte e o presidente em exercício. Sarney renunciou a um ano do seu mandato, que ficou reduzido a cinco anos (pela

---

[179]   Lei 4.504 de 30 de novembro de 1964.
[180]   Decreto-Lei nº 2.363, de 21 de outubro de 1967.

constituição em vigor seria de seis anos). O mandato dos sucessores seria de quatro anos, sem reeleição. O art. 14, § 5º, que impedia a reeleição para um período subsequente de Presidente da República, Governadores dos Estados e do Distrito Federal, ganhou nova redação através da Emenda Constitucional nº 16, de 4 de junho de 1997, conhecida como Emenda da Reeleição.

Art. 14. A soberania popular será exercida pelo sufrágio universal e pelo voto direto e secreto, com valor igual para todos, e, nos termos da lei, mediante:

§ 5º O Presidente da República, os Governadores de Estado e do Distrito Federal, os Prefeitos e quem os houver sucedido, ou substituído no curso dos mandatos, poderão ser reeleitos para um único período subsequente.

Outro debate acalorado se deu entre o Presidente da República em exercício, José Sarney (que considerava que o texto do documento em elaboração tornaria o Brasil ingovernável) e o presidente da constituinte, Ulisses Guimarães, que respondeu aos temores de José Sarney com o seguinte discurso na Assembleia Nacional Constituinte:

A constituição com as correções que faremos será a guardiã da governabilidade. A governabilidade está no social. A fome, a miséria, a ignorância, a doença inassistida são ingovernáveis.

A constituinte acolheu a proposta de Afonso Arinos de Melo Franco[181] que permitia o voto aos 16 anos, porém rejeitou a propos-

---

[181] O Presidente Sarney nomeou Arinos para presidir a Comissão Provisória de Estudos Constitucionais (denominada Comissão Afonso Arinos), criada pelo Decreto nº. 91.450, de 18.7.85, a fim de preparar um anteprojeto que deveria servir de texto básico para a elaboração da nova Constituição.

ta parlamentarista do jurista. Devido a essa rejeição a constituição passou a ser vista por muitos como incongruente, porque se alegava (e ainda se alega) tratar-se de uma constituição com estrutura parlamentarista em um regime de governo presidencialista. As discussões acabaram ensejando a convocação de um plebiscito para escolher a forma de governo.

O plebiscito ocorreu em 1993, regulado pela Lei nº 8.624, de 4 de fevereiro de 1993. Houve um período de campanha, com alguns grupos defendendo a manutenção da proposta presidencialista, outros a substituição do presidencialismo pelo parlamentarismo e outros ainda a volta à monarquia com uma estrutura parlamentarista. A campanha não foi instrutiva e a população escolheu o presidencialismo, pois o parlamentarismo era e é desconhecido pelo nosso povo e a monarquia um regime distante e ultrapassado. Portanto prevaleceu o presidencialismo, com 41,16% dos votos.

No dia 5 de outubro de 1988 foi promulgada a nova Constituição da República Federativa do Brasil, após quase vinte meses de trabalho. O tom acalorado e emocionado do discurso de Ulisses Guimarães parece traduzir os anseios da Nação e o processo que se desenvolveu:

Dois de fevereiro de 1987: ecoam nesta sala as reivindicações das ruas. A Nação quer mudar, a Nação deve mudar, a Nação vai mudar. São as palavras constantes do meu discurso de posse como presidente da Assembleia Nacional Constituinte.

Hoje, 5 de outubro de 1988, no que tange à Constituição, a Nação mudou. A Constituição mudou na elaboração, mudou na

Em 1986, aos 81 anos, Arinos elegeu-se senador pelo Partido da Frente Liberal. Foi membro do Instituto dos Advogados Brasileiros, sócio efetivo do Instituto Histórico e Geográfico Brasileiro, membro do Conselho Federal de Cultura (nomeado em 1967, quando da sua criação, e reconduzido em 1973). Faleceu em pleno exercício do mandato de senador, em 1990.

definição dos poderes, mudou restaurando a federação, mudou quando quer mudar o homem em cidadão e só é cidadão quem ganha justo e suficiente salário, lê e escreve, mora, tem hospital e remédio, lazer quando descansa. Num país de 30.401.000 analfabetos, afrontosos 25% da população, cabe advertir: a cidadania começa com o alfabeto. [...]

Quando, após tantos anos de lutas e sacrifícios, promulgamos o Estatuto do Homem, da Liberdade e da Democracia, bradamos por imposição de sua honra: temos ódio à ditadura. Ódio e nojo. Amaldiçoamos a tirania onde quer que ela desgrace homens e nações, principalmente na América Latina. Assinalarei algumas marcas da Constituição que passará a comandar esta grande Nação.

A primeira é a coragem. A coragem é a matéria-prima da civilização. Sem ela, o dever e as instituições perecem. Sem a coragem, as demais virtudes sucumbem na hora do perigo. Sem ela não haveria a cruz nem os evangelhos. A Assembleia Nacional Constituinte rompeu contra o establishment, *investiu contra a inércia, desafiou tabus. [...]*

A participação foi também pela presença, pois diariamente cerca de dez mil postulantes franquearam livremente as onze estradas ao enorme complexo arquitetônico do Parlamento, na procura dos gabinetes, comissões, galeria e salões. Há, portanto, representativo e oxigenado sopro de gente, de rua, de praça, de favela, de fábrica, de trabalhadores, de cozinheiras, de menores carentes, de índios, de posseiros, de empresários, de estudantes, de aposentados, de servidores civis e militares, atestando a contemporaneidade e autenticidade social do texto que ora passa a vigorar. [...]

A Federação é a unidade na desigualdade, é a coesão pela autonomia das províncias. Comprimidas pelo centralismo, há o perigo de serem empurradas para a sucessão. É a irmandade entre as regiões. Para que não se rompa o elo, as mais prósperas devem colaborar com as menos desenvolvidas. Enquanto houver Norte e Nordeste fracos, não haverá na União estado forte, pois fraco é o Brasil.

As necessidades básicas do homem estão nos estados e nos municípios. Neles deve estar o dinheiro para atendê-las. A Federação é a governabilidade. A governabilidade da Nação passa pela governabilidade dos estados e dos municípios. O desgoverno, filho da penúria de recursos, acende a ira popular, que invade os paços municipais, arranca as grades dos palácios e acabará chegando à rampa do Palácio do Planalto. [...]

A vida pública brasileira será também fiscalizada pelos cidadãos. Do presidente da República ao prefeito, do senador ao vereador. A moral é o cerne da Pátria. A corrupção é o cupim da República. República suja pela corrupção impune tomba nas mãos de demagogos, que a pretexto de salvá-la a tiranizam. Não roubar, não deixar roubar, pôr na cadeia quem roube, eis o primeiro mandamento da moral pública. [...]

Não é a Constituição perfeita. Se fosse perfeita, seria irreformável. Ela própria, com humildade e realismo, admite ser emendada até por maioria mais acessível, dentro de cinco anos. Não é a Constituição perfeita, mas será útil e pioneira e desbravadora. Será luz, ainda que de lamparina, na noite dos desgraçados. É caminhando que se abrem os caminhos. Ela vai caminhar e abri-los. Será redentor o que penetrar nos bolsões sujos, escuros e ignorados da miséria. [...]

Foi a sociedade, mobilizada nos colossais comícios das Diretas- -Já, que pela transição e pela mudança derrotou o Estado usur-

pador. Termino com as palavras com que comecei esta fala: A
Nação quer mudar. A Nação deve mudar. A Nação vai mudar. A
Constituição pretende ser a voz, a letra, a vontade política da so-
ciedade rumo à mudança. Que a promulgação seja nosso grito:
Mudar para vencer! Muda, Brasil!

A Constituição em vigor separou direitos individuais e direitos
sociais e assim criou um conjunto de normas relativas à Ordem Social
(Título VIII, arts. 193-232), no qual se inclui a liberdade sindical e o
direito de greve, tão maculados desde a Era Vargas e durante a Ditadura Militar. Outra questão tratada é a indígena, presente nos artigos
231 e 232:

Art. 231. São reconhecidos aos índios organização social, cos-
tumes, línguas, crenças e tradições, e os direitos originários so-
bre as terras que tradicionalmente ocupam, competindo à União
demarcá-las, proteger e fazer respeitar todos os seus bens.

§ 1º – São terras tradicionalmente ocupadas pelos índios as por
eles habitadas em caráter permanente, as utilizadas para suas
atividades produtivas, as imprescindíveis à preservação dos re-
cursos ambientais necessários a seu bem-estar e as necessárias
a sua reprodução física e cultural, segundo seus usos, costumes
e tradições.

§ 2º – As terras tradicionalmente ocupadas pelos índios desti-
nam-se a sua posse permanente, cabendo-lhes o usufruto exclu-
sivo das riquezas do solo, dos rios e dos lagos nelas existentes.

§ 3º – O aproveitamento dos recursos hídricos, incluídos os
potenciais energéticos, a pesquisa e a lavra das riquezas mine-
rais em terras indígenas só podem ser efetivados com autoriza-

ção do Congresso Nacional, ouvidas as comunidades afetadas, ficando-lhes assegurada participação nos resultados da lavra, na forma da lei.

§ 4º – As terras de que trata este artigo são inalienáveis e indisponíveis, e os direitos sobre elas, imprescritíveis.

§ 5º – É vedada a remoção dos grupos indígenas de suas terras, salvo, ad referendum *do Congresso Nacional, em caso de catástrofe ou epidemia que ponha em risco sua população, ou no interesse da soberania do País, após deliberação do Congresso Nacional, garantido, em qualquer hipótese, o retorno imediato logo que cesse o risco.*

§ 6º – São nulos e extintos, não produzindo efeitos jurídicos, os atos que tenham por objeto a ocupação, o domínio e a posse das terras a que se refere este artigo, ou a exploração das riquezas naturais do solo, dos rios e dos lagos nelas existentes, ressalvado relevante interesse público da União, segundo o que dispuser lei complementar, não gerando a nulidade e a extinção direito a indenização ou a ações contra a União, salvo, na forma da lei, quanto às benfeitorias derivadas da ocupação de boa-fé.

§ 7º – Não se aplica às terras indígenas o disposto no art. 174, § 3º e § 4º.

Art. 232. Os índios, suas comunidades e organizações são partes legítimas para ingressar em juízo em defesa de seus direitos e interesses, intervindo o Ministério Público em todos os atos do processo.

A oitava constituição brasileira preocupou-se de modo especial com a área social e os direitos dos cidadãos. Dá maior proteção ao trabalhador, aumenta a arrecadação dos estados e municípios, mais poderes ao Legislativo e igualdade de direitos para homens e mulheres, entre outras coisas. A Carta Constitucional de 1988 previa a criação dos Juizados Especiais (art. 98, inciso I) para *"julgamento e execução de causas cíveis de menor complexidade e infrações penais de menor potencial ofensivo, mediante procedimento oral e sumaríssimo, permitidos, nas hipóteses previstas em lei, a transação e o julgamento de recursos por turmas de juízes de primeiro grau"*. Esses juizados foram criados pela Lei 9.099, de 26 de setembro de 1995. E a Lei 10.259, de 12 de julho de 2001, dispôs sobre a instituição dos Juizados Especiais Cíveis e Criminais no âmbito da Justiça Federal, conforme disposição da Emenda Constitucional n° 22, de 18 de março de 1999, que tratara da criação dos Juizados Especiais. Com a Constituição de 1988, o Judiciário passou a ter a seguinte organização:

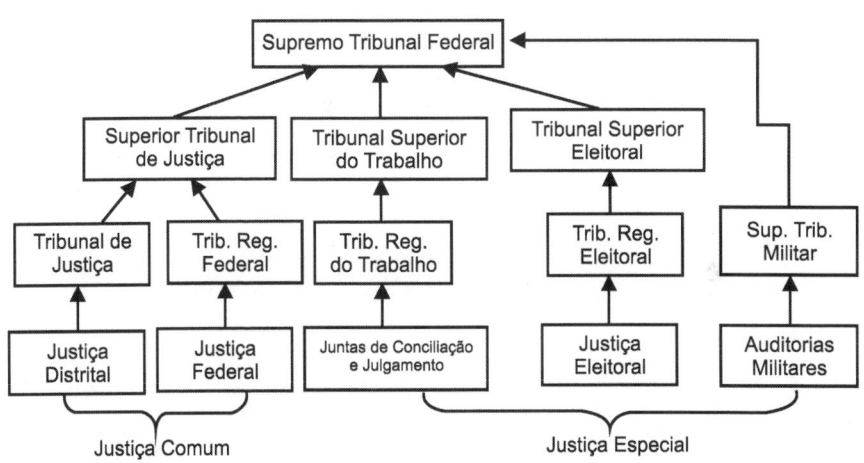

A Constituição de 1988 nasceu em um momento de mudanças para o mundo em geral. Em 1989 caiu o Muro de Berlim, a economia mundial entrou em processo de transformação, a Rússia teve de se adaptar às novas realidades, a globalização se expandiu rapidamente.

A partir de então o mundo se viu diante do G-7 mais a Rússia, da Comunidade Europeia, das tentativas norte-americanas de formar um bloco na América, das tentativas do Mercosul para se implantar e expandir.

No campo da saúde pública a epidemia da AIDS se alastrou e depois foi controlada, embora ainda esteja destruindo a população ativa da África, vítima das consequências do neocolonialismo do século XIX.

O terrorismo se expandiu, fortalecido pela fragilidade dos sistemas políticos em transição, e assombrou o mundo com o 11 de setembro e ações posteriores, tanto norte-americanas como dos próprios terroristas.

No Oriente ascenderam os Tigres Asiáticos. Nações como China e Japão passaram a ter destaque no cenário econômico mundial.

Nesse quadro mutante, o Brasil tinha e tem de se adaptar à nova etapa histórica, alterando as políticas interna e externa.

Segundo Fernando Henrique Cardoso, que participou da constituinte e depois foi eleito presidente da República em dois mandatos,

A constituição tinha um forte sentimento estadista e ao mesmo tempo um sentimento de oferecer ao povo uma situação melhor, mas na parte dos impostos – apesar do aumento da arrecadação para os estados e municípios – ela não fornece meios para o Estado e nem o Estado tinha os equipamentos para isso, mantendo uma visão monopolista em que o setor privado não participava da construção da nação, ou seja, o Estado deveria ser – segundo a Constituição de 1988 – o grande construtor da nação. (Entrevista para o UOL.)[182]

Apesar da visão do ex-presidente Fernando Henrique Cardoso, as medidas econômicas adotadas em seu governo não alteraram a

---

[182] Extraído de HTTP://noticias.uol.com.br/especiais/constituicao-brasileira-1988, em 10.10.2008.

base central do Estado como indutor, articulador e promotor do desenvolvimento econômico. Nem as Reformas da Previdência Social alteraram a base central. Foram 62 emendas, porém não alteraram o cerne da constituição, que ainda vê o Estado como o único responsável por tudo. Quem é o Estado? Quem legitima o Estado? Qual é o nosso contrato social?

Essas perguntas, formuladas e respondidas há tanto tempo por homens como Max Weber e Jean-Jacques Rousseau, nos induzem a repensar o nosso conceito de Estado e também o nosso contrato social. A Constituição de 1988 deve perdurar. Se em 2008 completou vinte anos e vai chegando à maioridade, deverá avançar em direção à maturidade. Porém aos brasileiros cabe continuar refletindo e buscando novas respostas.

A natureza da constituição é essa: a de uma lei básica, difícil de ser mudada, que corta privilégios e reconhece direitos. (Plínio de Arruda Sampaio, em entrevista para o UOL.)[183]

---

183   Extraído de HTTP://noticias.uol.com.br/especiais/constituicao-brasileira-1988, em 10.10.2008.

Resumo cronológico da História do Direito no Brasil

Brasil Colonial

1. Antecedentes

1139 – Portugal surge como reino independente. Seu primeiro rei é Afonso Henriques. Espanha ainda encontrava-se em grande parte ocupada pelos árabes.

1249 – Os mouros são expulsos de todo o território de Portugal.

1385 – Tem início a dinastia de Avis, com D. João I. Iniciou a história da expansão marítima portuguesa.[1]

1415 – Os portugueses conquistaram a cidade norte-africana de Ceuta. Este é o marco inaugural da expansão marítima.[2]

---

[1] Relação dos monarcas da Dinastia de Avis (1385-1580): João I de Portugal (1385 - 1433, depois do Interregno); Duarte de Portugal (1433 - 1438); Afonso V de Portugal (1438 - 1481); João II de Portugal (1481 - 1495); Manuel I de Portugal (1495 - 1521); João III de Portugal (1521 - 1557); Sebastião de Portugal (1557 - 1578); Henrique I de Portugal (1578 - 1580); António I de Portugal (1580).

[2] Conquistas Portuguesas: 1415 Expedição portuguesa liderada pelo rei D. João I, conquista a cidade de Ceuta no norte da África, em 21 de agosto de 1415; 1420 a 1423 - Os navegantes João Gonçalves Zarco e Tristão Teixeira descobrem a ilha da Madeira; 1424 - D.Fernando de Castro comanda expedição contra as ilhas Canárias; 1425 - Colonização da ilha da Madeira; 1432 - Gonçalo Velho viaja para a ilha dos Açores; 1434 - Gil Eanes passa o Cabo Bojador abrindo a rota para o sul da África; 1437 - Fracassa conquista do Marrocos. Portugueses derrotados na batalha de Tanger; 1441 - Nuno Tristão descobre o Cabo Branco; 1443 - O Infante D. Henrique recebe o Promontório de Sagres como Vila de Sagres, tornando o local, a partir de 1450, centro impulsionador das expedições navais lusitanas. D. Henrique morre ali em 1460; 1444 - Dinis Dias descobre o Cabo Verde; 1445 - Gomes Pires, Laçarote e outros chegam ao Senegal; 1456 - Descoberta das ilhas do Cabo Verde; 1484 - Diogo Cão navega até a embocadura do Rio Zaire no Congo. Colombo oferece ao rei português os planos da via-

1446 – Ordenações Afonsinas.

1453 – Tomada de Constantinopla pelos turcos. Este é o início da Idade Moderna. O comércio no Mediterrâneo sofre bloqueio turco. O episódio dá novo impulso à necessidade de se procurar novo caminho para as Índias.

1488 – O navegador Bartolomeu Dias dobra o Cabo da Boa Esperança.

1492 – Cristóvão Colombo, navegando a serviço da Espanha, descobre a América.

1493 – Bula Intercoetera[3]

1494 – Espanha e Portugal assinam o Tratado de Tordesilhas.

1498 – Vasco da Gama atinge Calicute, na Índia, contornando a costa africana.

1499 – Os irmãos Pinzón percorrem a costa das Guianas e do Brasil, até a altura do rio Amazonas.

---

gem para chegar à Índia navegando pelo Ocidente. Foi rejeitado; 1488 - Bartolomeu Dias descortina o cabo das Tormentas, na África do Sul, rebatizado pelo rei João II de Cabo da Boa Esperança, abertura para os mares da Índia; 1498 - Vasco da Gama chega ao porto de Calicute na Índia; 1500 – Pedro Álvares Cabral desembarca no litoral do Brasil.

[3]   A descoberta deu início a uma grande disputa entre Portugal e Espanha pela posse das novas terras descobertas na região do oceano Atlântico. Esses conflitos chamaram a atenção de autoridades internacionais da época: a Igreja. O papa Alexandre VI fez um decreto (1493), que uma linha imaginária dividiria as terras de norte a sul, traçada a 100 léguas a oeste das ilhas de Cabo Verde. As terras a oeste eram da Espanha e as do leste de Portugal. Esse decreto ficou conhecido como Bula Intercoetera, que denunciava o prestígio da diplomacia espanhola em Roma e não foi aceito por Portugal, intensificando-se a tensão entre os dois países. No ano seguinte, outro decreto foi assinado, era o Tratado de Tordesilhas, que criava uma nova linha imaginária pela qual passaria a 370 léguas (1770 Km, 46° 37' a oeste do Meridiano de Greenwich) a oeste de Cabo Verde.

2. Da chegada de Cabral ao Domínio Espanhol

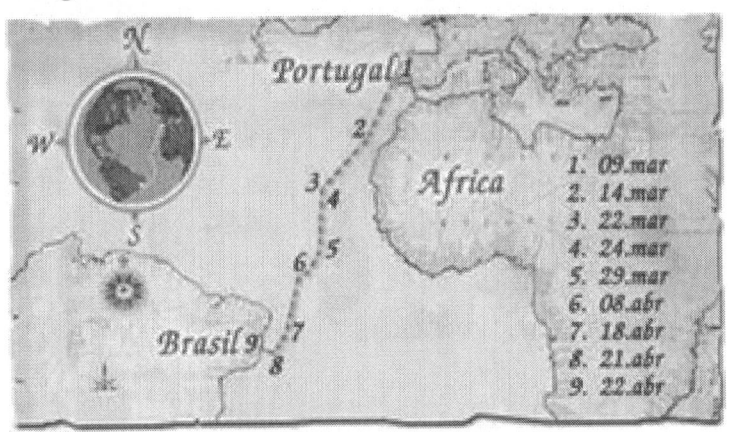

1 Rio Tejo   4 Nau desaparece   7 Baía de Todos os Santos

2 Ilhas Canárias   5 Calmarias   8 Sinais de terra firme

3 Cabo Verde   6 Mudança para o oeste 9 Rio do Frade

Fonte: BBC Brasil: http://www.bbc.co.uk/portuguese/braz_500/index.htm

1500 – Pedro Álvares Cabral chega ao Brasil, tomando posse da terra em nome da Coroa Portuguesa.

1509 – Diogo Álvares Correia (O Caramuru) funda o primeiro estabelecimento português no Brasil.

1521 – Ordenações Manuelinas.

1530 – Expedição colonizadora de Martim Afonso de Souza chegou ao Brasil.

1532 – Fundação, por Martim Afonso, da primeira vila do Brasil, a Vila de São Vicente.

1534 – O Brasil é dividido em capitanias hereditárias. Início da colonização sistemática.

1548 – Cria-se o governo-geral com o intuito de centralizar a administração da Colônia.

1550 – Chega a Salvador a primeira leva de escravos africanos.

1555 – Os franceses fundam a França Antártida, no Rio de Janeiro.

1556 – Proibição oficial da Coroa espanhola quanto ao emprego das palavras "conquista" e "conquistador".

1567 – Os franceses são expulsos do Rio de Janeiro.

1570 – Carta régia de D. Sebastião garantindo a liberdade dos índios. Mas as leis não são suficientes para conter os ataques e violências contra os índios.

1571 – D. Sebastião decreta que somente navios portugueses transportem mercadorias para o Brasil.

3. Período da União da Coroas Ibéricas e da presença holandesa em Pernambuco

1580 – Início do domínio espanhol, também chamado União Ibérica (até 1640).

1603 – Ordenações Filipinas.

1612 – Os franceses invadem o Maranhão e fundam a França Equinocial.

1615 – Os franceses são expulsos do Maranhão.

1624 – Os holandeses invadem a capital da Colônia, Salvador.

1625 – Os holandeses são expulsos da Bahia.

1630 – Os holandeses iniciam a invasão de Pernambuco. Só serão expulsos em 1654.

1635 – Foi liquidada a resistência luso-brasileira comandada por Matias de Albuquerque.

1637 – Maurício de Nassau chega ao Brasil e inicia sua habilidosa administração.

1640 – D. João IV restaura o trono português pondo fim ao domínio espanhol.

1644 – Desentendendo-se com a Companhia das Índias Ocidentais, Maurício de Nassau deixa o cargo de governador.

1648 – Vitória dos luso-brasileiros contra os holandeses na primeira batalha dos Guararapes (a segunda foi em 1649).

1654 – Os holandeses assinam sua rendição na Campina da Taborda.

1661 – Os holandeses reconhecem oficialmente a perda do nordeste brasileiro e assinam o tratado de paz de Haia.

4. Fase da Mineração e do Governo Pombalino

1674 – Bandeira de Fernão Dias Pais Leme parte em direção ao sertão de Minas Gerais.

1684 – Explode, no Maranhão, a Revolta liderada pelo senhor de engenho Manuel Beckman.

1690 a 1695 – São encontradas as primeiras jazidas de ouro no Brasil.

1694 – O bandeirante Domingos Jorge Velho (sertanismo de contrato) destrói o quilombo dos Palmares.

1701 – É proibida a criação de gado numa faixa de dez léguas a partira do litoral.

1702 – É criada a Intendência das Minas, tendo como função básica distribuir terras para a exploração do ouro e cobrar tributos para a Fazenda Real.

1703 – Portugal e Inglaterra assinam o Tratado de Methuen (Tratado dos Panos e Vinhos), que teve importante repercussão na vida econômica portuguesa.

1708 – Tem início a Guerra dos Emboabas.

1710 – Explode a Guerra dos Mascates, conflito entre os senhores de engenho de Olinda e os comerciantes do Recife.

1713 – Tratado de Utrecht (a França aceitava o rio Oiapoque como limite entre a Guiana e o Brasil).

1715 – Tratado de Utrecht (a Espanha concordava em devolver a Colônia do Sacramento a Portugal).

1720 – Foram criadas as Casas de Fundição, onde todo o ouro deveria ser levado para a transformação em barras. Ao receber o ouro, as Casas retiravam a parte correspondente ao imposto (quinto). Nesse mesmo ano, explode a Revolta de Vila Rica, em protesto contra a criação das Casas de Fundição.

1729 – Tem início a produção de diamantes no arraial do Tijuco, atual cidade de Diamantina, em Minas Gerais.

1750 – É determinado que o resultado do quinto não poderia ser menor do que 100 arrobas de ouro por ano. Tratado de Madrid estabelece a posse portuguesa além da linha de Tordesilhas. Além disso, determinava que a Colônia do Sacramento pertencia aos espanhóis, e a região dos Sete Povos das Missões pertencia aos portugueses.

1759 – Expulsão dos jesuítas do Brasil, por determinação do marquês do Pombal.

1761 – Acordo do Pardo (Espanha e Portugal anulam o Tratado de Madrid).

1763 – A capital do Estado do Brasil é transferida de Salvador para o Rio de Janeiro.

1765 – Foi decretada a Derrama, pela qual obrigava-se a população mineradora a completar a soma acumulada do imposto devido.

1771 – Começa a funcionar a enérgica atuação da Intendência dos Diamantes.

1777 – Tratado de Santo Ildefonso (a Espanha ficaria com a Colônia do Sacramento e a região dos Sete Povos das Missões, mas devolveria terras que havia ocupado nos atuais estados de Santa Catarina e Rio Grande do Sul).

1789 – Organizada a Conjuração Mineira, que teve como desfecho a condenação à morte de Tiradentes (21 de abril de 1792).

1794 – Conjuração do Rio de Janeiro.

1798 – Prepara-se a Conjuração Baiana, que contou com significativa participação das camadas populares. Esta rebelião teve como desfecho a pena de morte aplicada a João de Deus, Manuel Faustino, Lucas Dantas e Luís Gonzaga das Virgens (8 de novembro de 1799).

1801 – Tratado de Badajós (a Espanha renuncia à posse dos Sete Povos das Missões, e Portugal confirma o direito espanhol à Colônia do Sacramento).

5. Da vinda da família real portuguesa à independência

1805 – Derrota de Napoleão na Batalha de Trafalgar

1806 – Napoleão Bonaparte decreta o Bloqueio Continental contra a Inglaterra.

1807 – Recusando-se a aderir ao Bloqueio Continental, Portugal é invadido por tropas franco-espanholas. Em novembro desse ano, a família real abandona o território português, transferindo a sede do reino para o Brasil.

1808 – D. João chega ao Brasil. Pressionado pela Inglaterra, assina o decreto da abertura dos portos, rompendo com o monopólio do comércio colonial.

1810 – Portugal e Inglaterra assinam um tratado de comércio, que fixa em 15% a taxa alfandegária (*ad valorem*) sobre produtos ingleses vendidos para o Brasil. Os demais países pagavam 24%, e Portugal 16%.

1815 – Elevação do Brasil à categoria de Reino Unido à Portugal e Algarves.

1817 – Explode a Revolução Pernambucana, tendo como ideal a proclamação da república e a elaboração de uma Constituição liberal. Os revoltosos ocupam o poder, por pouco tempo. A revolução foi violentamente reprimida

1820 – Eclode em Portugal a Revolução do Porto, liderada pela burguesia lusitana. Os revoltosos exigem a volta de D. João VI ao país.

1821 – D. João VI é obrigado a deixar o Brasil, depois de tê-lo governado por mais de 12 anos. Em seu lugar fica o príncipe regente D. Pedro.

1822 – No dia 7 de setembro, D. Pedro proclama a independência do Brasil. Inicia-se o período monárquico, que durou 67 anos.

Brasil Império

1823 - Instalada, no dia 3 de maio, a Assembleia Constituinte encarregada de elaborar a primeira Constituição do Brasil. Criando um sistema eleitoral baseado na renda em farinha de mandioca, o anteprojeto ficou conhecido como a Constituição da Mandioca. Em novembro, D. Pedro I dissolve a Assembleia.

1824 – Outorgada no dia 25 de março, por decreto imperial, a primeira Constituição do País. No dia 25 de julho, explode a Confederação do Equador.

1825 – Os revolucionários cisplatinos assumiram o controle militar da província Cisplatina.

1826 – Morreu, em Portugal, D. João VI. Aberta a sucessão do trono, D. Pedro I torna-se o legítimo pretendente, mas abdica seu direito em favor de sua filha D. Maria da Glória.

1828 – Foi assinado um tratado de paz entre Brasil e Argentina, pelo qual ambos os países aceitavam a fundação de República Oriental do Uruguai.

1830 – Código Criminal do Império.

1831 – D. Pedro I abdicou o trono brasileiro em favor de seu filho Pedro de Alcântara. A Regência Trina Provisória assume o poder até junho desse ano. A partir dessa data, o governo é transferido para a Regência Trina Permanente. Início período regencial até 1840.

1832 – O ministro da Justiça, padre Feijó, renunciou ao cargo. Código de Processo Criminal do Império.

1834 – D. Pedro I morreu em Portugal. Foi aprovado o Ato Adicional, introduzindo modificações na Constituição do império.

1835 – Início da Regência Una do padre Feijó. Revoltas regenciais: no Pará, a Cabanagem; no sul, a Farroupilha.

1837 – O Regente Feijó renunciou ao cargo. Teve início a Regência Una de Araújo Lima. Na Bahia, explodiu a Sabinada.

1838 – Teve início a Balaiada no Maranhão.

1840 – Terminou o Período Regencial, com a decretação da maioridade de D. Pedro II. Início do Segundo Reinado. Foi aprovada a lei interpretativa do Ato Adicional, limitando a autonomia das províncias.

1842 – Revolta Liberal em São Paulo e Minas Gerais.

1844 – Tarifa Alves Branco.

1847 – Foi criado o cargo de presidente do Conselho de Ministros. Introdução dos primeiros imigrantes na fazenda de café Ibicaba, em São Paulo.

1848 – Revolução Praieira, a última grande revolta liberal do império.

1850 – Lei de Terras. Extinção o tráfico de escravos no Brasil (Lei Eusébio de Queirós – 4 de agosto). Código Comercial.

1854 – Inaugurada a primeira estrada de ferro do Brasil.

1858 – Consolidação das Leis Civis do Império.

1865 – Início da Guerra do Paraguai.

1870 – Fim da Guerra do Paraguai. Foi publicado o Manifesto Republicano, no Rio de Janeiro.

1871 – Reforma processual: extinção os cargos de chefe de polícia, delegado e subdelegado para a formação de culpa e pronúncia nos crimes comuns. Lei Rio Branco, conhecida como Lei do Ventre Livre.

1872 – Decreto nº 4.992, de 3 de janeiro de 1872, cada sessão do Júri passou a ser presidida pelo desembargador da Relação do distrito, designado pelo presidente segundo a ordem de antiguidade.

1873 – Fundação o Partido Republicano Paulista, na Convenção de Itu, em São Paulo.

1885 – Lei Saraiva Cotegipe. Conhecida como Lei dos Sexagenários.

1888 – Promulgação da Lei Áurea, declarando extinta a escravidão no Brasil.

1889 – Queda do Império do Brasil. Proclamação da República.

Brasil República

1. A República da Espada e a República Velha

1889 – Instalação do governo provisório da república. Governo Provisório de Deodoro da Fonseca.

1890 – Código Penal da República

1891 – Promulgada a primeira Constituição da República. Deodoro da Fonseca é eleito, pelo Congresso Nacional, presidente da República. Em novembro desse ano, renuncia ao cargo e Floriano Peixoto assume o poder.

1892 – Manifesto dos Treze Generais, exigindo a convocação de novas eleições presidenciais. Primeira Revolta da Armada.

1893 – Segunda Revolta da Armada, liderada pelo almirante Custódio José de Melo. Tem início a Revolução Federalista, no Rio Grande do Sul.

1894 – Governo de Prudente de Morais⁴ (Partido Republicano Paulista). Antônio Conselheiro começa a organizar o arraial de Canudos.

1897 – O arraial de Canudos é destruído pelas tropas federais.

1898 – Governo de Campos Salles (partido Republicano Paulista) e a montagem da política dos governadores. Decreto 3.084, de 5 de novembro de 1898, criação dos **juízes federais**, sendo sua lotação por Estado distribuída da seguinte forma: um juiz seccional, três juízes substitutos e três juízes suplentes.

1902 – Governo de Rodrigues Alves (Partido Republicano Paulista).

1903 – O Acre foi incorporado ao Brasil. Pelo Tratado de Petrópolis, encerraram-se as disputas com a Bolívia.

1904 – Revolta da Vacina, no Rio de Janeiro.

1906 – Governo de Afonso Pena (Partido Republicano Mineiro). O Convênio de Taubaté propôs soluções para a crise de superprodução do café. Os governos estaduais deveriam comprar e estocar a produção excedente.

1909-1910 – Governo Nilo Peçanha (Partido Republicano Fluminense).

1910 – Governo Hermes da Fonseca (Partido Republicano Conservador). Revolta da Chibata no Rio de Janeiro (Navegante Negro – Marinheiro João Cândido).

1912 – Guerra do Contestado, movimento messiânico.

1914 – Governo Venceslau Brás (Partido Republicano Mineiro). Início da Primeira Guerra Mundial, que se prolonga até 1918. Nesse período, o processo industrial brasileiro recebe grande impulso.

---

⁴ Os Presidentes da República Velha tomavam posse no dia 15 de Novembro e governavam por quatro anos. Exceção no caso de Floriano Peixoto que assumiu em 23 de novembro de 1891 e governou até 15 de novembro de 1894. Afonso Pena governou até a sua morte em 1909 e o processo sucessório foi conduzido por Nilo Peçanha que assumiu com a morte do presidente. Delfim Moreira (1918-1919) assumiu o governo com a morte de Rodrigues Alves antes de poder assumir o mandato e conduziu o processo sucessório. Epitácio Pessoa governou no período de 1919 a 1922.

1916 – Fim da Guerra do Contestado. 1º Código Civil brasileiro.

1918 – Morreu Rodrigues Alves (Partido Republicano Paulista) antes de assumir o segundo mandato como Presidente da República. Governo Delfim Moreira (Partido Republicano Mineiro).

1919 – Governo Epitácio Pessoa (Partido Republicano Mineiro). A Lei 3.725/19 alterou o Código Civil de 1916.

1920 – Cresceu o descontentamento social contra o tradicional sistema oligárquico que dominava o País. Greves operárias (1919 e 1920). Em São Paulo na capital e no interior as greves se espalharam. No Dia do Trabalho de 1920, no Rio de Janeiro 60.000 operários compareceram a um comício na região central da cidade.

1922 – Governo Artur Bernardes (Partido Republicano Mineiro). Revolta do Forte de Copacabana (Os 18 do Forte), sendo a primeira revolta do movimento tenentista. Desenvolve-se em São Paulo a Semana de Arte Moderna.

1924 – Em São Paulo outra revolta tenentista contra o governo federal. Teve início a Coluna Prestes.

1926 – Governo Washington Luís (Partido Republicano Paulista).

1927 – O Código de Menores definiu que com 14 anos de idade o infrator era inimputável.

1929 – O mundo ocidental foi abalado por uma grave crise econômica, fruto da quebra da Bolsa de Nova Iorque que refletiu no Brasil pela violenta queda dos preços do café. Formação da Aliança Liberal (Rio Grande do Sul, Minas Gerais, Paraíba). Eleições fraudulentas e vitória de Júlio Prestes.

A Era Vargas

1930 – Eclodiu no Rio Grande do Sul a Revolução de 1930, que forçou a deposição de Washington Luís, dando um fim à República Velha.

Interventores Revolucionários Augusto Fragoso, Isaías de Noronha e Mena Barreto (24.10.30 a 3.11.30). Instalação do governo provisório de Getúlio Vargas.

1932 – Em São Paulo eclodiu a Revolução Constitucionalista. Fundação do Integralismo (AIB). O Decreto 22.213, de 14 de dezembro de 1932, aprovou e adotou a Consolidação das Leis Penais, de autoria do Desembargador Vicente Piragibe. Código Eleitoral. Pelo Decreto 21.076, de 24 de fevereiro de 1932 estabeleceu a Justiça Eleitoral e a 20 de maio de 1932 foi instalado o Tribunal Superior Eleitoral. Depois, os Tribunais Regionais Eleitorais passaram a integrar a estrutura da Corte Suprema.

1933 – Realizadas eleições para a escolha dos membros da Assembleia Nacional Constituinte.

1934 – Foi promulgada a segunda Constituição da República. Início do governo constitucional de Getúlio Vargas.

1935 – O governo Getúlio Vargas decretou o fechamento da Aliança Nacional Libertadora. Eclodiram rebeliões militares em batalhões do Rio Grande do Norte, de Pernambuco e do Rio de Janeiro (Intentona Comunista). Criação do Tribunal de Exceção para julgar de maneira sumária os envolvidos com a Intentona Comunista. Lei nº 38, de 4 de abril de 1935 (Lei de Segurança Nacional).

1936 – Pela Lei 244, de 11 de setembro de 1936, foi instituído, no âmbito da Justiça Militar, o Tribunal de Segurança Nacional, com sede no Distrito Federal, para funcionar em estado de guerra ou de grave comoção intestina, julgando militares e civis que atentassem contra a segurança do Estado.

1937 – Plano Cohen (10.11.1937). Início do Estado novo. Uma nova Constituição é imposta ao País.

1938 – Lei nº 136, de 14 de dezembro, e o Decreto-Lei nº 431, de 18 de maio de 1938 reforçaram a Lei de Segurança Nacional de 1935. O Decreto 167, de 5 de janeiro de 1938, limitara a atuação do Tribunal do Júri aos crimes de infanticídio, induzimento ou auxílio ao suicídio, duelo com morte, latrocínio e homicídio.

1939 – Início da Segunda Guerra Mundial. O Decreto-Lei 1.237, de 2 de maio de 1939, organizou a Justiça do Trabalho no âmbito do Poder Judiciário, regulamentando-a através do Decreto 6.596, de 12.12.1940.

1940 – 8 de julho, o Decreto-Lei 2.377 criou o Imposto Sindical obrigatório. 2º Código Penal da República, em vigor até os nossos dias.

1941 – Fundação da Companhia Siderúrgica Nacional, marco do desenvolvimento industrial brasileiro. Publicação do Código de Processo Penal, Decreto-Lei 3.689, de 3 de outubro de 1941.

1942 – O Brasil declarou guerra às potências do Eixo. O Decreto-Lei 4.408, de 20 de janeiro de 1942, criou o SENAI (Serviço Nacional de Aprendizagem Industrial).

1943 – O Decreto-Lei 5.452, de 12 de maio de 1943, aprovou a Consolidação das Leis do Trabalho os referidos Conselhos passaram a se denominar Tribunais, na forma como são conhecidos até hoje: Tribunais Regionais do Trabalho e Tribunal Superior do Trabalho. Mesmo assim, Vargas ainda mantinha o controle sobre os sindicatos.

1944 – A FEB (Força Expedicionária Brasileira) foi enviada para a Itália.

1945 – As Forças Armadas obrigam à renúncia de Getúlio Vargas (golpe de Eurico Gaspar Dutra). Fim da Segunda Guerra Mundial. Início da Guerra Fria (EUA (Estados Unidos da América do Norte) e URSS (União das Repúblicas Socialistas Soviéticas). Governo José Linhares (29.10.45 a 31.1.46).

1946 – Governo Eurico Gaspar Dutra (Partido Social Democrático). Promulgada a quarta Constituição da República. Decreto-Lei 9.797, de 9 de setembro de 1946, a Justiça do Trabalho adquiriu a estrutura atual.

1947 – Decretada a extinção do Partido Comunista.

1951 – 2º. Governo Getúlio Vargas (Partido Trabalhista Brasileiro). Eleito com expressiva votação Vargas retornou à Presidência da República.

1953 – Criação da Petrobras.

1954 - O governo Vargas concedeu aumento de 100% aos assalariados. Em 24 de agosto, Vargas suicidou. Governo Café Filho (Partido Social Progressista - 24.8.54 a 8.11.55).

1955 – Governo Carlos Luz – Partido Social Democrático (8 a 11 de novembro de 1955 – Com o apoio do PSD, foi declarado o impeachment de Carlos Luz no Congresso Nacional, sob acusação de conspiração para não entregar o poder ao presidente eleito, Juscelino Kubitschek.). Governo Nereu Ramos – Partido Social Democrático (governou o Brasil por dois meses e 21 dias, de 11 de novembro de 1955 a 31 de janeiro de 1956).

1956 – Governo Juscelino Kubitschek (Partido Social Democrático). Com base em seu Plano de Metas JK, empreendeu diversas realizações desenvolvimentistas.

1960 – Inauguração de Brasília.

1961 – Governo Jânio Quadros (Partido Trabalhista Nacional). Curto período de governo. (Renunciou à Presidência em 25 de agosto de 1961. Governo Ranieri Mazzilli – Partido Social Democrático (2.4.64 a 15.4.64). No dia 2 de setembro de 1961 foi promulgada a Emenda Constitucional nº 4 à Constituição de 1946. O vice-presidente João Goulart assumiu sob o regime parlamentarista. Primeiro-Ministro Tancredo Neves de Almeida.

1962 – Lei 4.121, de 27 de agosto de 1962 (Estatuto da Mulher Casada), complementada pela Lei 6.515/77, que colocou a mulher em condições de igualdade com o marido.

1963 – Um plebiscito popular revela a preferência dos brasileiros pela volta do sistema presidencialista. Governo presidencialista de João Goulart (Partido Trabalhista Brasileiro)

O governo ditatorial militar

1964 – Um golpe militar derruba João Goulart da Presidência da República. O marechal Castelo Branco assumiu a Presidência da República em nome do movimento militar que depôs João Goulart. Publicação do Ato Insttucional n° 1 decertou a suspensão dos direitos políticos daqueles considerados opositores ao novo regime ditatorial que se instalava no Brasil.

1965 – A publicação do Ato Institucional n° 2 extinguiu todos os partidos políticos, instituindo o bipartidarismo (ARENA e MDB). A Lei Suplicy de Lacerda colocou na ilegalidade a UNE e as UEEs (Uniões Estaduais de Estudantes), que passaram a atuar na clandestinidade.

1966 – A publicação do Ato Institucional n° 3 (5 de fevereiro) determinava que a eleição de governadores e vice-governadores seria indireta, executada por colégio eleitoral estadual, os prefeitos das capitais e das cidades de segurança nacional não seriam mais eleitos e sim indicados por nomeação pelos governadores. Aos 7 de dezembro o Ato Institucional n° 4 convocou co Congresso Nacional para a análise e votação da Constituição de 1967. A Lei n° 5.172, de 25 de outubro de 1966, o Código Tributário que recebeu a denominação de Código Tributário Nacional, pelo art. 7° do Ato Complementar n° 36, de 13.3.1967, alterado pela Lei Complementar n° 118, de 9 de fevereiro de 2005.1967 – Promulgada a nova Constituição Federal. Governo Costa e Silva. O prof. Miguel Reale e uma equipe de juristas iniciaram a elaboração do projeto do Código Civil que ficou pronto em

1975. Logo depois passou por atualizações graças à abertura política no Brasil e à nova Constituição de 1988, tendo sido promulgado em 2002, entrando em vigor a partir de 2003.

1968 – Publicado o Ato Institucional nº 5. Fechamento do Congresso Nacional, intervenção nos estados e municípios e suspensão do *habeas corpus*, entre outras medidas que visavam consolidar o fim das liberdades e direitos no Brasil.

1969 – O ano dos Atos Institucionais 6 a 17 e do fechamento definitivo do regime político:

No dia 1º de fevereiro foi publicado o Ato Institucional nº 6, que reduziu o número de ministros do STF para 11 e impôs aposentadoria compulsória a Antônio Carlos Lafayette de Andrada e Antônio Gonçalves de Oliveira, que haviam se manifestado contra a cassação de outros ministros do tribunal.

Aos 26 de fevereiro o Ato Institucional nº 7 suspendeu as eleições até 1970.

O Ato Institucional nº 8, de 2 de abril, estabeleceu que os Estados, Distrito Federal e Municípios com mais de 200.000 habitantes poderiam fazer reforma administrativa por decreto-lei, favorecendo a ARENA, partido de apoio ao governo militar.

O Ato Institucional nº 9, de 25 de abril, deu poder ao presidente para delegar as atribuições para a desapropriação de imóveis rurais por interesse social, sendo-lhe privativa a declaração de zonas prioritárias.

O Ato Institucional nº 10, de 16 de maio determinou que as cassações, suspensões de direitos políticos e demissões de Funcionários Públicos decorrentes de atos institucionais anteriores acarretasse a perda de todos os cargos ou funções na administração direta ou indireta, bem como em instituições de ensino e pesquisa ou em organizações consideradas de interesse nacional.

O Ato Institucional nº 11, de 14 de agosto, impôs um novo calendário eleitoral, marcando todas as eleições para 15 de novembro de 1969, para completar os cargos que estavam em vacância devido às cassações de seus titulares.

O Ato Institucional nº 12, de 1º de setembro, foi publicado pela Junta militar brasileira, composta pelos ministros da Marinha (Augusto Rademaker), do Exército (Aurélio de Lira Tavares) e da Aeronáutica (Márcio de Sousa e Melo) comunicava o afastamento de Costa e Silva por motivo de doença e impedia a posse de Pedro Aleixo, que foi afastado porque pretendia restabelecer o processo democrático.

O Ato Institucional nº 13, de 5 de setembro, publicado pela Junta Militar que governava o País, determinou o banimento ou expulsão do Brasil de qualquer cidadão que fosse considerado inconveniente para o regime.

O Ato Institucional nº 14, de 10 de setembro, modificou o artigo 150 da Constituição, com a aplicação da pena de morte nos casos de guerra externa, psicológica adversa, revolucionária ou subversiva.

O Ato Institucional nº 15, de 11 de setembro, comunicava o afastamento definitivo de Costa e Silva e estabelecia a formação de uma Junta Militar formada por três oficiais-generais para conduzir o processo sucessório e marcou eleições municipais para 15 de novembro de 1970. Aos 27 de setembro foi publicada a Lei nº 898 ou Nova Lei de Segurança Nacional, determinando que que todo condenado à morte seria fuzilado sumariamente se em 30 dias não houvesse por parte do presidente da República a comutação da pena em prisão perpétua.

O Ato Institucional nº 16, de 14 de outubro, marcava a eleição para o dia 25 de outubro de 1969, e a posse para o dia trinta com duração até o dia 15 de março de 1974. Aos 30 de outubro de 1969, Emílio Garrastazu Médici assumiu o governo.

O Ato Institucional nº 17, de 14 de outubro, objetivou conter a oposição ao presidente eleito Emílio Garrastazu Médici e mandou para a reserva os militares que tivessem atentado ou viessem atentar contra a coesão das Forças Armadas. Aos 17 de outubro foi publicada a Emen-

da Constitucional n° 1, considerada por muitos uma nova constituição; ela completou o fechamento do regime.
1971 – O Decreto-Lei n° 69.534, de 11 de novembro de 1971, abria
a possibilidade de o Presidente da República promulgar decretos-leis
secretos, sem divulgação oficial, consentindo na prisão de pessoas que
sequer conheciam o teor desses documentos e o motivo da prisão.
1973 – O Brasil viveu o período do "milagre brasileiro".
1974 – Governo Ernesto Geisel.
1979 – Governo João Baptista Figueiredo. Movimento de abertura
política. A Lei 6.683, de 28 de agosto de 1979, anistiou os punidos
pelo AI-5 e perdoou os crimes de abuso de poder, tortura e assassinato
cometidos por órgãos de segurança. Aos 28 de agosto, foi assinada a
Lei 6.683, que concedia anistia política. A Lei 6.767, de 20 de dezembro, extinguiu o bipartidarismo e permitiu a criação de novos partidos
dentro de um regime pluripartidarista.
1982 – Em 15 de novembro foram realizadas em todo o País as eleições diretas para governadores dos estados.
1983 – Crise econômica no País e agravamento das tensões populares.
Diversos supermercados são saqueados.
1984 – 25 de abril: rejeição da Emenda Dante de Oliveira que propunha eleições diretas para Presidente da República.

A Nova República

1985 – Fim do regime militar. Tancredo Neves de Almeida (Partido
do Movimento Democrático Brasileiro) foi eleito presidente em eleições indiretas, mas faleceu antes de tomar posse. Início do governo de
Sarney (Partido do Movimento Democrático Brasileiro).
1986 – Planos Econômicos (Plano Cruzado I e II).
1988 – Promulgação da oitava Constituição do Brasil (5 de outubro)
– a Constituição Cidadã.

1989 – Foi realizada a primeira eleição direta para presidente da República em quase 30 anos.

1990 – Governo Fernando Collor de Mello (Partido da Reconstrução Nacional). Novo plano econômico (Plano Collor I). Lei 8069, de 13 de julho de 1990, criação do Estatuto da Criança e do Adolescente.

1991 – Edição de novo plano econômico (Plano Collor II).

1992 – *Impeachment* do presidente Collor. O vice Itamar Franco (Partido da Reconstrução Nacional) assumiu a Presidência da República.

1995 – 1º. mandato do Governo Fernando Henrique Cardoso (Partido Social Democrático Brasileiro). A Lei nº 9.140, de 4 de dezembro de 1995, reconheceu como mortas as pessoas desaparecidas em razão de participação, ou acusação de participação, em atividades políticas no período de 2 de setembro de 1961 a 15 de agosto de 1979. A Lei 9.099, de 26 de setembro criou os Juizados Especiais.

1999 – 2º mandato do Governo Fernando Henrique Cardoso (Partido Social Democrático Brasileiro).

2001 – A Lei 10.259, de 12 de julho de 2001, dispôs sobre a instituição dos Juizados Especiais Cíveis e Criminais no âmbito da Justiça Federal, conforme disposição da Emenda Constitucional nº 22, de 18 de março de 1999, que tratara da criação dos Juizados Especiais. Publicação do novo Código Civil que entrou em vigor no dia 1º de janeiro de 2002.

2003 – 1º mandato do Governo Luís Inácio Lula da Silva (Partido dos Trabalhadores).

2007 – 2º mandato do Governo Luís Inácio Lula da Silva (Partido dos Trabalhadores).

Bibliografia

1. Obras citadas e consultadas

ABREU, Capistrano. *Capítulos da história colonial*. São Paulo: Publifolha, 2000.

ARBEX JR., José. *Guerra fria*. Terror de estado, política e cultura. São Paulo: Moderna, 2002.

ARNS, Paulo Evaristo Cardeal (Projeto Brasil Nunca Mais). *Brasil nunca mais*. Petrópolis: Vozes, 1985.

BASBAUM, Leôncio. *História sincera da república*. De 1930 a 1960. Volume 3. São Paulo: Alfa-Ômega, 1986.

BETHENCOURT, Francisco. *História das inquisições*. São Paulo: Companhia das Letras, 2000.

BONAVIDES, Paulo et AMARAL, Roberto. *Textos políticos da história do Brasil*. Brasília: Senado Federal, 2002, Edição Eletrônica.

BRAUDEL, Fernand. *Escritos sobre a história*. São Paulo: Perspectiva, 2007.

CHIAVENATO, José Júlio. *O golpe de 64*. São Paulo: Moderna, 2002.

COMTE, Augusto. *Discurso sobre o espírito positivo*. Edição eletrônica: Ed. Ridendo Castigat Mores, www.jahr.org.

COSTA, Emília Viotti da. *Da monarquia à república*. Momentos decisivos. São Paulo: UNESP, 2007.

DA SILVA, Mozart Linhares. *O império dos bacharéis*. Curitiba: Juruá, 2004.

DEL PRIORE, Mary ET all. *Documentos da história do Brasil: de Cabral aos anos 90.* São Paulo: Scipione, 1997.

DINIZ, Eli. *Empresário, estado e capitalismo no Brasil (1930-1945).* Rio de Janeiro: Paz e Terra, 1978.

FAORO, Raymundo. *Os donos do poder.* São Paulo: Publifolha, 2000.

FAUSTO, Boris. *História geral da civilização brasileira,* vol. 10. Rio de Janeiro: Bertrand Brasil, 2007.

FREI BETTO. *Batismo de sangue.* Rio de Janeiro: Rocco, 2006.

FREYRE, Gilberto. *Casa-grande e senzala.* Rio de Janeiro: Record, 1992.

FURTADO, Celso. *Formação econômica do Brasil.* São Paulo: Publifolha, 2000.

GINZBURG, Carlo. *Olhos de madeira.* São Paulo: Companhia das Letras, 2001.

GUIMARÃES, Alberto Passos. *Quatro séculos de latifúndio.* Rio de Janeiro: Paz e Terra, 1989.

HERCULANO, Alexandre. *História da origem e estabelecimento da inquisição em Portugal.* Porto Alegre: Pradense, 2002.

HOBSBAWM, Eric. *A era dos extremos.* São Paulo: Companhia das Letras, 2001.

_____. *Tempos interessantes.* Uma vida no século XX. São Paulo: Companhia das Letras, 2002.

_____. *Globalização, democracia e terrorismo.* São Paulo: Companhia das Letras, 2007.

_____. *Sobre a história.* São Paulo: Companhia das Letras, 1998.

_____. *A era das revoluções.* Rio de Janeiro: Paz e Terra, 1989.

_____. *A era dos impérios.* Rio de Janeiro: Paz e Terra, 1989.

HOLANDA, Sérgio Buarque de. *História geral da civilização brasileira.* Rio de Janeiro: Bertrand Brasil, 2005.

_____. *Visão do paraíso*. São Paulo: Publifolha, 2000.

_____. *Raízes do Brasil*. São Paulo: Companhia das Letras, 2006.

HOLANDA, Heloisa Buarque ET GONÇALVES M.A. *Cultura e participação nos anos 60*. São Paulo: Brasiliense, 1987.

JÚNIOR, Caio Prado. *Formação do Brasil contemporâneo*. São Paulo: Publifolha, 2000.

LAGES, Flávia. *História do direito geral e do Brasil*. Rio de Janeiro: Lumen Juris, 2006.

LALLEMENT, Michel. *História das ideias sociológicas*. Das origens a Max Weber. Petrópolis: Vozes, 2003.

LE GOFF, Jacques. *História e memória*. Campinas: Editora da Unicamp, 1996.

LENZA, Pedro. *Direito constitucional esquematizado*. São Paulo: Saraiva, 2008.

LEVI-STRAUSS, Claude. *Raça e história*. Lisboa: Editorial Presença, 1980.

LIMA, Oliveira. *Formação histórica da nacionalidade brasileira*. São Paulo: Publifolha, 2000.

LOPES, José Reinaldo de Lima. *O direito na história*. Lições Introdutórias. São Paulo: Max Lemonad, 2002.

_____ et alii. *Curso de história do direito*. São Paulo: FGV/Método, 2006.

LYRA FILHO, Roberto. *O que é direito*. São Paulo: Brasiliense, 2002.

MAGNOLI, Demetrio. *O mundo contemporâneo*. São Paulo: Moderna, 2001.

MARCHI, Carlos. *A fera de Macabu*. Rio de Janeiro: Record, 1998.

MARQUES, José Frederico. *A instituição do júri*. Campinas: Bookseller, 1997.

MARTINS FILHO, Ives Gandra da Silva. Evolução hstórica da estrutura judiciária brasileira, in: *Revista Jurídica Virtual*, Brasília, vol. 1, n. 5, Setembro 1999.

MATTOSO, Kátia de Queirós. *Ser escravo no Brasil*. São Paulo: Brasiliense, 1988.

MELLO E SOUZA, Laura (organizadora). *História da vida privada no Brasil*. São Paulo: Companhia das Letras, 2005.

MENDONÇA, Sônia. *A industrialização brasileira*. São Paulo: Moderna, 2000.

MIRANDA, Darcy Arruda. *Anotações ao código civil brasileiro*. Volume 1. São Paulo: Saraiva, 1995.

MORAIS, Fernando. *Olga*. São Paulo: Companhia das Letras, 2002.

MOURA, Roberto. *Tia Ciata e a pequena África no Rio de Janeiro*. Rio de Janeiro: FUNARTE, 1983.

NABUCO, Joaquim. *Os abolicionistas*. São Paulo: Publifolha, 2000.

NOGUEIRA, Paulo Lúcio. *Questões processuais penais controvertidas*. São Paulo: Universitária de Direito, 1995.

NOVAIS, Fernando A. *História da vida privada no Brasil*, vol. 3. São Paulo: Companhia das Letras, 2006.

_____. *Portugal e Brasil na crise do antigo sistema colonial*. São Paulo: Hucitec, 2005.

PEREIRA, Caio Mário da Silva. *Instituições de direito civil*. Rio de Janeiro: Forense, 2004.

PRADO, Ian de Almeida. *A política no Brasil*. São Paulo: Edart, 1979.

REALE, Miguel. *Lições preliminares de direito*. São Paulo: Saraiva, 2006, p. 64-68; idem. *Filosofia do direito*. São Paulo: Saraiva, 2002.

_____. *Filosofia do Direito*. São Paulo: Saraiva, 2006.

RODRIGUES, José Honório. *A assembleia constituinte de 1823*. Petrópolis: Vozes, 1974.

SAUNDERS, Francis Stonor. *Quem pagou a conta*. A CIA na guerra fria da cultura. Rio de Janeiro: Record, 2008.

SILVA, Hélio. *História da república brasileira*. Rio de Janeiro: Editora Três, 1975.

SILVA, José Bonifácio de Andrada e. *Projetos para o Brasil*. São Paulo: Publifolha, 2000.

SKIDMORE, Thomas. *Brasil:* De Getúlio a Castelo. São Paulo: Paz e Terra, 2007.

TRISTÃO, Adalto Dias. *Sentença criminal*. Belo Horizonte: Del Rey, 2004.

VAINFAS, Ronaldo. *Traição*. São Paulo: Companhia das Letras, 2008.

VASCO MARIZ, Lucien Provençal. *Villegagnon e a França Antártica:* uma reavaliação. Rio de Janeiro: Nova Fronteira, 2005.

VENTURA, Zuenir. *1968, o ano que não terminou*. Rio de Janeiro: Nova Fronteira, 2008.

WEBER, Max. *Economia e sociedade*. Volume Dois. Brasília: 2000.

ZIMMERMANN, Augusto. *Curso de direito constitucional*. Rio de Janeiro; Lumen Juris, 2006.

2. Dicionários e obras de referência

AZEVEDO, Antônio Carlos do Amaral. *Dicionário de nomes, termos e conceitos históricos*. Rio de Janeiro: Nova Fronteira, 1999.

BURGUIÈRE, André. *Dicionário de ciências históricas*. Rio de Janeiro: Imago, 1993.

LOYN, HR. (Org.) *Dicionário da idade média*. Rio de Janeiro: Jorge Zahar Editor, 1997.

VV.AA. *Enciclopédia do mundo contemporâneo*. São Paulo: Publifolha/Terceiro Milênio, 1999.

3. Bibliotecas virtuais e arquivos consultados na internet

http://www1.ci.uc.pt/ihti/proj/afonsinas/

veja.abril.com.br/idade/descobrimento/p_046.html

http://www.almacarioca.com.br/hist10.htm

http://www.centrodirittiumani.unipd.it/

http://www.tj.sp.gov.br/museu

http://www.cpdoc.fgv.br/htm.

http://www.reuters.com/article/worldNews/idUSN2520146120071112

www6.senado.gov.br/?id66049 (Biblioteca virtual do Senado Federal)

www.dominiopublico.gov.br/

http://www.winstonchurchill.org/

http://www.famousquotes.me.uk/speeches/Harry_S_Truman/

http://www.planalto.gov.br/ccivil.htm. (Biblioteca virtual da Casa
Civil – Governo Federal)

http://www.jfpr.gov.br/

http://marxists.anu.edu.au/portugues/prestes/1959/

http://www.uol.com.br/

http://www.uol.com.br/fsp/

http://www.estadao.com.br

http://oglobo.globo.com/

http://g1.globo.com/

Exercícios propostos

(As respostas aos exercícios propostos estão disponíveis no site da editora Freitas Bastos: http://www.freitasbastos.com.br/)

Exercício 1

No texto você leu que no Livro IV, Título XII, estava definido que em caso de morte do marido, havendo herdeiros, a mulher tornava-se a cabeça do casal e assumia a condição de meeira.

Pergunta-se:

a) Como o Código Civil de 1916, que esteve em vigor até 2002, e o atual Código Civil definiram a situação da mulher no que diz respeito a ser ou não cabeça do casal e também em relação às partilhas e sucessões?

Você terá acesso a essa legislação no sítio do Governo Federal, Palácio do Planalto:

http://www.presidencia.gov.br/legislacao/ ou na biblioteca.

Exercício 2

Na obra de Raimundo Faoro (*Os donos do poder*, 1958), livro que tornou-se um clássico da sociologia política brasileira. Faoro, fortemente inspirado pelas teorias de Max Weber, por igual, apontou sua acusação para cima, mas não para a mesma direção dos marxistas ou dos nacional-populistas. A responsabilidade pelo subdesenvolvimento, deduz-se da tese de Faoro, é do aparelhamento burocrático, herdei-

287

ro da administração colonial portuguesa. Trata-se do domínio de uma casta de altos funcionários aliada ao patronato político cujos interesses comuns formam uma associação parasitária. Juntos compõem uma rede que, espalhada pelo País, extrai dele tudo o que pode.

Pergunta-se:

a) Quais os elementos da estrutura política e jurídica portuguesa por época das Ordenações Afonsinas que, transferidos para o Brasil, garantiram a estrutura patrimonialista da colonização?

b) Como a constituição de 1988 define a posse da terra e a propriedade privada?

Exercício 3

O Brasil é hoje uma República laica, ou seja, nela se estabelece a separação entre a Igreja e o Estado, porém, nem sempre foi assim. Uma das definições das Ordenações Afonsinas expressou uma forte relação entre a Igreja e o Estado e isto esteve presente no Brasil até 1891.

Pergunta-se:

a) Qual a definição das Ordenações Afonsinas que pode ser apresentada como um indicativo da união entre a Igreja e o Estado?

b) Consulte a Constituição de 1824, artigo 102, e discuta as permanências da legislação portuguesa na Constituição imperial.

Exercício 4

Segundo Mário Júlio de Almeida Costa, em sua *História do direito português*, a divisão da história do direito português tem sido encarada a partir de critérios diversos, afigurando-se pertinente, de acordo com o autor, reduzir o processo evolutivo deste direito, de meados do século XII até o momento atual, a três grandes ciclos. Assim, com relação à periodização do direito português e às principais características destas etapas, podemos afirmar que:

a) Durante o período da individualização do direito português, verificou-se a predominância de um direito marcado por uma crescente sistematização e pela presença maciça da legislação real;

b) À época das Ordenações, verificou-se não apenas uma crescente descentralização legislativa, mas também uma persistente subordinação do direito do reino ao jus comune justinianeu;

c) O período de formação do direito português moderno se inicia com o fim da União Ibérica e sua marca principal foi o seu caráter consuetudinário.

d) Verificou-se no período uma presença marcante do Direito Celta-Ibero como retomada das raízes do Direito Português.

Exercício 5

Mandamos que qualquer homem que não viver com senhor, ou com amo, nem tiver ofício, nem outro mester em que trabalhe e ganhe a sua vida, ou não andar negociando algum negócio seu, ou alheio, passados vinte dias do dia da chegada a qualquer cidade, vila ou lugar, não tomando dentro nos ditos vinte dias amo ou senhor com quem viva, ou mester em que trabalhe e ganhe sua vida; ou se o tomar, e depois deixar e não continuar, seja preso, e acouçado publicamente; e se for pessoa em que não caiba açoutes, seja degredado para as partes d'Alem por um ano.

(Ordenações Manuelinas, Livro V, Título LXXII, "Dos vadios")

Mester: corporação formada por 24 oficiais mecânicos que, através de seus procuradores, concorriam com a Câmara para dar regimento aos ofícios e taxar os preços da mão-de-obra.

O Código Penal brasileiro, na sua Parte Especial (Lei das Contravenções Penais, Decreto-Lei n° 3.688, de 3 de outubro de 1941), artigos 59 a 65, também trata da vadiagem e de outros comportamentos considerados nocivos à sociedade.

Pergunta-se:

a) Quais as semelhanças e as diferenças entre o que propunha o texto das Ordenações Manuelinas e o que propõe atualmente o nosso Código Penal?

Exercício 6

O texto abaixo apresenta a definição das Ordenações Filipinas para o Crime de Lesa-Majestade:

Lesa Magestade quer dizer traição commetida contra a pessoa do Rey, ou seu Real Stado, que he tão grave e abominável crime, e que os antigos sabedores tanto estranharão, que o comparava á lepra, porque assi como esta enfermidade enche todo o corpo, sem nunca mais poder curar, e empece ainda os descendentes de quem a tem, e aos que com ele conversão, pelo que he apartado da comunicação da gente: assi o erro de traição condena a quem o commete, e empedece e infama os que de sua linha descendem, posto que não tenha culpa.

(Ordenações Filipinas, Livro V, Título VI, "Dos crimes de Lesa--Majestade")

a) Explique o significado da afirmação: *"os antigos sabedores tanto estranharão, que o comparava á lepra, porque assi como esta enfermidade enche todo o corpo, sem nunca mais poder curar, e empece ainda os descendentes de quem a tem, e aos que com ele conversão, pelo que he apartado da comunicação da gente".*

Exercício 7

Diferencie processo inquisitorial e processo adversarial.

Exercício 8

O Diploma, também designado por carta foral, concedido pelo rei ou por um senhor laico ou eclesiástico, a um determinado local, dotando-o de autoridade legítima na regulação da vida coletiva da população, embora a extensão e o conteúdo das cartas forais fossem variáveis. Esse documento característico do Direito Medieval Português se fez presente na vida colonial brasileira em duas formas: a Carta Foral e a Carta de Doação.

Pergunta-se:

a) Quais as definições, atributos e competências estabelecidos por cada um destes dois documentos na relação donatário/rei no contexto do Sistema de Capitanias Hereditárias?

Exercício 9

A exploração dos metais preciosos encontrados na América Portuguesa, no final do século XVII, trouxe importantes consequências tanto para a colônia quanto para a metrópole. Entre elas,

a) a separação e autonomia da capitania das Minas Gerais, a concessão do monopólio da extração dos metais aos paulistas e a proliferação da profissão de ourives.

b) a proibição do ingresso de ordens religiosas em Minas Gerais, o enriquecimento generalizado da população e o êxito no controle do contrabando.

c) o intervencionismo regulador metropolitano na região das Minas, o enfraquecimento da produção açucareira do Nordeste e a instalação do Tribunal da Inquisição na capitania.

d) o incentivo da Coroa à produção das artes, o afrouxamento do sistema de arrecadação de impostos e a importação dos produtos para a subsistência diretamente

Exercício 10

"E se o castigo for frequente e excessivo, ou se irão embora, fugindo para o mato, ou se matarão por si, como costumam, tomando a respiração ou enforcando-se, ou procurarão tirar a vida aos que lhe dão tão má, recorrendo se for necessário a artes diabólicas, ou clamarão de tal sorte a Deus, que os ouvirá e fará aos senhores o que já fez aos egípcios, quando avexavam com extraordinário trabalho aos hebreus, mandando as pragas terríveis contra suas fazendas e filhos."

(Padre Antonil, CULTURA E OPULÊNCIA DO BRASIL,1710)

Com base no texto acima, responda:

a) Quais eram as formas de resistência dos negros à escravidão citadas por Antonil?

b) Qual o tipo de argumento utilizado por Antonil para convencer os senhores a não se excederem nos castigos?

Exercício 11

Portugal aprovou a realização do aborto voluntário até a décima semana de gestação. Até esta data a lei que estava em vigor previa pena de até três anos de prisão para a mulher que se submetesse a aborto ilegal, e de até oito anos de reclusão para o médico que o praticasse. A intervenção só era aceita em caso de violência sexual e de risco de vida para a mãe. (Jornal *O Globo*, 11 de abril de 2007 – Caderno Mundo)

No período colonial o aborto também era criminalizado, porém a constatação deste crime apresentava dificuldades. Pergunta-se:

a) Qual a principal dificuldade para a constatação do crime de aborto no Período Colonial?

b) Qual a pena imposta para o aborto, segundo o disposto nas Ordenações Filipinas?

c) A prática do aborto era comum entre os escravos? Por quê?

Exercício 12

Em meados do século XVIII, aproveitando-se de uma conjuntura de boas relações políticas e diplomáticas, os soberanos ibéricos aceitaram fazer um tratado, conhecido como Tratado de Madrid. Ele foi assinado na capital do Reino da Espanha, a 13 de janeiro de 1750, pelos representantes dos "Sereníssimos Reis de Portugal e Espanha", e baseou-se no princípio do *uti possidetis*.

Responda:

a) Quais as definições do Tratado de Madrid?

b) O princípio do *uti possidetis* utilizado no tratado ainda se faz presente no Direito Brasileiro e Internacional? Apresente argumentos que justifiquem a sua resposta.

Exercício 13

"Como Imperador Constitucional, e muito especialmente como defensor perpétuo deste Império, disse ao povo no dia 1º de dezembro do ano próximo passado, em que fui coroado e sagrado, que com minha espada defenderia a Pátria, a Nação e a Constituição, se fosse digna do Brasil e de mim. Ratifico hoje muito solenemente perante vós esta promessa, e espero que me ajudeis a desempenhá-la, fazendo uma constituição sábia, justa, adequada e executável, ditada pela razão e não pelo capricho, que tenha em vista somente a felicidade geral, que nunca pode ser grande

sem que esta constituição tenha bases sólidas, bases que a sa-
bedoria dos séculos tenha mostrado que são verdadeiras para
darem uma justa liberdade aos povos e toda força necessária ao
poder executivo..." (Fala do Trono. Mensagem do Imperador D.
Pedro I à Assembleia Nacional Constituinte e Legislativa, a 3 de
maio de 1823.)

Responda:

a) Como o texto acima expressa as expectativas do imperador em
relação ao texto constitucional a ser elaborado?

b) A Assembleia Nacional Constituinte foi dissolvida aos 12 de
Novembro de 1823 e um novo texto constitucional foi elaborado.
Quais as principais características da Constituição de 1824. Exemplifique a sua resposta apresentando pelo menos dois artigos da constituição que justifiquem a sua resposta.

Exercício 14

Segundo a definição de D. Pedro I o texto constitucional outorgado em 1824 era um texto que reunia a Aristocracia, o Liberalismo
e a Democracia.

Responda:

a) Consulte a Constituição de 1824 e apresente três artigos que
justifiquem a visão de Dom Pedro I sobre a Constituição do Império
do Brazil.

Exercício 15

A Guarda Nacional criada por Feijó tinha *status* de polícia e de
força armada. era recrutada entre os cidadãos com renda anual superior
a 200 mil réis, nas grandes cidades, e 100 mil-réis nas demais regiões.

a) Entre as competências da Guarda Nacional quais são aquelas que definiram o seu *status* de polícia e aquelas que definiram o seu *status* de força armada?

b) Costuma-se dizer que a Guarda Nacional fortaleceu a aristocracia, garantindo o seu poder nas províncias e nos municípios. De que maneira a Lei de Interpretação do Ato Adicional garantiu a consolidação deste poder?

Exercício 16

A organização do Estado brasileiro que se seguiu à Independência resultou no projeto do grupo:

a) liberal-conservador, que defendia a monarquia constitucional, a integridade territorial e o regime centralizado.

b) maçônico, que pregava a autonomia provincial, o fortalecimento do executivo e a extinção da escravidão.

c) liberal-radical, que defendia a convocação de uma Assembleia Constituinte, a igualdade de direitos políticos e a manutenção da estrutura social.

d) cortesão, que defendia os interesses recolonizadores, as tradições monárquicas e o liberalismo econômico.

Exercício 17

"...valorizava-se novamente o município, que fora esquecido e manietado durante quase dois séculos. Resultava a nova lei na entrega aos senhores rurais de um poderoso instrumento de impunidade criminal, a cuja sombra renascem os bandos armados restaurando o caudilhismo territorial (...). O conhecimento de todos os crimes, mesmo os de responsabilidade (...), pertencia à exclusiva competência do Juiz de Paz. Este saía da eleição

popular, competindo-lhe ainda todas as funções policiais e judiciárias: expedições de mandatos de busca e seqüestro, concessão de fianças, prisão de pessoas, ..."

Em relação ao período regencial brasileiro, o texto refere-se
a) à Lei de Interpretação.
b) ao Ato Adicional.
c) ao Código de Processo Criminal.
d) à instituição do Conselhos de Províncias.

Exercício 18

Constituição de 1824 e o código de 1830 asseguraram cidadania ao *Nullum crimen, nulla poena sine lege*, com os atributos prospectivo e irretroativo da *lex poenalis*, para os crimes e para as penas.

Responda:

a) Qual a importância do *Nullum crimen, nulla poena sine lege* em relação à legislação anterior que vigorou no Brasil?

b) Quais os artigos da Constituição de 1824 e do Código Criminal de 1830 que se referem à proposição do *Nullum crimen, nulla poena sine lege*?

c) Consulte o Código Penal brasileiro e apresente o artigo em que este princípio aparece.

Exercício 19

O *habeas corpus* é um Instituto que se dedica a salvaguardar a liberdade de todo ser humano que sofre constrangimento ou que está na iminência de sofrê-lo. Qualquer pessoa pode requerer o instituto jurídico do *habeas corpus*, desde que esteja sofrendo ou na iminência de sofrer um constrangimento ilegal, pois esta é um direito fundamental da pessoa.

Pergunta-se:

a) Como o Código Criminal de 1830 salvaguardou a liberdade do cidadão que sofre constrangimento ou está na iminência de sofrê-lo? Exemplifique sua resposta com artigos do Código Criminal de 1830.

b) Como o Código Criminal de 1832 garantiu este Instituto e em qual artigo ele está previsto?

c) Qual o momento da história recente do Brasil no qual o *habeas corpus* foi suspenso? Qual o motivo e lei que gerou essa suspensão?

Exercício 20

A Constituição de 1824, no seu artigo 179, item XIII, definiu:

"A Lei será igual para todos, quer proteja, quer castigue, o recompensará em proporção dos merecimentos de cada um".

O mesmo princípio apareceu nas Constituições brasileiras de 1891 e de 1934 e apesar de ambas terem se definido como Liberais, existem diferenças fundamentais na aplicação do princípio da Igualdade pelas constituições que se seguiram àquela de 1824. Pergunta-se:

a) Quais as principais diferenças na aplicação do princípio da Igualdade nas Constituições de 1891 e 1934? Indique os artigos das respectivas constituições que se referem à aplicação do princípio da Igualdade de todos perante a lei.

Exercício 21

Pela Bula Syllabus, documento da Encíclica Quanta Cura (8.12.1864), a democracia, o liberalismo, a franco-maçonaria, o socialismo, o anarquismo, o feminismo, o voto universal, 80 tópicos ao todo, foram vistos pelo Vaticano como erros da época moderna. Tratava-se de uma coalizão de forças demoníacas desencadeadas para vir desacreditar ou destruir os dogmas da fé em Cristo. Tudo que fosse ou parecesse moderno merecia o anátema da Igreja de Roma.

Sabemos que a Bula Syllabus gerou um conflito entre o Estado Monárquico Brasileiro e a Igreja Católica. Tal conflito se fez pela impossibilidade de Conciliar a Constituição de 1824, a realidade política brasileira e a Bula Syllabus. Pergunta-se:

a) Quais as exigências constitucionais brasileiras, expressas na Constituição de 1824, para a aplicação da Bula Syllabus no Brasil?

b) Por que a Bula Syllabus fragilizou as relações entre o Estado Monárquico Brasileiro e a Igreja Católica? O que mudava na Constituição do Império do Brasil?

Exercício 22

Não corresponde ao Código Criminal do Império:

a) Tratou como prevaricadores aqueles que se omitem no cumprimento da lei.

b) Manteve as penas nas galés e os açoites;

c) Estabeleceu a menoridade penal para a idade inferior aos 14 anos.

d) Seu projeto foi elaborado por Teixeira de Freitas a pedido da Assembleia Nacional em 1823 e depois de discussões foi publicado em 1830.

Exercício 23

Leia o texto com atenção e depois responda à pergunta apresentada na sequência.

"O Ministério Público Federal e a Secretaria Especial dos Direitos Humanos da Presidência da República vão acompanhar o tratamento dado aos presos do Anexo de Detenção Provisória de Araraquara.

*A Procuradoria Federal dos Direitos do Cidadão designou a pro-
curadora Heloisa Helena Machado, de Araraquara, para cuidar
do caso. Ela disse que vai pedir ajuda aos grupos de trabalho do
órgão para obrigar o Estado a tomar providências. "A situação não pode ser resolvida por um ofício. Depois que eu
tiver em mãos os relatos dos presos, vou noticiar Brasília para
decidir o que faremos."*

*O ministro da Secretaria Especial dos Direitos Humanos, Paulo
de Tarso Vannuchi, disse que é importante adotar uma medida
que ajude a reduzir o clima de tensão no local. 'Isso coloca em
risco a vida dos próprios presos e também a dos agentes peniten-
ciários.' "* (Folha de São Paulo, *sábado, 8 de julho de 2006)*

Como o Código Criminal do Império (1830) definia o tratamento
a ser dado aos prisioneiros? Apresente as semelhanças e diferenças
com as propostas e a realidade de nossos dias.

Exercício 24

*"Se o caso do adolescente de 16 anos que estuprou e matou a
jovem Liana Friedenbach em 2003 ocorresse na Itália, prova-
velmente ele também não seria julgado como um adulto. Isso
porque a legislação brasileira sobre a maioridade penal segue
os moldes aplicados em boa parte dos países europeus.*

*'Não inventamos nada nem colocamos uma idade muito alta',
afirma o professor de ciências penais da UnB (Universidade de
Brasília) Carlos Eduardo Vasconcelos.*

*Atualmente, 12 países europeus têm a maioridade penal fixada
nos 18 anos. Nos Estados Unidos e na Inglaterra há casos de
condenação de crianças com menos de dez anos.*

Se o Brasil tivesse fixado a maioridade em 16 anos, o adolescente acusado de matar Liana Friedenbach sofreria sanção prevista no Código Penal e não no ECA ." (*Fábio Takahashi*, Folha de São Paulo, *31 de julho de 2006.*)

a) Como o Código Criminal de 1830 tratava a questão da maioridade penal?

b) Quais as principais diferenças entre o tratamento dado ao menor pela justiça brasileira neste século XXI e o tratamento dado pelo Código Criminal de 1830?

Exercício 25

O estudo comparativo das Constituições Brasileiras de 1824 (Carta Outorgada, Imperial) e de 1891 (Carta promulgada, Republicana) NÃO permite afirmar:

a) Enquanto o estatuto Imperial recebeu uma emenda, o Ato Adicional, um progresso rumo à Federação, a Carta republicana foi emendada em 1926, com fortalecimento do Poder Central.

b) A Carta de 1891 estabeleceu a Federação como forma de Estado.

c) A Carta Republicana teve inspiração europeia, ao passo que a lei maior imperial buscou seguir o modelo norte-americano.

d) A Carta de 1824 criou o Unitarismo como forma de Estado, mesmo porque as Províncias eram destituídas de preparo político.

Exercício 26

Sobre o Código Civil de 1916 é correto afirmar:

a) A Lei 3.725/19 serviu apenas com lei complementar para que entrassem em vigor alguns artigos do Código Civil de 1916.

b) Estabelecia quatro regimes de casamento e entre elas o regime dotal.

c) Reconhecia os filhos ilegítimos e igualava-os aos considerados legítimos.

d) Inovou a legislação criando a Lei do Inquilinato.

Exercício 27

Art. 1.548 – A mulher agravada na sua honra tem direito a exigir um dote do ofensor, se este não puder ou não quiser reparar o mal pelo casamento, um dote correspondente a seu apropria condição e estado:

I – se, virgem e menor for deflorada;

II – se, mulher honesta, for violentada, ou aterrada por ameaças;

III – se seduzidas com promessas de casamento;

IV – Se for raptada.

Art. 1549 – Nos demais crimes de violência sexual, ou ultraje ao pudor, arbitrar-se-á judicialmente a indenização. (Código Civil de 1916)

Pergunta-se:

a) Como o Código Civil de 1916 definiu a condição da mulher diante do sexo e do casamento?

b) Quais as normas jurídicas que contribuíram para mudar a condição da mulher, definida pelo Código Civil de 1916?

Exercício 28

"O casamento é e sempre foi considerado pela Igreja como uno e indissolúvel", afirma o padre Antônio Gonçalves, juiz do Tribunal Eclesiástico de São Paulo, que julga se os casamentos podem ou não ser declarados nulos. "Mas sabemos que alguns não dão certo. Alguns, apesar de toda aparência, não são casamentos de

*fato. Quando ocorre esta situação é que a Igreja declara a nuli-
dade." (Folha de São Paulo, 18 de março de 2007).*

O casamento já teve diversas formas de concepção pela sociedade brasileira, passando do conceito da indissolubilidade e da ilegiti-
midade dos filhos e chegando à lei do divórcio.

Pergunta-se:

a. Como a Constituição de 1891, o Código Civil de 1916 e a
Constituição de 1934 definiram a celebração do casamento?

b. Quais as penas previstas no Código Penal de 1890 para quem
celebrasse o casamento religioso antes do casamento civil?

Exercício 29

Desde a proclamação da República no Brasil, uma das preocupa-
ções foi garantir a separação entre a Igreja Católica e o Estado. Durante os 119 anos de República, o Estado no Brasil tem se apresentado
como laico, e a legislação garante a liberdade de culto e profissão religiosa, como se pode observar nos artigos abaixo, extraídos do Código
Penal de 1890:

*"Art. 185. Ultrajar qualquer confissão religiosa vilipendiando
acto ou objecto de seu culto, desacatando ou profanando os seus
symbolos publicamente:*

Pena – de prisão cellular por um a seis mezes.

*Art. 186. Impedir, por qualquer modo, a celebração de ceremo-
nias religiosas, solemnidades e ritos de qualquer confissão religiosa, ou perturbal-a no exercicio de seu culto:*

Pena – de prisão cellular por dous mezes a um anno."

Pergunta-se:

a) Quais as limitações impostas pelo Código Penal de 1890 quanto às práticas religiosas e populares?

b) De que maneira as limitações referidas na questão anterior afetaram a população negra na República Velha (1889-1930)?

Exercício 30

O Código Civil de 1916 estabeleceu o Pátrio Poder. Responda:

a) O que é o Pátrio Poder?

b) Como este pátrio poder influenciava na situação da mulher no Brasil?

c) Quais as controvérsias que o pátrio poder estabelecia e que não coadunavam com a condição da mulher e sua participação econômica na sociedade da 1ª. República?

Exercício 31

"GRUPOS favoráveis e contrários à adoção de cotas raciais nas universidades travam uma guerra de manifestos em Brasília. No dia 30, intelectuais enviaram ao Supremo Tribunal Federal, que julga ações diretas de inconstitucionalidade sobre o tema, o documento intitulado "Cento e treze cidadãos anti-racistas contra as leis raciais".

A sociedade brasileira, apesar da propaganda em torno da democracia racial, conserva-se discriminadora. Embora seja difícil provar em juízo casos de racismo contra um indivíduo em particular, a divisão emerge clara das estatísticas. Um exemplo recente é a pesquisa do Ibope com o Instituto Ethos, divulgada pela Folha *no domingo, mostrando que negros e pardos, que são quase metade da população, ocupam só 3,5% dos cargos de chefia nas maiores empresas do país.*

É possível, entretanto, evitar essas armadilhas teóricas e práticas sem renunciar a medidas anti-racistas. Um dos efeitos do racismo é que os grupos discriminados acabam perenizando-se nos estratos de baixa renda. Uma política que favoreça pessoas mais pobres automaticamente contemplará negros, índios e outras minorias sem o risco de racializar as relações sociais. Uma maneira eficaz e mais isonômica de selecionar essa população é beneficiar vestibulandos oriundos da escola pública, sem distinção de cor." (Folha de São Paulo – Opinião – 14.5.2008)

O texto acima fala que "é possível, entretanto, evitar essas armadilhas teóricas e práticas sem renunciar a medidas anti-racistas".

Sobre o assunto, consulte a Constituição de 1891 e o Código Penal de 1890 e apresente duas situações em que a questão racial aparece mascarada pela lei.

Exercício 32

"O Tribunal de Justiça do Rio de Janeiro (TJ-RJ) confirmou a realização do concurso para o cargo de oficial de justiça avaliador. Embora o número de vagas ainda não esteja definido, a exigência é de nível superior. A remuneração inicial é de R$3.482,00." (Jornal Folha Dirigida *no último dia 1.6.2008.)*

Responda:

a) Como a Constituição de 1934 definiu a contratação de funcionários públicos?

b) Quais as diferenças entre a Constituições de 1934 e 1891, quanto a contratação de funcionários públicos?

c) No que se refere ao acúmulo de cargos e funções, o que estava definido nas Constituições de 1824 e 1891?

Exercício 33

Sobre a Justiça do Trabalho na Era Vargas, é correto afirmar:

a) Foi organizada tendo um organograma muito semelhante ao de hoje, ou seja Justiça do Trabalho nos Distritos e Municípios, Tribunal Regional do Trabalho nos Estados e Tribunal Superior do Trabalho em nível Federal.

b) A atual estrutura da Justiça do Trabalho foi elaborada por Vargas que desejava pôr fim às juntas de conciliação ligadas ao poder executivo e ao sindicalismo corporativista.

c) Organizou-se de tal forma que sua estrutura estava desligada ao Poder Judiciário e atrelada ao Executivo.

d) Representou o maior avanço da Constituição de 1934, porém, retrocedeu anos depois, quando em 1946 voltou a estar atrelada ao poder executivo, graças a ação de Vargas que controlava o operariado brasileiro na condição de Pai dos Pobres.

Exercício 34

Sobre os direitos individuais definidos pela Constituição de 1934, assinale a alternativa correta:

a) Somente o Estado Brasileiro será parte legítima para pleitear a declaração de nulidade ou anulação dos atos lesivos do patrimônio da União, dos Estados ou dos Municípios.

b) Permitia a concessão a Estado estrangeiro de extradição por crime político ou de opinião, e em alguns casos, de brasileiro.

c) Foi mantida a prisão por dívidas, multas ou custas.

d) A União e os Estados deviam conceder aos necessitados assistência judiciária, criando, para esse efeito, órgãos especiais assegurando, a isenção de emolumentos, custas, taxas e selos.

Exercício 35

O Dicionário Houaiss da Língua portuguesa define cidadania da seguinte maneira:

"condição de pessoa que, como membro de um Estado, se acha no gozo de direitos que lhe permitem participar da vida política".

Na experiência histórica do Brasil independente, esses direitos civis, políticos e sociais foram criados, por vezes restringidos e por vezes ampliados.

Durante o período republicano, alguns direitos foram restringidos enquanto outros foram criados e ampliados.

a) IDENTIFIQUE as mudanças relativas ao conceito de cidadania na Constituição de 1891 e RELACIONANDO-AS com a situação definida pela Constituição de 1934.

b) IDENTIFIQUE as definições relativas à participação política da mulher na Constituição de 1891, RELACIONANDO-AS às definições da Constituição de 1934.

Exercício 36

"Artigo 1.220 – A locação de serviços não se poderá convencionar por mais de 4 (quatro) anos, embora o contrato tenha por causa o pagamento de dívida do locador, o se destine a execução de certa e determinada obra. Neste caso, decorridos 4 (quatro) anos, dar-se-á por findo o contrato, ainda que não concluída a obra." (Código Civil de 1916)

Pergunta-se:

a) Quais as diferenças entre o Código Civil de 1916 e a Constituição de 1934 quanto à questão trabalhista?

b) Quais as inovações trazidas pela Constituição de 1934 no campo trabalhista?

c) Sabemos que o Código Civil de 1916 foi elaborado para uma sociedade agrária e entrou em vigor em uma sociedade que começava a se industrializar. Neste sentido, como as medidas adotadas pela Constituição de 1934 afetaram as situação trabalhista do trabalhador rural?

Exercício 37

"O Estatuto da Criança e do Adolescente define sobre a questão do trabalho do adolescente:

ART. 60 – É proibido qualquer trabalho a menores de dezesseis anos de idade, salvo na condição de aprendiz a partir de quatorze anos. (Nova redação conforme Emenda Constitucional nº 20, de 16/12/96)

ART. 61 – A proteção ao trabalho dos adolescentes é regulada por legislação especial, sem prejuízo do disposto nesta Lei.

ART. 62 – Considera-se aprendizagem a formação técnico-profissional ministrada segundo as diretrizes e bases da legislação de educação em vigor.

ART. 63 – A formação técnico-profissional obedecerá aos seguintes princípios:

I – garantia de acesso e frequência obrigatória ao ensino regular;

II – atividade compatível com o desenvolvimento do adolescente;

III – horário especial para o exercício das atividades."

Pergunta-se:

a) O que definia a Constituição de 1934 sobre o trabalho na adolescência?

b) Quais os avanços, retrocessos e semelhanças (se houver), entre a Constituição de 1934 e o ECA?

Exercício 38

Impeachment: Palavra que ganhou o vocabulário popular, especialmente após 1992 com o caso do Presidente Fernando Collor de Mello. Porém, as Constituições brasileiras, desde 1891 definem a possibilidade de impedimento do presidente em caso de crime contra a nação.

Pergunta-se:

a) Extraia da Constituição de 1934 três crimes que podem conduzir ao impedimento do Presidente da República.

b) Compare o caso do Presidente Fernando Collor de Mello com aquilo que se encontra previsto na Constituição de 1934 quanto ao julgamento, afastamento, impedimento e punição do Presidente da República, quando este incorre em crime contra a Nação.

c) Compare a Constituição de 1934 com a Constituição de 1988 no capítulo sobre os crimes que podem levar ao impedimento do Presidente da República e apresente o processo previsto na Constituição Cidadã para se declarar o *impeachment* do presidente.

Exercício 39

"Os benefícios que conquistastes devem ser ampliados aos operários rurais, aos que, insulados nos sertões, vivem distantes das vantagens da civilização. Mesmo porque, se não o fizermos corremos o risco de assistir ao êxodo dos campos e superpovoamento das cidades – desequilíbrio de consequências imprevisíveis, capaz de enfraquecer ou anular os efeitos da campanha de valorização integral do homem brasileiro, para dotá-lo de vigor econômico, saúde física e energia produtiva". (Getúlio Vargas, discurso de 1° de maio de 1941)

Responda:

a) A quais "benefícios" se referiu o Presidente Vargas?

b) Extraia da Constituição de 1934 três benefícios que exemplifiquem esses benefícios citados neste discurso posterior do Presidente Getúlio Dornelles Vargas.

Exercício 40

"Não é mais possível recuar. Estamos em franca articulação para um golpe de Estado, outorgando uma nova constituição e dissolver o legislativo..." (Trecho do diário manuscrito de Getúlio Vargas, 7.11.1937.

"Art 178 – São dissolvidos nesta data a Câmara dos Deputados, o Senado Federal, as Assembleias Legislativas dos Estados e as Câmaras Municipais. As eleições ao Parlamento nacional serão marcadas pelo Presidente da República, depois de realizado o plebiscito a que se refere o art. 187.

Art 187 – Esta Constituição entrará em vigor na sua data e será submetida ao plebiscito nacional na forma regulada em decreto do Presidente da República.

Os oficiais em serviço ativo das forças armadas são considerados, independentemente de qualquer formalidade, alistados para os efeitos do plebiscito." (Carta Constitucional de 1937)

A Constituição do Estado Novo representou um momento de forte mudança para o Brasil. A chamada Polaca (Constituição prostituída) se opunha ao liberalismo e alinhava o Brasil ao fascismo.

Responda:

a) Caracterize a Constituição de 1937 apresentando (se houver) as suas inovações, permanências e retrocessos?

b) No que tange à vigência desta carta constitucional, de acordo com o artigo 187 da mesma carta, sabemos que ela contradizia a si mesma. Apresente as causas desta contradição.

c) Quais as principais diferenças entre a Carta Constitucional de 1934 e a de 1937?

Exercício 41

No Brasil, a CLT – Consolidação das Leis do Trabalho - foi criada pelo Decreto 5.452, de 1943, em meio ao governo de Getúlio Vargas, para reunir e sistematizar as leis trabalhistas existentes no País. Tais leis representaram a

a) conquista evidente do movimento operário sindical e partidariamente organizado desde 1917, defensor de projetos socialistas e responsável pela ascensão de Vargas ao poder.

b) participação do Estado como árbitro na mediação das relações entre patrões e trabalhadores de 1930 em diante, permitindo a Vargas propor a racionalização e a despolitização das reivindicações trabalhistas.

c) inspiração notadamente fascista, que orientou o Estado Novo desde sua implantação em 1937, desviando Vargas das intenções nacionalistas presentes no início de seu governo.

d) atuação controladora do Estado brasileiro sobre os sindicatos e associações de trabalhadores, permitindo a Vargas criar, a partir de 1934, o primeiro partido político de massas da história brasileira.

Exercício 42

Costuma-se afirmar que a Constituição de 18 de setembro de 1946 restaurou os direitos e garantias individuais, que foram, mais uma vez, ampliados, em comparação com o texto constitucional de 1934. Ela criou o princípio de ubiquidade da Justiça.

Responda:

a) Consulte a Constituição de 1946 e defina o princípio da ubiquidade de Direito.

b) Quais as diferenças em relação ao texto constitucional de 1937?

Exercício 43

"A revolução está viva e não retrocede. Tem promovido reformas e vai continuar a empreendê-las, insistindo patrioticamente em seus propósitos de recuperação econômica, financeira, política e moral do Brasil. Para isto precisa de tranquilidade. Agitadores de vários matizes e elementos da situação eliminada teimam, entretanto, em se valer do fato de haver ela reduzido a curto tempo o seu período de indispensável restrição a certas garantias constitucionais, e já ameaçam e desafiam a própria ordem revolucionária, precisamente no momento em que esta, atenta aos problemas administrativos, procura colocar o povo na prática e na disciplina do exercício democrático. Democracia supõe liberdade, mas não exclui responsabilidade nem importa em licença para contrariar a própria vocação política da Nação. Não se pode desconstituir a revolução, implantada para restabelecer a paz, promover o bem-estar do povo e preservar a honra nacional."

O texto acima foi extraído do Ato Institucional nº 2.

Responda:

a) No que diz respeito à questão das liberdades individuais definidas pela Constituição de 1946, quais as contradições presentes neste texto?

b) O que definiu o Ato Institucional nº 2?

Exercício 44

Leia o texto e responda:

No período iniciado pelo golpe de 1964, a partir do segundo governo – General Costa e Silva (1967-1969), cresceram no País as manifestações públicas contra a ditadura militar. Tais como: Em 1 de maio de 1968, os trabalhadores reunidos na Praça da Sé, em São Paulo, vaiaram o governador Abreu Sodré e atiraram pedras, paus e pedaços de ferro sobre o palanque em que ele se encontrava. No mês de junho do mesmo ano, realizou-se no Rio de Janeiro uma grande passeata (a Passeata dos Cem Mil), organizada por estudantes, intelectuais, artistas e padres. Alguns meses depois (outubro) os estudantes realizaram clandestinamente um congresso da UNE, em Ibiúna (São Paulo), que resultou em dezenas de prisões. Ainda, naquele ano ocorreram várias greves de trabalhadores, em São Paulo, Rio de Janeiro e Minas Gerais. Essas manifestações eram influenciadas, em parte, pelos movimentos questionadores da ordem vigente, originários na Europa Ocidental e nos Estados Unidos. O Governo do General Costa e Silva, notadamente a sua ala mais conservadora, reagiu violentamente com o fechamento do Congresso Nacional em 13 de dezembro de 1968 e editou o Ato Institucional Número 5 – AI-5.

a) De que forma esse Ato descaracterizou definitivamente o Estado de Direito no Brasil?

Exercício 45

O AI-3 mudou o processo eleitoral brasileiro e o AI-4 impôs uma nova constituição ao Brasil e a EC nº 1 de 1969 propôs a Lei Secreta.

Pergunta-se:

a) Quais as alterações implantadas pelo AI-3 e até quando vigoraram no Brasil?

b) A Constituição de 1967 foi outorgada ou promulgada? Justifique a sua resposta.

c) O que foi a Lei Secreta e quais as consequências dessa medida para o exercício da cidadania no Brasil?

Exercício 46

A Lei da Anistia, formalizada em 28 de agosto de 1979, em pleno govemo do general João Baptista Figueiredo (1979 - 1985), significou:

a) a libertação de praticamente todos os presos políticos e a volta ao País de pelo menos 5.000 exilados, inclusive líderes de esquerda, como Leonel Brizola, Miguel Arraes e Luís Carlos Prestes;

b) a libertação de alguns condenados políticos que haviam cometido crimes contra o governo de João Goulart;

c) a libertação de praticamente todos os presos políticos, inclusive os condenados pela prática de crimes de terrorismo, assalto, sequestro e atentado pessoal;

d) a libertação de alguns presos políticos, como Miguel Arraes e Luís Carlos Prestes, e a condenação dos militares que se envolveram em atos de tortura a presos políticos;

Exercício 47

Leia o texto publicado no Jornal *O Globo* do dia 24.9.2008 e responda às questões a seguir:

"O Supremo Tribunal Federal (STF) iniciou na tarde desta quarta-feira o julgamento da ação que pede a nulidade de títulos de propriedade de terras concedidos pelo governo da Bahia a fazendeiros e agricultores na área da reserva indígena Pataxó-hã-hãhãe, localizada ao sul do estado. Segundo a Fundação Nacional do Índio (Funai), autora da ação, os produtores ocupam de forma irregular as terras da União habitadas pelos índios. Os agricultores, por outro lado, afirmam que são legítimos possuidores dessa área e que os pataxós e outras tribos nunca a ocuparam.

A ação começou a tramitar há 26 anos. Naquela época, o hoje presidente do Supremo, ministro Gilmar Mendes, atuou no processo como advogado-geral da União. Por esse motivo, ele não votará no julgamento. O relator do processo é o ministro Eros Grau."

a) Como a Constituição de 1988 define a demarcação e posse das terras indígenas?

b) Quais os direitos previstos na Constituição de 1988 que facultam a ação de reintegração das terras indígenas descrita no artigo do Jornal *O Globo* apresentado acima?

Exercício 48

"Uma semana após ter sido aprovada pelo Comitê Central do Partido Comunista Chinês (PCC), a chamada reforma da terra foi regulamentada ontem ao fim de um cabo-de-guerra entre as alas conservadora e reformista no comando do regime. (...) a reforma vai reduzir a imensa distância de renda entre campo e cidade e aumentar o consumo na China rural (por cona do aumento de renda) num momento em que o governo precisa estimular o mercado doméstico, para compensar as perdas com o desaquecimento das exportações, consequência da crise financeira mundial que atingiu principalmente os EUA e a União Europeia.

Pela reforma os camponeses ganham a liberdade para vender, alugar ou hipotecar o direito de uso de suas terras (operações antes restritas a ser realizadas com o Estado)." (Jornal *O Globo* – Mundo – 20.10.2008.)

O modelo chinês, fundamentado no comunismo, no qual o PCC é o governo diferencia-se em muito do modelo brasileiro fundado no modelo da República Democrática.

Consulte a Constituição de 1988 e o Estatuto da terra e responda:

a) Como a legislação brasileira define a posse, ocupação e comercialização da terra?

b) Diferencie o modelo brasileiro e o modelo chinês de ocupação, posse e comercialização da terra?

c) O que a Constituição de 1988 estabeleceu quanto à Reforma Agrária no Brasil?

Exercício 49

Leia o texto com atenção.

"O Tribunal de Justiça de São Paulo decidiu pôr em liberdade anteontem as acusadas de tortura Patrícia Santos Alves, 25, e Rosângela de Nazaré Coutinho, 45, que estavam na Penitenciária Feminina de Ribeirão Preto (313 km de São Paulo).

A decisão dos desembargadores foi baseada no conceito de excesso de prazo.(...) Patrícia e Rosângela foram presas depois que câmeras escondidas as flagraram agredindo o aposentado Ovídio Martinelli, 93, de quem cuidavam – ele sofre do mal de Alzheimer. Nas imagens, gravadas pela família, elas empurram o idoso contra um sofá e o agridem com tapas e socos.

O crime aconteceu em março deste ano. Os filhos do aposentado desconfiaram delas depois que o pai passou a apresentar hematomas pelo corpo constantemente.

A notícia da soltura das acusadas decepcionou familiares do aposentado, que aguardavam uma condenação em razão do vídeo, que consideram uma prova consistente.

"Que lei é essa? É uma situação que constrange a todos os brasileiros. Se elas não podiam ter ido ao fórum sem escolta, como podem estar soltas? É um contra-senso grande da nossa Justiça", questionou Florival Martinelli, 65, filho da vítima." (Folha de São Paulo – Cotidiano – 18.10.2008).

A Lei nº 10.741, de 1º de outubro de 2003, dispõe sobre o Estatuto do Idoso e no artigo 3º. ela definiu:

"Art. 3º.: É obrigação da família, da comunidade, da sociedade e do Poder Público assegurar ao idoso, com absoluta prioridade, a efetivação do direito à vida, à saúde, à alimentação, à educação, à cultura, ao esporte, ao lazer, ao trabalho, à cidadania, à liberdade, à dignidade, ao respeito e à convivência familiar e comunitária".

Responda:

a) Quais os direitos concedidos pelo Estatuto do Idoso ao cidadão brasileiro idoso?

b) Quais as ações judiciais previstas no Estatuto do Idoso para o caso exposto no artigo apresentado?

c) No caso exposto, a família questiona o Ministério Público do Estado de São Paulo. Apresente argumentos legais que justifiquem ou desqualifiquem as afirmações doa familiares da vítima.

Observação: No site http://www.planalto.gov.br/ccivil você poderá ter acesso ao Estatuto do Idoso e a outros Códigos e Estatutos brasileiros.

Exercício 50

"De verdade, a Constituição de 1988 diz que o Legislativo é exercido pelo Congresso, composto pela Câmara e pelo Senado (art. 44). Retoma-se o enunciado da Constituição de 1891 (art. 16) e da Constituição de 1946 (art. 37). No período republicano, o substantivo "parlamento" só aparece no quadro específico da Constituição de 1937. Inspirando-se nos fascismos Parlamentaristas europeus, essa carta constitucional troca o Congresso pelo parlamento e extingue o Senado, substituindo-o por um

Conselho Federal corporativo (art. 38)." (Luis Felipe Alencastro – Folha de São Paulo – *Opinião* – *23.4.2006.)*

Consulte as constituições citadas e responda:

a) Quais os avanços e permanências no texto constitucional de 1988 quanto ao exercício dos três poderes?

b) Em relação ao Poder Judiciário quais as principais mudanças adotadas?

c) As afirmações de Luis Felipe Alencastro são coerentes? Justifique a sua resposta.

Gabarito

Exercício 1

De acordo com os artigos 380 e 382 do Código Civil de 1916 durante o casamento o pátrio poder é exercido pelo marido com a colaboração da mulher. Na falta de um dos progenitores passará a mulher a exercê-lo.

O artigo 1.579 do Código Civil de 1916 definiu que ao cônjuge sobrevivente cabia continuar até a partilha na posse da herança com o cargo de cabeça do casal, salvo se o cônjuge sobrevivo fosse mulher e a convivência do casal tenha se tornado impossível por culpa da esposa.

O artigo 393 definiu que a mãe que contrai novo casamento não perde quanto aos filhos de leito anterior o pátrio poder. Porém o artigo 225 definiu que o viúvo ou viúva, com filhos do cônjuge falecido, que se casar antes de fazer o inventário do casal e dar partilha aos herdeiros, perderá o usufruto dos bens dos mesmos filhos.

De acordo com o novo Código Civil, artigos 1.630-1.638 no poder familiar é exercido pelos pais, não estabelecendo a primazia do marido.

O artigo 226, § 5º. da Constituição de 1988 define que os direitos e deveres referentes à sociedade conjugal são exercidos igualmente pelo homem e pela mulher. Ainda de acordo com o artigo 1.689 do Código Civil de 2002 os pais são usufrutuários dos bens dos filhos e têm a administração dos bens dos menores sob sua responsabilidade.

O artigo 1.797, inciso I, do Código Civil de 2002 define que a administração da herança cabe ao cônjuge ou companheiro, se com o outro convivia ao tempo da abertura da sucessão.

Exercício 2

Cito a seguir o texto de Raymundo Faoro para exemplificar o modelo patrimonialista adotado no Brasil:

"A Península Ibérica formou, plasmou e constituiu a sociedade sob o império da guerra (...) Do longo predomínio da espada, marcado de cicatrizes gloriosas, nasceu, em direção às praias do Atlântico, o reino de Portugal, filho da revolução da independência e da conquista (...) Dos fins do século XI ao XIII, as batalhas, todos os dias empreendidas, sustentadas ao mesmo tempo contra o sarraceno e o espanhol, garantiram a existência do condado convertido em reino, tenazmente (...) A singular história portuguesa, sulcada interiormente com a marcha da supremacia do rei, fixou o leito e a moldura das relações políticas, das relações entre o rei e os súditos. Ao príncipe (...) incumbe reinar, ao tempo que os senhores, sem a auréola feudal, apenas exercem o domínio, assenhoreando a terra sem governá-la (...) O rei, como senhor do reino, dispunha (...) da terra, num tempo que as rendas eram predominantemente derivadas do solo (...) A Coroa conseguiu formar, desde os primeiros golpes da Reconquista, imenso patrimônio rural (...) cuja propriedade se confundia com o domínio da Casa Real, aplicado o produto nas necessidades coletivas ou pessoais, sob circunstâncias que distinguiam mal o bem público do bem particular (...) Os dois caracteres conjugados – o rei senhor da guerra e o rei senhor de terras imensas – imprimiram a feição indelével à história do reino nascente. A crise de 1383-1385, de onde nascerá uma nova dinastia, a dinastia de Avis, dará a fisionomia definitiva aos elementos dispersos, vagos, em crescimento (...) O rei como o maior proprietário, ditará, em consonância com a chefia da guerra, a índole (...) da transformação do domínio na soberania". (FAORO, Raymundo. *Os donos do poder* (vol.1), Porto Alegre: Editora Globo, 1984, 6ª edição)

O modelo patrimonialista fundamentava-se no latifúndio, na manutenção de uma máquina burocrática sob o controle do poder absoluto do rei e administrada pelos nobres, aos quais se incumbia a distribuição de sesmarias e a condução da justiça na colônia, desde a instituição das Capitanias Hereditárias. Mesmo com a vinda do Governador-Geral e depois com a independência e República, a estrutura dos "donos do poder" como definiu Faoro se manteve no Brasil.

O artigo 5º, incisos XXII e XXIII, da CF de 1988 garante o direito à propriedade privada e define que esta atenderá a sua função social e o artigo 170 associa essa função social à ordem econômica, *fundada na valorização do trabalho humano e na livre iniciativa, tendo por fim assegurar a todos existência digna conforme os ditames da justiça social*. Estabeleceu ainda as diferenças entre a propriedade urbana e rural garantido o seu fim social (artigo 182 § 2º.) e estabeleceu a política de Reforma Agrária (artigos 184-191).

Exercício 3

O Título X das Ordenações Afonsinas, ao referir-se a uma antiga lei do rei D. Pedro I (1357-1367), apresentado como de famosa memória, estabelecia que os clérigos deveriam agir como servidores do rei e mandava atribuir terras àqueles que fossem lavradores. Seguindo esta lógica de submissão da Igreja ao poder real, no Título XII encontramos a definição de Beneplácito Régio, que impedia a livre circulação de documentos eclesiásticos em Portugal sem a autorização expressa do rei, ordem que depois se fez presente na Constituição do Império, de 1824 (artigo 102, inciso XIV), e está na raiz dos conflitos entre a Igreja e o Estado no Brasil do final do século XIX.

Exercício 4

Alternativa A

Exercício 5

O Código Penal, na sua Parte Especial (Lei das Contravenções Penais, Decreto-Lei nº 3.688, de 3 de outubro de 1941), artigos 59 a 65, estabelece como crime a vadiagem, a mendicância, o alcoolismo a crueldade contra animais e a perturbação da tranquilidade e a pena estabelecida é a prisão simples que pode variar de 15 dias a três meses. Já as Ordenações Manuelinas puniam a vadiagem e a mendicância com a prisão, açoites e o degredo por um ano.

Exercício 6

O trecho apresenta o crime de lesa-majestade como aquele cuja pena ia além do réu, atingindo também os seus familiares em função da transmissão da infâmia aos descendentes e do confisco dos bens do réu.

Exercício 7

O processo inquisitorial era estabelecido em três fases. Primeiramente a denúncia e a convocação para depoimento e defesa. A segunda, se constatado o crime, os inquisitores se reúnem para obter a confissão (rainha das provas). Nesta fase o uso da tortura para obter uma confissão e da Ordália eram permitidos. A terceira fase ocorre após a obtenção da confissão, quando então os inquisitores se reúnem para estabelecer a sentença.

No método adversarial a que chamamos de litigioso, cada lado emprega um advogado, cada advogado, com a ajuda do cliente, cria a "teoria do caso," Isto é a teoria apresentada em corte. Geralmente é criado um cenário que aquele partido é mais em falta do que o outro.

Exercício 8

Carta de Doação – Estabelecia a propriedade da capitania: quem a atribuía (Rei); a quem era atribuída (donatário); a hereditariedade da capitania; o direito de venda do donatário; o direito da coroa de retomar a capitania e em caso de ter sido vendida, o direito da coroa de estabelecer o preço de compra.

Carta Foral – estabelecia os Direitos e Deveres: a) povoar; b) implantar o plantio da Cana-de-açúcar; c) implantar o Engenho Açucareiro; d) obrigatoriedade de uso da mão-de-obra escrava (monopólio do rei); implantação da religião católica; defesa do litoral; recolhimento dos impostos; condução da justiça.

Exercício 9
Alternativa C

Exercício 10
a. As formas de resistência apresentadas por Antonil são o suicídio e as prática religiosas dos negros às quais ele atribui o adjetivo diabólicas.

b. Antonil utiliza o argumento religioso comparando os senhores de engenhos aos egípcios e aos faraó no evento da saída dos hebreus do Egito relatado no Livro do Êxodo.

Exercício 11
a. A maior dificuldade para a incriminação do aborto no período colonial era comprovar que o mesmo havia sido provocado, isto porque, na maioria das vezes, ele acontecia na senzala ou durante os trabalhos nos canaviais.

b. Caso ficasse comprovado o crime impunha-se a pena capital, ou seja, que o réu fosse feito pó (fogueira).

c. Sim, porque as escravas queriam evitar que seus filhos nascessem sob o regime de escravidão, uma morte em vida.

Exercício 12

a. Pelo Tratado de Madrid Portugal cedia a Colônia do Sacramento e as suas pretensões ao estuário da Prata, e em contrapartida receberia os atuais estados de Santa Catarina e Rio Grande do Sul (território das missões jesuíticas espanholas), o atual Mato Grosso do Sul, a imensa zona compreendida entre o alto Paraguai, o Guaporé e o Madeira de um lado e o Tapajós e Tocantins do outro, regiões estas desabitadas e que não pertenceriam aos portugueses se não fossem as negociações do tratado.

b. Sim, o princípio ainda está presente no Direito Internacional e foi aplicado à África e à Ásia quando da retirada das potências europeias. Em 1964, a Organização da Unidade Africana decidiu que o "princípio da intangibilidade das fronteiras coloniais" – noção central do *uti possidetis* – deveria ser aplicado ao continente. O *utti possidetis* ou *uti possidetis iuris* é um princípio de direito internacional segundo o qual os Estados beligerantes em um conflito conservam sua posse no final das hostilidades. A expressão advém da frase *uti possidetis, ita possideatis*, que significa "como possuías, assim possuas".

Exercício 13

a. Ao declarar que esperava que a Constituinte escrevesse "uma constituição sábia, justa, adequada e executável, ditada pela razão e não pelo capricho, que tenha em vista somente a felicidade geral, que nunca pode ser grande sem que esta constituição tenha bases sólidas, bases que a sabedoria dos séculos tenha mostrado que são verdadeiras para darem uma justa liberdade aos povos e toda força necessária ao poder executivo..." D. Pedro I deixou claro que não aceitaria as propostas liberais de um monarquia constitucional na qual os poderes do executivo fossem restringidos e antes disso, ao iniciar a sua fala declarou que "em que fui coroado e sagrado, que com minha espada defenderia a Pátria, a Nação e a Constituição, se fosse digna do Brasil e de mim" deixou claro que esperava não só uma constituição que garantisse um poder executivo forte, como também que submetesse o Brasil e os brasileiros sob a sua tutela absoluta.

b. A Constituição de 1824 estabeleceu 4 poderes (Executivo, Legislativo, Judicial e Moderador). O Imperador exercia o poder Executivo (artigo 102) e também o poder moderador (artigo 98) que é definido como privativo do Imperador e chave de toda a organização política do Brasil. No exercício do poder moderador o Imperador intervinha no Legislativo – por exemplo, dissolvendo a Câmara dos Deputados (art. 101, item V) e no Judicial – por exemplo, concedendo anistia, mitigando penas, suspendendo magistrados (art. 101, itens VII-IX).

Definiu-se ainda a união entre a Igreja e o Estado (Padroado), com o direito do Imperador de nomear bispos e conceder benefícios eclesiásticos, além de poder conceder ou não o beneplácito para documentos conciliares, Letras Apostólicas, Bulas Papais, etc. (art. 102, itens II e XIV). A Igreja Católica era a religião oficial e somente ela poderia ter templos (artigo 5). Apesar disso definiu-se a liberdade de culto religioso (art. 179, Item V).

A Constituição salvaguardou as liberdades individuais e o direito de propriedade (artigo 179) e ampliou a cidadania (artigo 6).

Exercício 14

D. Pedro entendia o Liberalismo a partir da defesa do Direito da Propriedade e de Comércio, como podemos ver no artigo 179, itens XV, XVI e XXII. A Aristocracia é entendida com a limitação da participação política àqueles que tivessem uma renda mínima estabelecida para cada situação e estejam dentro das definições da constituição, ou seja, não estejam excluídos do processo eleitoral como preveem os artigos 90 a 97 da CPIB (Constituição Política do Império do Brasil). Já a Democracia está definida através da ampliação da Cidadania (artigo 6), da inviolabilidade dos direitos civis (artigo 179).

Exercício 15

a. *Status* de Polícia: Conter a anarquia social, manter a ordem e a tranquilidade pública; *Status* de Força Armada: defender a integridade do Império, a independência, a constituição e a liberdade. As Forças Armadas: A Marinha e o Exército tiveram os seus efetivos reduzidos a níveis insignificantes. Criou-se o Batalhão de Voluntários da Pátria formado por oficiais, na Capital do País, juntamente com a Guarda Nacional deveriam garantir a ordem e a tranquilidade.

b. Durante a regência de Araújo Lima (1838-1840), ocorreu a reformulação do Código de Processo Criminal e com isso foram retirados os poderes dos Juízes de Paz policiais, administrativas e criminais que passaram aos Chefes de Polícia e aos Juízes Municipais, nomeados pelos Presidentes de Província e pelo governo central e os capangas dos grandes proprietários locais passaram a ser capangas do governo, que representava os grandes proprietários. Observou-se assim um fortalecimento das Aristocracias rurais no plano municipal, pois ganharam poder de juiz e polícia, na medida em que indicavam, nomeavam Juízes e Chefes de Polícia e ainda tinham sob seu comando uma força de capangas autorizada pelo governo e oficial. Essa estrutura perpetuou-se pela República e convencionou-se chamar Coronelismo.

Exercício 16
Alternativa A

Exercício 17
Alternativa B (Vide artigo 6º., artigo 10, §§ 1º, 4º, 7º , artigo 11, §§ 2º, 7º e artigo 24).

Exercício 18

a. O artigo 33 definiu que nenhum crime seria punido com penas, que não estivessem estabelecidas nas Leis, nem mais nem menos daquelas, que estiverem decretadas para punir o crime no grau máximo, médio, ou mínimo, salvo o caso em que aos Juizes se permitir arbítrio. Este foi um grande avanço para um território que viveu mais de 200 anos sob os dispositivos das Ordenações Filipinas e do poder eclesiástico que permitiam a prisão para posterior definição do crime e da pena.

b. O artigo 33 do Código Criminal de 1830 definiu que nenhum crime seria punido com penas que não estivessem estabelecidas nas Leis, nem mais nem menos daquelas, que estiverem decretadas para punir o crime no grau máximo, médio, ou mínimo, salvo o caso em que aos Juizes se permitir arbítrio.

O artigo 179 da Constituição de 1824 nos itens VIII, X e XI definiu:

VIII: proibição de prisão sem culpa formada, exceto nos casos declarados em lei, exigindo-se, contudo, nesta última hipótese, nota de culpa assinada pelo juiz. Exigência de ordem escrita da autoridade legitima para a execução da prisão, exceto flagrante delito;

X: punição da autoridade que ordenasse prisão arbitrária, bem como de quem a tivesse requerido;

XI: exigência de lei anterior e autoridade competente para sentenciar alguém.

c. O artigo 1º do Código Penal brasileiro define que *"Não haverá crime sem lei anterior que o defina. Não há pena sem prévia cominação legal"*.

Exercício 19

a. O Código Criminal de 1830 definiu que não haveria crime, ou delito (palavras sinônimas no código) sem uma lei anterior que o qualifique (art. 1º). No artigo 2º, parágrafo 3º, definiu como crime o abuso de poder e no parágrafo 4º considera crime a ameaça de fazer mal a alguém. Como consequência, o artigo 3º definiu que não haveria criminoso, ou delinquente, sem má-fé, ou seja, sem conhecimento do mal e a intenção de praticar. O artigo 33 definiu que nenhum crime seria punido com penas, que não estivessem estabelecidas nas Leis, nem mais nem menos daquelas que estiverem decretadas para punir o crime no grau máximo, médio, ou mínimo, salvo o caso em que aos Juizes se permitir arbítrio.

b. A Constituição do Império do Brasil (1824) já definia no artigo 179 a inviolabilidade dos Direitos Civis e Políticos dos Cidadãos Brasileiros, que tem por base a liberdade, a segurança individual, e a propriedade, é garantida pela Constituição do Império e na sequência, nos itens I e VIII definiu:

I. Nenhum Cidadão pode ser obrigado a fazer, ou deixar de fazer alguma cousa, senão em virtude da Lei.

VIII. Ninguém poderá ser preso sem culpa formada, exceto nos casos declarados na Lei; e nestes dentro de vinte e quatro horas contadas da entrada na prisão, sendo em Cidades, Vilas, ou outras Povoações próximas aos lugares da residencia do Juiz; e nos lugares remotos dentro de um prazo razoável que a Lei marcará, atenta à extensão do território, o Juiz por uma Nota, por ele assinada, fará constar ao Réu o motivo da prisão, os nomes do seu acusador, e os das testemunhas, havendo-as.

O Código Criminal de 1832 nos artigos 340-355 definiu e regulou este instituto como remédio repressivo, porém privativo dos brasileiros, em face de constrangimentos abusivos e legais.

c. O *Habeas Corpus* foi suspenso após a publicação do Ato Institucional nº 5 e com a publicação da Emenda Constitucional nº 1 de 1969.

Exercício 20

As diferenças são:

Na Constituição de 1891, artigo 72, §§ 2 e 3, foram abolidos todos *os privilégios de nascimento, desconheceu foros de nobreza e extinguiu as ordens honoríficas existentes e todas as suas prerrogativas e regalias, bem como os títulos nobiliárquicos e de conselho.* Além do que foram permitidas associações religiosas e a Igreja Católica deixou de ter primazia com o fim do padroado e a adoção do Estado laico (§ 7°).

Na Constituição de 1934 as igualdades sociais foram ampliadas, na medida em que o texto constitucional definiu no artigo 113, § 2°: *"Todos são iguais perante a lei. Não haverá privilégios, nem distinções, por motivo de nascimento, sexo, raça, profissões próprias ou dos pais, classe social, riqueza, crenças religiosas ou ideias políticas".*

Exercício 21

a. De acordo com o artigo 102, inciso XIV, da Constituição de 1824 era necessário o Beneplácito do imperador para que a Bula Syllabus pudesse ser aplicada no Brasil.

b. O documento gerou conflito entre a Igreja e o Estado no Brasil. Tal conflito estabeleceu o rompimento entre a Igreja e o Estado e com isso um rombo no texto constitucional de 1824 já que a Igreja Católica era a religião oficial (art. 5°) e de acordo com as definições da Constituição era a Igreja Católica quem definia os eleitores das Assembleias paroquiais (art. 90), os que não professassem a religião do Estado estavam excluídos de votar e exercer funções públicas (art. 95, inciso III), garantia a sacralidade do imperador (art. 98) e era responsável por todos os registros, inclusive de compra, venda e heranças realizado no Brasil.

Exercício 22

Alternativa D

Exercício 23

Os artigos 48 e 49 do Código Criminal do Império, seguindo a Constituição de 1824 (art. 179, inciso XXI), definiu:

"*Art. 48. Estas penas de prisão serão cumpridas nas prisões publicas, que offerecerem maior commodidade, e segurança, e na maior proximidade, que fôr possivel, dos lugares dos delictos, devendo ser designadas pelos Juizes na sentença.*

Quando porém fôr de prisão simples, que não exceda a seis mezes, cumprir-se-ha qualquer prisão, que haja no lugar da residencia do réo, ou em, algum outra proximo, devendo fazer-se na sentença, a mesma designação.

Art. 49. Emquanto se não estabelecerem as prisões com as commodidades, e arranjos, necessarios para o trabalho dos réos, as penas de prisão com trabalho serão substituidas pelas de prisão simples, acrescentando-se em tal caso á esta mais a sexta parte do tempo, por que aquellas deveriam impor-lhe".

Exercício 24

a. O Código Criminal do Império definiu que pela menoridade, tivesse o sujeito idade inferior a catorze anos, não era considerado criminoso (art. 10, parágrafo 1º). Com a mesma idade, se houvesse obrado com discernimento, era internado para correção (art. 13). Quando menor de 21 anos, o delinquente teria a pena atenuada (art. 18, parágrafo 10).

b. A maioridade penal no Brasil ocorre aos 18 anos, segundo o artigo 27 do Código Penal, reforçado pelo artigo 228 da Constituição Federal de 1988 e pelo artigo 104 do Estatuto da Criança e do Adolescente - ECA (Lei nº 8.069/90).

Exercício 25

Resposta C

Exercício 26

Resposta B

Exercício 27

a. Artigo 219 do Código Civil de 1916 associa o ato civil do matrimônio à sua consolidação sexual. Assim, no caso de mulher não- -virgem, o marido poderia pedir a anulação do casamento e a esposa poderia pedir a nulidade do matrimônio civil se desconhecesse que o parceiro era impotente ou possuía outra orientação sexual.

b. O direito de voto concedido pelo Código Eleitoral de 1932, a Constituição de 1988, o Código Civil de 2002, a Lei 11.106 de 28 de março de 2005 que modificou os artigos 215, 216 e 226 do Código Penal (Mulher Honesta), a Lei 11.340 de 7 de agosto de 2006 (Conhecida como Lei Maria da Penha) são exemplos de legislação que contribuiu para a transformação da condição da Mulher no Brasil.

Exercício 28

a. A Constituição de 1891 definiu o reconhecimento do casamento civil, com celebração gratuita (art. 72, § 4°). Como o casamento civil sempre teve grande importância, em razão das raízes religiosas do nosso povo, a legislação criou um novo hábito, que era a realização do casamento civil em cartório, geralmente pela manhã e o casamento religioso à tarde na Igreja da confissão religiosa dos nubentes. Quando o casamento civil acontecia dias antes do religioso, a noiva só passava a coabitar com o noivo depois do casamento religioso.

O Código Civil de 1916 estabeleceu quatro regimes de casamento sendo eles: com comunhão de bens, com comunhão parcial de bens, separação de bens e regime dotal.

A Constituição de 1934 tentou resolver essa dualidade estabelecendo o casamento religioso com efeito civil.

b. O artigo 284 do Código Penal de 1890 punia com prisão celular por um a seis meses e multa de 100$ a 500$000 para o ministro de qualquer confissão religiosa que celebrasse cerimônia religiosa antes da ocorrência do casamento civil.

Exercício 29

a. Estabeleceu uma nítida separação entre a cultura de elite e a cultura popular na medida em que criminalizou práticas como a capoeiragem e outras manifestações culturais da população em sua maioria negra. Neste sentido a própria religião dos negros foi criminalizada. Expressava na verdade as concepções positivistas da legislação brasileira dos primeiros tempos da República e a marginalização da cultura popular, especialmente da cultura negra.

b. Os maiores afetados foram os negros, como exposto na resposta anterior.

Exercício 30

a. O antigo Código Civil entendia a família como diretamente ligada à propriedade e assim estabelecia o pátrio poder, poder do pai sobre os filhos, exercido pelo marido como cabeça da família, garantindo a transmissão dos bens e da descendência. Os filhos ilegítimos adotados eram submetidos ao pátrio poder, porém os ilegítimos não reconhecidos pelo pai ficavam sob o poder materno (art. 379 a 383) e a adoção era limitada aos maiores de 30 anos (art. 368). De acordo com o antigo código,

"Tanto o afeto quanto o amor não eram elementos preponderantes para a caracterização de uma família, esta era vista como unidade jurídica, econômica e religiosa, fundada na autoridade de um chefe".

b. A mulher estava sob constante tutela: primeiro do pai, depois do marido e depois dos filhos. A instituição do poder pátrio garantia isso, somada ao artigo 240 que definia a mulher após o casamento como companheira, consorte e colaboradora do marido nos encargos da família e dependente da autorização do marido para, por exemplo, contrair obrigações que pudessem importar em alheação dos bens do casal (art. 242, inciso IV). O início da mudança na condição da mulher se deu a partir da publicação da Lei 4.121, de 27 de agosto de 1962 (Estatuto da Mulher Casada), complementada pela Lei 6.515/77, que colocou a mulher em condições de igualdade com o marido. A Constituição de 1988 definiu a igualdade entre os sexos, o que também foi assimilado pelo novo Código Civil.

c. Apesar de todas as suas definições, o Código Civil de 1916 já estava ultrapassado. Muito antes de ser publicado e entrar em vigor, mulheres como Francisca Edwiges Neves Gonzaga, mais conhecida por Chiquinha Gonzaga, já desafiavam as imposições do pátrio poder e despontavam no cenário nacional enfrentando preconceitos e vencendo as barreiras impostas pelo modelo aristocrático de família adotado no Brasil e presente no Código Civil.

Exercício 31

Apesar da definição de que todos são iguais perante a lei, essa mesma lei, no caso da Constituição de 1891, excluiu a população do sistema eleitoral e o Código Penal de 1890 criminalizou as práticas e religiões populares, especialmente praticadas pelos negros e índios.

Exercício 32

a. De acordo com o que prevê o artigo 169 da Constituição de 1934:

"*Os funcionários públicos, depois de dois anos, quando nomea-dos em virtude de concurso de provas, e, em geral, depois de dez anos de efetivo exercício, só poderão ser destituídos em virtude de senten-ça judiciária ou mediante processo administrativo, regulado por lei, e, no qual lhes será assegurada plena defesa*".

b. A Constituição de 1891 não previa a realização de concursos públicos para a contratação de funcionários para o serviço público o que favorecia o nepotismo.

c. A Constituição de 1824, no artigo 179, inciso XIV, definiu: "*Todo o cidadão pode ser admittido aos Cargos Publicos Civis, Politicos, ou Militares, sem outra differença, que não seja dos seus talentos, e virtudes*". Porém, entenda-se por virtude, também, a definição da mesma constituição professar a religião católica, já que de acordo com o artigo 95 estava impedido de votar e ser eleito quem não professasse a religião do Estado Brasileiro. A mesma constituição favorecia as nomeações a cargos públicos e também permitia o acúmulo de funções para o cargo de Ministro de Estado ou Conselheiro de Estado para Deputados ou Senadores. Entretanto, segundo o artigo 32 da Constituição de 1824 definiu que o exercício de qualquer emprego cessaria quando da escolha do cidadão a Deputado ou Senador. Já a Constituição de 1891 no artigo 73 definiu:

"Os cargos públicos civis ou militares são acessíveis a todos os brasileiros, observadas as condições de capacidade especial que a lei estatuir, sendo, porém, vedadas as acumulações remuneradas".

Exercício 33
Resposta C

Exercício 34
Resposta D

Exercício 35

a. A Constituição de 1934 ampliou os direitos de cidadania na medida em que o artigo 113, item 1, aboliu todos os privilégios, inclusive de sexo, nascimento, profissão do pai, conforme segue: *"Todos são iguais perante a lei. Não haverá privilégios, nem distinções, por motivo de nascimento, sexo, raça, profissões próprias ou dos pais, classe social, riqueza, crenças religiosas ou ideias políticas"*. Tal condição era diferente na Constituição de 1891, já que aquela mantinha as diferenças de sexo e excluía a maior parte da população brasileira do direito de votar e ser eleito (art. 70). Quanto à abolição dos privilégios a mesma constituição preocupou-se em abolir apenas aqueles privilégios relacionados ao regime monárquico, ou seja, privilégios de nascimento, foros de nobreza, ordens honoríficas existentes e todas as suas prerrogativas e regalias, bem como os títulos nobiliárquicos e de conselho.

b. A partir da Lei Eleitoral de 1932 a mulher ganhou o direito de voto no Brasil e já na Constituinte de 1933 pôde participar da elaboração da Carta Constitucional de 1934. Esta participação como exposto anteriormente (resposta A) não era facultada pela Constituição de 1891.

Exercício 36

a. A Constituição de 1934 no Título IV Da Ordem Econômica e Social, artigo 121 estabeleceu as regras para os contratos de trabalho visando beneficiar os trabalhadores de uma sociedade urbanizada e em processo de industrialização.

b. O artigo 121 da Constituição de 1934 definiu nos §§ 1, 2 e 3:

"Art 121 – A lei promoverá o amparo da produção e estabelecerá as condições do trabalho, na cidade e nos campos, tendo em vista a proteção social do trabalhador e os interesses econômicos do País.

§ 1º - A legislação do trabalho observará os seguintes preceitos,
além de outros que colimem melhorar as condições do trabalhador:

a) proibição de diferença de salário para um mesmo trabalho,
por motivo de idade, sexo, nacionalidade ou estado civil;

b) salário mínimo, capaz de satisfazer, conforme as condições de
cada região, às necessidades normais do trabalhador;

c) trabalho diário não excedente de oito horas, reduzíveis, mas
só prorrogáveis nos casos previstos em lei;

d) proibição de trabalho a menores de 14 anos; de trabalho no-
turno a menores de 16 e em indústrias insalubres, a menores de 18
anos e a mulheres;

e) repouso hebdomadário, de preferência aos domingos;

f) férias anuais remuneradas;

g) indenização ao trabalhador dispensado sem justa causa;

h) assistência médica e sanitária ao trabalhador e à gestante,
assegurando a esta descanso antes e depois do parto, sem prejuízo
do salário e do emprego, e instituição de previdência, mediante con-
tribuição igual da União, do empregador e do empregado, a favor
da velhice, da invalidez, da maternidade e nos casos de acidentes de
trabalho ou de morte;

i) regulamentação do exercício de todas as profissões;

j) reconhecimento das convenções coletivas, de trabalho.

§ 2º – Para o efeito deste artigo, não há distinção entre o traba-
lho manual e o trabalho intelectual ou técnico, nem entre os profis-
sionais respectivos.

§ 3º – Os serviços de amparo à maternidade e à infância, os re-
ferentes ao lar e ao trabalho feminino, assim como a fiscalização e a
orientação respectivas, serão incumbidos de preferência a mulheres
habilitadas".

c. As inovações trazidas pela Constituição de 1934 não chegaram ao campo onde o trabalhador rural continuou sem nenhuma assistência apesar das definições do artigo 121, § 4°, da Constituição de 1934.

"*§ 4° – O trabalho agrícola será objeto de regulamentação especial, em que se atenderá, quanto possível, ao disposto neste artigo. Procurar-se-á fixar o homem no campo, cuidar da sua educação rural, e assegurar ao trabalhador nacional a preferência na colonização e aproveitamento das terras públicas.*"

Exercício 37

a. A Constituição de 1934, § 1°. Item d, definiu a *proibição de trabalho a menores de 14 anos; de trabalho noturno a menores de 16 e em indústrias insalubres, a menores de 18 anos e a mulheres enquanto o ECA elevou esta idade para 16 anos.*

Vargas, dando continuidade ao projeto de expansão industrial, criou o Serviço Nacional de Aprendizagem Industrial (SENAI), instituído pelo Decreto-Lei 4.408, de 20 de janeiro de 1942. Esse serviço visava formar mão-de-obra especializada para a indústria e ia ao encontro das definições da Constituição, que permitiam o trabalho do menor a partir dos 14 anos. Assim, o jovem entrava para o SENAI, onde fazia os estudos do ginasial e do colegial (atuais Ensino Fundamental 2ª etapa e Ensino Médio) e estagiava em empresas a partir dos 14 anos.

b. O ECA ampliou para 16 anos a idade para o trabalho do adolescente e também ampliou a proteção à criança e ao adolescente no Brasil buscando impedir a exploração pelo trabalho.

Exercício 38

O artigo 57 da Constituição de 1934 definiu da seguinte maneira os crimes de responsabilidade do Presidente da República:

"*São crimes de responsabilidade os atos do Presidente da República, definidos em lei, que atentarem contra:*

a) a existência da União;

b) a Constituição e a forma de Governo federal;

c) o livre exercício dos Poderes políticos;

d) o gozo ou exercício legal dos direitos políticos, sociais ou individuais;

e) a segurança interna do País;

f) a probidade da administração;

g) a guarda ou emprego legal dos dinheiros públicos;

h) as leis orçamentárias;

i) o cumprimento das decisões judiciárias".

b. De acordo com o artigo 86 da Constituição de 1988, pelo qual foi julgado e impedido o Presidente Fernando Collor de Mello:

"*Admitida a acusação contra o Presidente da República, por dois terços da Câmara dos Deputados, será ele submetido a julgamento perante o Supremo Tribunal Federal, nas infrações penais comuns, ou perante o Senado Federal, nos crimes de responsabilidade".*

Enquanto à Constituição de 1934 previa no artigo 58:

"*O Presidente da República será processado e julgado nos crimes comuns, pela Corte Suprema, e nos de responsabilidade, por um Tribunal Especial, que terá como presidente o da referida Corte e se comporá de nove Juízes, sendo três Ministros da Corte Suprema, três membros do Senado Federal e três membros da Câmara dos Deputados. O Presidente terá apenas voto de qualidade.*

§ 1º – Far-se-á a escolha dos Juízes do Tribunal Especial por sorteio, dentro de cinco dias úteis, depois de decretada a acusação, nos termos do § 4º, ou no caso do § 5º deste artigo.

*§ 2º – A denúncia será oferecida ao Presidente da Corte Supre-
ma, que convocará logo a Junta Especial de Investigação, composta
de um Ministro da referida Corte, de um membro do Senado Federal
e de um representante da Câmara dos Deputados, eleitos anualmente
pelas respectivas corporações.*

*§ 3º – A Junta procederá, a seu critério, à investigação dos fatos
arguidos, e, ouvido o Presidente, enviara à Câmara dos Deputados
um relatório com os documentos respectivos.*

*§ 4º – Submetido o relatório da Junta Especial, com os documen-
tos, à Câmara dos Deputados, esta, dentro de 30 dias, depois de emiti-
do parecer pela Comissão competente, decretará, ou não, a acusação
e, no caso afirmativo, ordenará a remessa de todas as peças ao Presidente do Tribunal Especial, para o devido processo e julgamento.*

*§ 5º – Não se pronunciando a Câmara dos Deputados sobre a
acusação no prazo fixado no § 4º, o Presidente da Junta de Investigação remeterá cópia do relatório e documentos ao Presidente da Corte
Suprema, para que promova a formação do Tribunal Especial, e este
decrete, ou não, a acusação, e, no caso afirmativo, processe e julgue
a denúncia.*

*§ 6º – Decretada a acusação, o Presidente da República ficará,
desde logo, afastado do exercício do cargo.*

*§ 7º – O Tribunal Especial poderá aplicar somente a pena de
perda de cargo, com inabilitação até o máximo de cinco anos para o
exercício de qualquer função pública, sem prejuízo das ações civis e
criminais cabíveis na espécie ".*

c. De acordo com a Constituição de 1988 artigo 86:

*"Admitida a acusação contra o Presidente da República, por dois
terços da Câmara dos Deputados, será ele submetido a julgamento*

perante o Supremo Tribunal Federal, nas infrações penais comuns, ou perante o Senado Federal, nos crimes de responsabilidade.

§ 1º – O Presidente ficará suspenso de suas funções:

I – nas infrações penais comuns, se recebida a denúncia ou queixa-crime pelo Supremo Tribunal Federal;

II – nos crimes de responsabilidade, após a instauração do processo pelo Senado Federal.

§ 2º – Se, decorrido o prazo de cento e oitenta dias, o julgamento não estiver concluído, cessará o afastamento do Presidente, sem prejuízo do regular prosseguimento do processo.

§ 3º – Enquanto não sobrevier sentença condenatória, nas infrações comuns, o Presidente da República não estará sujeito a prisão.

§ 4º – O Presidente da República, na vigência de seu mandato, não pode ser responsabilizado por atos estranhos ao exercício de suas funções".

Exercício 39

a. O Presidente Vargas referia-se aos benefícios trabalhistas que haviam chegado aos trabalhadores urbanos, porém, não haviam sido estendidos aos trabalhadores rurais, contrariando a Constituição de 1934, que previa no § 4º do artigo 121 uma legislação especial que regulasse o trabalho rural.

b. Salário mínimo, jornada de trabalho de 8 horas, proibição de diferença de salário, entre outros que podem ser citados.

Exercício 40

a. Era uma constituição de caráter autoritário, que pôs fim à autonomia dos Estados e excluiu o Poder Legislativo, ao extinguir as Câmaras Municipais, as Assembleias Estaduais e a Câmara dos Deputados e restringir o Poder Judiciário (artigos 101 e 102). O Poder

Legislativo estabelecido pela Constituição de 1937 era exercido pelo Parlamento Nacional com a colaboração do Conselho da Economia Nacional e do Presidente da República e tinha caráter consultivo (artigo 38), sendo que o Presidente da República exercia o governo por meio de Decretos-Leis (artigos 12, 13 e 74, itens a e b) e somente ele poderia propor projetos de lei (arts. 64 a 66).

b. O artigo 187 previa que a Constituição de 1937 devia ser submetida a um plebiscito, o que nunca aconteceu.

c. A presença de um Executivo forte e totatlitálirio. A previsão de um Legislativo corporativo que não teve convocação e as restrições ao Judiciário com favorecimento do Tribunal Militar.

Exercício 41

Alternativa B

Exercício 42

a. No artigo 141, o parágrafo 4º estabeleceu o princípio da ubiquidade da justiça ao definir que "a lei não poderá excluir da apreciação do Poder Judiciário qualquer lesão de direito individual".

b. Alguns alegam que a Constituição de 1946 ampliou os direitos e as liberdades individuais. Na verdade, ela é um misto das Constituições de 1934 e 1937, retirados os elementos referentes à ditadura do Estado Novo e garantindo a volta do País à democracia. Porém essa democracia estava alinhada ao modelo norte-americano do pós-guerra e da Guerra Fria e os efeitos do conflito velado entre o capitalismo e o socialismo foram sentidos aqui no Brasil.

As palavras do Professor A. F. Cesarino Júnior expressam bem o que foi a Constituição de 1946 e o seu papel nos cenários nacional e internacional. Ele escreveu:

Compraz-me concluir que a nova Carta Magna do Brasil é um documento à altura da etapa atual do direito público constitucional. Com efeito – ainda que se ressinta de certa falta de unidade doutrinária, característica que se encontra facilmente nas constituições elaboradas, devida à heterogeneidade própria às assembleias constituintes, máxime em época crítica como a que atravessamos –, a Constituição de 18 de setembro de 1946, ao conseguir evitar, ao mesmo tempo, a Cila do totalitarismo da esquerda e a Caribde do totalitarismo da direita, organizou um regime aproximadamente socialdemocrático, que permitirá ao grande país latino-americano evoluir até os altos destinos que o aguardam.[1]

Exercício 43

a. As definições do AI-2 abaixo listadas são em si mesmas a definição das contradições em relação a Constituição de 1946.

b. O Ato Institucional nº 2, publicado no dia 27 de outubro de 1965, definia que:

• *O número de ministros do Supremo Tribunal Federal fosse aumentado de onze para dezesseis;*

• *O Presidente da República passava a ter autonomia para decretar estado de sítio, prorrogá-lo pelo prazo máximo de cento e oitenta dias, para prevenir ou reprimir a subversão da ordem interna (art. 13);*

• *Foram suspensas as garantias constitucionais ou legais de vitaliciedade, inamovibilidade e estabilidade, bem como as de exercício em funções por tempo certo (art. 14);*

• *No interesse de preservar e consolidar a Revolução, o Presidente da República, ouvido o Conselho de Segurança Nacional e sem as limitações previstas na Constituição, podia suspender os direitos*

---

[1] CESARINO, A. F. Las clausulas economico-sociais en las constituciones de América. Academia de Ciências Econômicas, Buenos Aires, 1947. Extraído de http://www.cpdoc.fgv.br/dhbb/verbetes_htm/ em 4.2.2008.

políticos de qualquer cidadão pelo prazo de dez anos e cassar mandatos legislativos federais, estaduais e municipais (art. 15);

• Foram extintos os partidos políticos e cancelados os seus respectivos registros (art. 18). A organização dos novos partidos ficava subordinada às exigências da Lei n° 4.740, de 15 de julho de 1965, e suas modificações. Em pouco tempo nasceria o bipartidarismo: a ARENA (Aliança Renovadora Nacional, partido governista) e o MDB (Movimento Democrático Brasileiro, reunindo todas as correntes oposicionistas que ainda resistiam no Brasil);

• O AI-2 confirmou a eleição do presidente para até 3 de outubro de 1966 e definiu que Castelo Branco seria inelegível (art. 26).

Exercício 44

O AI-5 descaracterizou o Estado de Direito, na medida em que pôs fim às liberdades individuais que decretou a suspensão do *habeas corpus*.

Exercício 45

a. O Ato Institucional n° 3 mudou o processo eleitoral brasileiro, adotando eleições indiretas para os governos dos estados que, por sua vez, nomeavam os prefeitos das capitais. Nos demais municípios o processo eleitoral direto foi mantido.

As eleições para os governos dos estados foram marcadas para 3 de setembro de 1966 e a eleição para presidente e vice-presidente para 3 de outubro de 1966. Tais medidas foram adotadas, como o próprio AI-3 definiu, *para não permitir que fossem frustrados os superiores objetivos da Revolução.*

Vigorou até a convocação de eleições diretas para o governos dos estados e para senadores em 1981, realizada em 1982.

b. Na verdade ela foi promulgada sob os olhos dos militares que comandavam o regime ditatorial no Brasil.

No dia 7 de dezembro de 1966 o Congresso Nacional foi convocado de maneira extraordinária pelo Ato Institucional nº 4 para se reunir no período de 12 de dezembro de 1966 a 24 de janeiro de 1967, com vistas a apreciar e votar o texto da Constituição de 1967 ou, conforme os termos do art. 1º §1º: *O objeto da convocação extraordinária é a discussão, votação e promulgação do projeto de Constituição apresentado pelo Presidente da República.*

A data de promulgação da nova constituição foi marcada para 24 de janeiro de 1967, prazo final da convocação do Congresso Nacional. O projeto fora elaborado por Carlos Medeiros Silva, Ministro da Justiça, e Francisco Campos.

c. A chamada Lei Secreta corresponde ao Decreto-Lei nº 69.534, de 11 de novembro de 1971, abria a possibilidade de o Presidente da República promulgar decretos-leis secretos, sem divulgação oficial, consentindo na prisão de pessoas que sequer conheciam o teor desses documentos e o motivo da prisão. Foi o fechamento definitivo do regime político e completaram-se as medidas de destruição das liberdades e direitos no Brasil.

Exercício 46
Alternativa A

Exercício 47
Para responder as questões "a" e "b" propostas neste exercício você deverá consultar os artigos 231 e 232 da Constituição Federal de 1988.

Exercício 48
Sugiro aqui que você consulte os artigos 184 a 191 da Constituição Federal de 1988.

Exercício 49

Sugiro que você consulte o Estatuto do Idoso, Lei 10.741, de 1º. de outubro de 2003. Lá você terá os subsídios necessários para construir essa resposta.

Exercício 50

a. Estabeleceu três poderes independentes (Executivo, Legislativo e Judiciário), ampliou o poder de ação do Congresso Nacional.

b. Criação do Ministério Público, a criação do Juizados Especiais e garantia da autonomia do Judiciário. (Observe no livro o Organograma do Judiciário a partir da Constituição de 1988.)

c. A Constituição Federal de 1988 foi acusada de ser parlamentarista porque concedeu maior poder ao Legislativo, ou seja, ampliou a ação deste poder, antes limitada por outros governos, como foi o caso da Era Vargas e do Regime Ditatorial Militar. Porém ela o fez para garantir a ampliação dos direitos e garantias individuais. É uma constituição que deu grande importância ao social e por isso mesmo é chamada de Constituição Cidadã.

A Constituição Federal de 1988 mais do que retomar as Constituições de 1894 e 1946, como propôs Alencastro, ampliou os ainda restritos horizontes das constituições que a antecederam.